BUCHNERS KOLLEG GESCHICHTE
AUSGABE C

DIE HERAUSBILDUNG DES MODERNEN EUROPA

Von Elisabeth Fuchshuber-Weiß,
Klaus Dieter Hein-Mooren,
Heinrich Hirschfelder und
Stefan Wolters

C.C. Buchner

Buchners Kolleg Geschichte – Ausgabe C

Die Herausbildung des modernen Europa.
Bearbeitet von Elisabeth Fuchshuber-Weiß, Klaus Dieter Hein-Mooren, Heinrich Hirschfelder und Stefan Wolters

Bildnachweis:
Akademie der Wissenschaften und der Literatur Mainz: Corpus Vitrearum Medii Aevi Deutschland, Freiburg i. Br. (1); Archiv für Kunst und Geschichte, Berlin (3); Bibliothèque Municipale d´Auxerre, Auxerre (1); Bibliothèque Nationale de France, Paris (1); Bibliothèque Royale Albert 1er, Bruxelles (ms. 9242, fol. 274 verso.) (1); Bildarchiv Preußischer Kulturbesitz, Berlin (1); BULLOZ Photographies d´Oeuvres d´Art, Paris (1); Burgerbibliothek Bern, Bern (1); Foto Limmer, Bamberg (1); Germanisches Nationalmuseum, Nürnberg (1); Museum für Kunst und Kulturgeschichte der Hansestadt Lübeck, Lübeck (1); NEW FOTO, Galleria Tore Vagna, Trento (1); Niedersächsisches Landesmuseum, Hannover (1); PHOTO DASPET, Villeneuve les Avignon (1); Photographie Giraudon, Vanves (2); Photothèque des Musées de la Ville de Paris, Paris (1); Rijksmuseum-Stichting, Amsterdam (1); SCALA Istituto Fotografico Editoriale S.p.A., Antella-Bagno a Ripoli, Firenze (3); Staatliche Graphische Sammlung, München (1); Stadt Ulm, Stadtarchiv, Ulm (1); Stadtbibliothek Nürnberg, Nürnberg, Solg. 85-86.2 (1); Ullstein Bilderdienst, Berlin (1); Verlag Sauerländer, Aarau (1); Verlagsarchiv, Bamberg (49).
Das Umschlagbild „Die ideale Stadt" stammt von einem unbekannten Florentiner Künstler des späten 15. Jahrhunderts.

3. Auflage 3 $^{4\,3\,2\,1}$ 2013 11 09 07
Die letzte Zahl bedeutet das Jahr dieses Druckes. Alle Drucke dieser Auflage sind, weil untereinander unverändert, nebeneinander benutzbar.

Dieses Werk folgt der reformierten Rechtschreibung und Zeichensetzung. Ausnahmen bilden Texte, bei denen künstlerische, philologische oder lizenzrechtliche Gründe einer Änderung entgegenstehen.

© 1995 C.C. Buchner Verlag, Bamberg.
Das Werk und seine Teile sind urheberrechtlich geschützt. Jede Nutzung in anderen als den gesetzlich zugelassenen Fällen bedarf der vorherigen schriftlichen Einwilligung des Verlages. Das gilt insbesondere auch für Vervielfältigungen, Übersetzungen und Mikroverfilmungen. Hinweis zu § 52 a UrhG: Weder das Werk noch seine Teile dürfen ohne eine solche Einwilligung eingescannt und in ein Netzwerk eingestellt werden. Dies gilt auch für Intranets von Schulen und sonstigen Bildungseinrichtungen.

www.ccbuchner.de

Satz und Druck: creo Druck & Medienservice GmbH, Bamberg
Bindearbeiten: Stürtz GmbH, Würzburg

ISBN 978-3-7661-**4635**-9

Inhaltsverzeichnis

Das späte Mittelalter in Europa – Krise und schöpferische Suche 5

Politische und wirtschaftliche Krisenerscheinungen im 14. Jahrhundert. 5
Der große Aufbruch. 6
Die Pest. 6
Reaktionen der Bevölkerung 7
Judenverfolgungen 8
Bevölkerungsrückgang und „Agrarkrise". 9
Die Bedeutung der mittelalterlichen Feudalgesellschaft. 11
Aushöhlung der mittelalterlichen Gesellschafts- und Herrschaftsordnung durch wirtschaftlichen Strukturwandel und frühmodernen Staat. 12

Kirche in der Krise 21
Niedergang des Papsttums. 22
Innerkirchliche Diskussion um den Glauben 23
Wyclif und Hus – die Glaubenseinheit ist bedroht 25
Das Konzil von Konstanz 25

Die neue Rolle der Stadt im Spätmittelalter 33
Ursachen der Urbanisierung 33
Unterschiedliche Rechtsentwicklung in Stadt und Land 35
Politische und soziale Unterschiede in der städtischen Gesellschaft 37
In „Zünften" organisiert: das städtische Handwerk 38
Ausprägung bürgerlich-städtischer Lebensformen 39
Auseinandersetzungen um Macht und Verfassung: die Bürgerkämpfe in der Stadt 40
Zentren der Stadtkultur in Europa. . 41

Die Wende zur europäischen Neuzeit. 49

Die Entstehung einer weltlichen Kultur und die Rückwendung zur Antike 49
Die Renaissance – an der Wende vom Mittelalter zur Neuzeit 50
Die Entdeckung des Individuums . . 51
Die Renaissance in der Kunst. 52
Die Antike – Ausgangspunkt des wissenschaftlichen Denkens in der Renaissance 54
Politisches Denken in der Renaissance 55
Florenz – Brennspiegel der Renaissance 56
Der Humanismus in Deutschland . . 59

Veränderungen durch Wissenschaft und Entdeckungen 68
Die Entstehung des modernen naturwissenschaftlichen Denkens . . . 68
Die Erfindung des Buchdrucks. . . . 69
Astronomie und neues Weltbild . . . 70
Anatomie. 70

Religiöse, politische und soziale Wandlungen der frühen Neuzeit 75

Die Reformation und die Auflösung der kirchlichen Einheit. 75
Kritik an der Kirche 75
Der Ablasshandel 76
Martin Luther 78
Konflikt mit Rom 78
Glaubensspaltung im Reich? 79
Thomas Müntzer 80
Die Wiedertäufer von Münster. . . . 82
Rivalisierende reformatorische Bekenntnisse 82
Behauptung der Reformation im Rahmen der territorialstaatlichen Ordnung 84

Wirtschaftliche und soziale Veränderungen in der frühen Neuzeit . . 90
Der Frühkapitalismus 91
Neue Eliten. 93
Wirtschaftsethik und Wirtschaftspolitik im Frühkapitalismus 94
Wirtschaftliche Auswirkungen des Bevölkerungswachstums 95
Gesellschaftliche Auswirkungen des Bevölkerungswachstums 96
Vorläufer und Ursachen des Bauernkriegs. 96
Verlauf des Bauernkriegs 98

Die überseeische Expansion der europäischen Mächte. 105
Die ersten Schritte 106
Spanische Unternehmungen und die Aufteilung der Welt 106
Die spanische Kolonialherrschaft: Begründung – Formen – Folgen . . . 108
Die Kolonienbildung anderer europäischer Nationen 109
Wirtschaftliche Folgen für Europa . . 110

Fernwirkungen des Epochenumbruchs 117
Universalreich oder Nationalstaaten? 118
Konfessionalisierung 118
Die katholische Doppelstrategie: Gegenreformation und Reform . . . 119
Konfessionelle Spannungen im Reich 121

Bürgerkrieg in den Niederlanden . . 122
Hugenottenkriege in Frankreich . . . 122
Der Ausbruch des Dreißigjährigen
Kriegs 124
Der weitere Verlauf des Kriegs. . . . 125
Die Ergebnisse des Dreißigjährigen
Kriegs 126
Das Bürgertum im „Jahrhundert
des Adels und der Höfe" 128
Empirismus und Rationalismus:
Neuzeit auch im wissenschaft-
lichen Betrieb 130

Staat und Gesellschaft im Ancien Régime 138

Selbstverständnis des frühmodernen Staates im Absolutismus 138
Die neue politische Ordnung im
Fürstenstaat des Absolutismus . . . 138
Theoretische Grundlage des
modernen Staates: die Idee
der Souveränität 140
Die Lehre vom Gesellschaftsvertrag . 140

Merkmale einer absolutistischen Herrschaft im Frankreich Ludwigs XIV. 146
Auf dem Weg zur absolutistischen
Monarchie 147
Intendanten gegen Provinzgouver-
neure: Rationalisierung der
Verwaltung. 148
Das Militär – zuverlässigste Stütze
der königlichen Gewalt 149
Erste Ansätze einer Entwicklung
zum „Steuerstaat" 150
Staatswirtschaftliche Initiativen:
der Merkantilismus 151
Kirchenpolitik im Sinne des
Einheitsgedankens 152
Kunst und Wissenschaft als Mittel
der Politik 153
Außenpolitik als Hegemonialpolitik 154
Einfluss der Hofkultur auf das
Bürgertum 156
Aufstieg und soziale Differenzierung
des Bürgertums 156

Die Aufklärung: neue Vorstellungen von Staat, Gesellschaft und Individuum 163
Kritische Vernunft als Richtschnur
aufklärerischen Denkens 163
Staatslehren im Zeitalter der
Aufklärung 164
John Locke – der Schutz von
Freiheit und Eigentum 165
Montesquieu – die Teilung der
Staatsgewalt 166

Rousseau – direkte Demokratie
und politische Tugend 166
Voltaire, Physiokraten und
Enzyklopädisten – Toleranz, freie
Wirtschaft, Fortschritt 168

Das Ancien Régime in der Krise . . 174
Die vorrevolutionäre Gesellschafts-
und Staatsordnung 174
Die Krise des Absolutismus 175
Feudale Kräfte und Bürgertum im
absolutistischen Staat 175
Die alte Feudalstruktur zerbricht . . 177
Finanz- und Wirtschaftskrise am
Vorabend der Französischen
Revolution 178

Die Revolution des Bürgertums in Frankreich 181

Der „Dritte Stand" konstituiert die Nation 181
Der Machtkampf zwischen Adel
und Krone 182
Die Revolution der Deputierten
oder: die Erschaffung der Nation . . 183
Der 14. Juli 1789: die städtische
Volksrevolution 185
Die Revolution der Bauern 185
Die Entstehung und Entwicklung
einer neuen politischen Kultur 186

Die Überwindung der Ständegesellschaft 190
Die „Augustbeschlüsse" 190
Die Arbeit der Konstituante 193
Frankreich wird eine konstitu-
tionelle Monarchie. 193
Die bürgerliche Gleichstellung der
Juden 194
Die Zweite Revolution 194
Im Schatten des Grauens ein Neu-
anfang: der Nationalkonvent 196
Die Republik macht dem König
den Prozess 197
Anspruch und Wirklichkeit: die
Revolution in der Krise 198
„Gesetzgeber! Setzt den Terror
auf die Tagesordnung" 198
Die Revolution und die Frauen. . . . 199
„Die Revolution frisst, gleich
Saturn, ihre eigenen Kinder" 202
Nach der Schreckensherrschaft . . . 203
Napoleon oder das „amtliche"
Ende der Revolution. 204

Nachwort 217

Literaturverzeichnis 218

Personenregister 220

**Register historischer Begriffe
und Namen** 222

Das späte Mittelalter in Europa – Krise und schöpferische Suche

Das Wissen um die Vergänglichkeit alles Irdischen bestimmte das Lebensgefühl des mittelalterlichen Menschen. Die tiefgreifenden Veränderungen der politischen und gesellschaftlichen Ordnung im 14. Jahrhundert empfanden die Zeitgenossen als zusätzliche Bedrohung. Das Gefühl einer geordneten Welt und die Sicherheit im Glauben schwanden dahin. Manche Künstler verarbeiteten das verbreitete Krisengefühl in ungewohnt drastischen und naturalistischen Darstellungen des Todes. Das immer wieder gewählte Totentanz-Motiv wollte dem Betrachter zeigen, dass der Tod keinen Unterschied zwischen Mächtigen und Armen macht (Stich von Bernt Notke, 1463).

Politische und wirtschaftliche Krisenerscheinungen im 14. Jahrhundert

1315–1317	Hungersnöte beenden das ungebrochene Bevölkerungswachstum in Europa
1347–1352	Der Pest fällt ein Drittel der Menschen in Europa zum Opfer
	Die Seuche führt in vielen Orten zu Judenverfolgungen
1350–1500	Teile der Bevölkerung wandern vom Land in die Städte ab

Der große Aufbruch

Ganz im Gegensatz zu den Vorstellungen, die viele heute mit dem *Mittelalter*[1]) verbinden, wandelte sich das Leben in Europa während dieser Epoche unaufhaltsam und in erstaunlichem Ausmaß. Die Bevölkerung scheint sich zwischen dem Jahr 1000 und der Mitte des 14. Jahrhunderts von 38 auf 74 Millionen nahezu verdoppelt zu haben, für Mittel- und Westeuropa nimmt man sogar eine Verdreifachung an. Gleichzeitig veränderte sich notwendigerweise das Gesicht der Landschaft. Aus vereinzelt gelegenen Bauernhöfen wuchsen Dörfer, Urwälder wurden gerodet und als landwirtschaftliche Flächen genutzt. Erstmals seit dem Niedergang des *Römischen Reiches* entstanden in großer Zahl neue *Städte* als Zentren für Gewerbe und Handel. Der Ausbau von Häfen am Mittelmeer, an Nord- und Ostsee sowie von großen Handelsstraßen quer durch den Kontinent waren Zeichen des Aufbruchs und eines unübersehbaren wirtschaftlichen Wachstums.

Die Pest

Die ungebrochene Expansion endete im 14. Jahrhundert. Missernten zwischen 1315 und 1317 waren die ersten Warnsignale. Den Hungersnöten fielen in manchen Städten mehr als zehn Prozent der Einwohner zum Opfer. 20 Jahre später vernichteten Heuschreckenplagen große Teile der Ernte im Südosten des *Heiligen Römischen Reiches Deutscher Nation*[2]). Vergleichbare Naturereignisse waren für die Menschen im Mittelalter zwar nichts Außergewöhnliches, aber das Ausmaß beider Erschütterungen überstieg das Vorstellungsvermögen der Zeitgenossen.

Doch der fürchterlichste Schlag folgte 1347. Ausgehend von Mittelasien, breitete sich die *Pest* über die Hafenstädte am Schwarzen Meer und Mittelmeer auf den neugeschaffenen Verkehrswegen in Windeseile aus. Fünf Jahre lang grassierte der „Schwarze Tod" in Europa. Man schätzt, dass dieser grausamsten aus der Geschichte bekannten Seuche rund ein Drittel der Bevölkerung erlag. Kaum ein Landstrich blieb verschont, keine gesellschaftliche Schicht blieb unversehrt. Besonders hoch waren die Verluste der ärmeren Bevölkerung, die in den Städten unter beengten, wenig hygienischen Wohnverhältnissen lebte. Völlig ausgerottet wurde die Pest auch nach 1352 nicht: Bis 1720 suchte sie Europa immer wieder heim.

---

[1]) Der Begriff wurde erstmals von den Humanisten geprägt für den Zeitraum zwischen dem Verfall der Antike und ihrer Wiedergeburt (Renaissance) (siehe Seite 49 ff.).

[2]) Die Nachfolge des 476 untergegangenen weströmischen Kaisertums ging mit den Krönungen Karls des Großen (800) und Ottos I. (962) auf die fränkisch-deutschen Könige über. 1254 wurde erstmals die Titulatur „Sacrum Romanum Imperium" verwendet, die unter Kaiser Karl IV. (1346–1378) als „Heiliges Römisches Reich" erscheint. Die Bezeichnung „Heiliges Römisches Reich Deutscher Nation" wurde erstmals 1474 verwendet.

Das späte Mittelalter in Europa

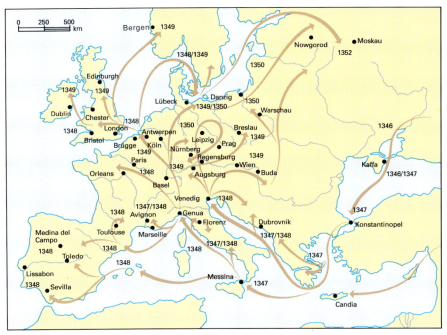

Die Ausbreitung der Pest. Betroffen war zwar ganz Europa, doch waren die Verluste von Stadt zu Stadt, von Region zu Region höchst unterschiedlich.

Reaktionen der Bevölkerung

Noch war das Nachrichtenwesen bei weitem nicht so entwickelt, dass die Zeitgenossen das volle Ausmaß der Katastrophe erkennen konnten. Aber auch innerhalb ihres begrenzten Gesichtskreises konnten sie feststellen, wie die Pest und die Furcht vor Ansteckung familiäre und soziale Bindungen in den Gemeinwesen zerbrechen ließen (◊ M 1). Niemand wusste eine Erklärung über die medizinischen Ursachen der Seuche. Aufgeklärte Kreise vermuteten einen Zusammenhang mit ungünstigen Konstellationen der Gestirne oder Verseuchungen der Luft. Die Kirche erklärte den „Schwarzen Tod" als Strafe Gottes für die sündige Menschheit und ließ als Buße Bittprozessionen durchführen. Daraus entwickelten sich die *Geißlerzüge*: Religiös erregte Gruppen zogen umher und schlugen sich mehrfach täglich mit Geißeln, um so die Gnade Gottes zu finden (*Flagellanten*[1]) (◊ M 2). Viele Menschen meinten eine Erklärung für die Seuche in irrationalen Schuldzuweisungen zu finden. Im Umlauf waren Gerüchte über die Vergiftung von Brunnen, wofür man Randgruppen der Gesellschaft, vor allem die *Juden*, verantwortlich machte.

---

[1] flagellare (lat.): geißeln, schlagen

Judenverfolgungen

Das Zusammenleben von Christen und den nach eigenem Recht lebenden Juden schien im frühen Mittelalter problemlos. Jüdische Kultur und Gelehrsamkeit von hohem Rang erlebten in den Städten bis zum 11. Jahrhundert sogar eine Blütezeit. Zu *Pogromen*[1]) gegen die „Christusmörder" kam es erstmals zur Zeit des 1. Kreuzzuges (1096–1099), als gleichzeitig Hungersnöte die Bevölkerung in Unruhe versetzten.

Seitdem nahm die Rechtsunsicherheit der Juden zu. Das *Laterankonzil* von 1215 erließ neben anderen Diskriminierungsmaßnahmen erstmals die Vorschrift, dass Juden sich in ihrer Kleidung von Christen unterscheiden müssten. In dieser Situation unterstellte Kaiser *Friedrich II.*[2]) alle im Reich lebenden Juden der kaiserlichen Kammer als reichsunmittelbare *Kammerknechte*. Er übernahm ihren Schutz, doch musste dieser mit erheblichen Abgaben erkauft werden. Später vergaben die Herrscher diese Einnahmequelle häufig an Fürsten und städtische Obrigkeiten.

Die Situation der jüdischen Minderheit blieb stark gefährdet, das Ansehen der Juden sank. Einst als Fernhändler, bedeutende Kauf- und Finanzleute und kundige Gelehrte geachtet, wurden die Juden seit dem 13. Jahrhundert aus vielen Berufen verdrängt; sie blieben vor allem in der Geldleihe tätig, die Christen von der Kirche verboten war. Hinter den Übergriffen auf jüdisches Leben und Eigentum im 13. und 14. Jahrhundert verbargen sich oft die Interessen der verschuldeten Kreditnehmer vom Hochadel bis zum Handwerkerstand. Viele Menschen des Mittelalters glaubten aber auch den Gräuelvorwürfen von Ritualmorden, Hostienfreveln und Brunnenvergiftungen. Die Obrigkeit versagte beim Schutz der jüdischen Minderheit. Oft genug wurden Vertreibungen und Pogrome sogar mit Wissen der für den Judenschutz Verantwortlichen vorbereitet und durchgeführt.

Die von der Pest hervorgerufenen kollektiven Angstzustände lösten die bis dahin größte Verfolgungswelle aus – parallel zum Vordringen der Seuche von Frankreich über die Schweiz bis nach Deutschland. Ungefähr zwei Drittel der mehr als 300 jüdischen Gemeinden in Mitteleuropa fielen den Ausschreitungen zum Opfer (◊ M 3). Wer der Ermordung entging, wanderte vor allem nach Osteuropa aus. Dort lebte im Jiddischen eine dem mittelalterlichen Deutsch vergleichbare Sprache fort. Zahlreiche verfolgte und ausgewiesene Juden fanden aber auch in süd- und mitteldeutschen Territorien und Reichsstädten Zuflucht. Wenige Jahre nach den Pestpogromen sahen sich die Städte aus wirtschaftlichen Gründen veranlasst, Juden wieder aufzunehmen. Meist lebten sie in ghettoähnlichen Vierteln zusammen. Aber die Blüte des jüdischen Lebens in Mittel- und Westeuropa ließ sich nicht wiederherstellen.

---

[1]) russ.: Verwüstung; Ausschreitungen gegen nationale, religiöse, rassische Gruppen
[2]) Friedrich II. (1194–1250), König in Sizilien seit 1198, deutscher König seit 1212, stammte aus dem Geschlecht der Hohenstaufen. Mit ihm erreichte das deutsche Kaisertum im Hochmittelalter noch einmal überragende Bedeutung.

Das späte Mittelalter in Europa 9

Judenvertreibungen fanden in den meisten europäischen Ländern statt: in England im Jahr 1290, in Frankreich 1306, um die Jahrhundertmitte und 1394. Ein Jahrhundert später mussten die Juden auch Spanien (1492) und Portugal (1496) verlassen. Die dargestellte Ermordung von Juden stammt aus einer jüdischen Chronik des 14. Jahrhunderts.

Bevölkerungsrückgang und „Agrarkrise"

Weniger erkennbar als die unmittelbaren Folgen von Hunger- und Seuchenepidemien sowie der im 14. Jahrhundert überaus zahlreichen kriegerischen Auseinandersetzungen waren für die Zeitgenossen die langfristigen Prozesse, die vor allem von der Pest ausgelöst wurden. Die extrem hohen Bevölkerungsverluste, die erst 150 Jahre später wieder ausgeglichen waren, führten zu größeren Wanderungsbewegungen. Die Städte hatten besonders unter der Seuche gelitten, jetzt zogen die dort freigewordenen, gut bezahlten Arbeitsplätze die Landbevölkerung an. Die Stadtherren unterstützten diesen Wanderungsprozess zusätzlich durch Vergünstigungen wie Steuerfreiheit und erleichterten Erwerb des Bürgerrechts.

Umgekehrt litt das Land unter der Auszehrung. Man schätzt, dass im Reich ungefähr ein Viertel aller Siedlungen im 14./15. Jahrhundert verlassen wurden *(Wüstungen)*. Riesige Ländereien, die in der Expansionsphase des Hochmittelalters erst urbar gemacht worden waren, verfielen und wurden mit der Zeit wieder zu Wäldern. (Die heutige Verteilung von Wald und landwirtschaftlich genutzter Fläche ist in ihren Grundzügen ein Ergebnis jener Entwicklung.) Da die Bevölkerungszahl allerdings noch wesentlich stärker zurückging als die Anbaufläche, kam es zu einer Überproduktion an Getreide. Dieser als „Agrarkrise" bezeichnete Vorgang wirkte sich in ganz unterschiedlicher Weise aus:

1. Die kirchlichen und weltlichen *Grundherren* waren vielerorts gezwungen, die *Abgaben für die abhängigen Bauern zu senken*. Nur dadurch sicherten sie

Seit dem 14. Jahrhundert produzieren die Bauern immer weniger für den Eigenbedarf, sondern werden Nahrungslieferanten der rasch wachsenden Städte (Monatsbild aus dem Castello di Buonconsiglio in Trient).

den bäuerlichen Produzenten ein erträgliches Auskommen und verhinderten eine noch stärkere Landflucht. Die wirtschaftlichen Einbußen für Adel und Kirche waren erheblich. Zum Teil gelang es ihnen jedoch, sich durch intensivierte Abhängigkeitsverhältnisse („Schollenbindung") ihrer *Hintersassen* vor Abwanderungen zu schützen (Südwestdeutschland, Entstehung der Gutsherrschaft in Ostmitteleuropa).

2. Eine weitere Folge war die tiefgreifende *Umstrukturierung der Landwirtschaft*. Unrentable Böden wurden aufgegeben und die Bauern gingen dazu über, gewinnbringendere Produkte anzubauen. Vor allem in der Nähe großer Städte versprach der Gemüse- und Obstanbau höhere Einnahmen; Wein und später auch Bier entwickelten sich zu bedeutenden Handelsgütern. Die Umwandlung von Acker- in Weideland schuf die Grundlage für eine umfassende Viehwirtschaft, der Fleischverbrauch stieg und verhalf den Metzgern in den Städten zu Wohlstand. In großem Stil betriebene Schafhaltung (vor allem in Spanien und England) und die Produktion von Leinen (Schweiz, Südwestdeutschland) schufen die Voraussetzung für ein bald aufblühendes Textilgewerbe. Alles in allem wuchs die europäische Volkswirtschaft, die immer noch weitestgehend landwirtschaftlich geprägt war, allmählich über die bloße Bedarfsdeckung hinaus und trug zu einem bescheidenen Komfort bei.

3. Dank der niedrigen Getreidepreise und gleichzeitig steigenden Handwerkerlöhnen verbesserten sich die Einkommenschancen der Menschen in der Stadt und damit verschoben sich ganz grundsätzlich die Gewichte zwischen Stadt und Land. Der Tiefstand der Getreidepreise versetzte die Städte gleichzeitig in die Lage, Vorräte anzukaufen und in Speichern zu lagern. Gegen Hungersnöte – wie noch zu Beginn des Jahrhunderts – war damit eine neue Form der sozialen Vorsorge getroffen, während die ländliche Bevölkerung weiterhin dem Risiko von Missernten ausgesetzt blieb.

Die Bedeutung der mittelalterlichen Feudalgesellschaft[1])

Zentrales Element der mittelalterlichen Agrarverfassung war die *Grundherrschaft*. Sie entwickelte sich aus einer Art „Arbeitsteilung" zwischen dem Stand der (adeligen) Berufskrieger und dem vom Kriegsdienst freigestellten Bauernstand (◊ M 4). Die Bauern sollten durch Überschüsse ihrer Höfe für den Unterhalt des Grundherrn sorgen. Dafür übte dieser die sogenannte *Munt* über seine *Grundholde* aus. Dies bedeutete, der Grundherr war aus einem gegenseitigen Treueverhältnis heraus verpflichtet, der bäuerlichen Bevölkerung Schutz und Sicherheit zu gewähren. Darüber hinaus übte er auf seinem Land die Gerichtsbarkeit aus, durfte die Bauern zu *Hand- und Spanndiensten* auf dem Herrenhof verpflichten sowie *Abgaben*, meist in Naturalien, einziehen.

> **Feudalismus:** Grundlegend für die mittelalterliche Gesellschaft ist der Feudalismus (Lehenswesen), der sich ausgehend von den königlichen Gütern des Frankenreichs zwischen dem 9. und 12. Jahrhundert über Europa ausbreitete. Der König verlieh an hohe Adelige Ländereien, auf denen seine Vasallen (Lehensleute) die „Herrschaft über Land und Leute" ausübten. Damit „entlohnte" der Herrscher Leistungen (meist Waffendienste), die ihm erbracht wurden. Die Vasallen konnten ihrerseits Lehen an Untervasallen ausgeben. Unterhalb dieser sogenannten „Lehenspyramide" stand die Masse der mehr oder minder abhängigen Bauern.
> In einer Epoche, die kaum Geld und Schriftlichkeit kannte, war damit ein Weg gefunden worden, wirtschaftliche Beziehungen in einer allgemein anerkannten Weise zu regeln. Vergleichbare Gesellschaftsordnungen gab es beispielsweise auch in der antiken Geschichte des Orients, in China (10. bis 7. Jahrhundert vor Christus) und Altamerika.
> Im Zeitalter des Absolutismus zogen die Monarchen und ihre Regierungen die verschiedenen militärischen, richterlichen und sonstigen Zuständigkeiten der Grundherren in wesentlichen Teilen an sich. Erst in dieser Zeit entstand der Begriff „Feudalismus", und zwar als Kampfbegriff gegen Adel und Monarchie. Der Aufstieg des Bürgertums und die bürgerlichen Revolutionen seit 1789 in Frankreich beseitigten schließlich verbliebene feudale Vorrechte.

---
[1]) feudal, abgeleitet von dem lateinischen foedum, Lehensgut

> **Stände**: Schon im Altertum setzte sich die Gesellschaft aus verschiedenen sozialen Gruppen zusammen. In seinem jeweiligen Stand (beispielsweise in Rom: Patrizier und Plebejer) verblieb man zeitlebens; durch die Zugehörigkeit waren politische und soziale Rechte und Pflichten im Gemeinwesen festgelegt.
> Im Mittelalter teilte sich die Gesellschaft in einen Wehrstand (Adel), einen Betstand (Geistlichkeit) und einen Nährstand (Bauern). Auch wenn diese Gruppen nach ihrer Definition klar voneinander abgegrenzt waren, so waren sie doch zu keinem Zeitpunkt in sich abgeschlossen und bildeten keine homogenen Blöcke. Zwischen den mächtigen Reichsfürsten und dem niederen Dienstadel gab es ebenso Abstufungen wie zwischen den freien und abhängigen Bauern. Das anfangs durchlässige mittelalterliche Ständesystem erstarrte in der Neuzeit, erhielt sich aber bis an die Schwelle des 19. Jahrhunderts.
> Als Stände bezeichnet man aber auch die repräsentativen Versammlungen, die ausgangs des Mittelalters den Landesherren das Recht zur Steuerbewilligung abtrotzten. Diesen Ständen gehörten Vertreter des Adels, des Klerus und der Städte (Bürger) an. Absolutistische Herrscher konnten ihre Einberufung übergehen, seit der Französischen Revolution trat in Kontinentaleuropa an die Stelle der Ständeversammlungen nach und nach das moderne Parlament.

Aushöhlung der mittelalterlichen Gesellschafts- und Herrschaftsordnung durch wirtschaftlichen Strukturwandel und frühmodernen Staat

Die frühmittelalterliche Grundherrschaft konnte sich nur in einer ausschließlich von der Landwirtschaft geprägten Welt behaupten. Sie beruhte weitgehend auf dem Prinzip der Selbstversorgung, war in hohem Maße *autark*. Dies änderte sich seit dem 11. Jahrhundert durch einen wachsenden Handelsverkehr und das Aufkommen von *Märkten*. Von dort konnten die benötigten Güter einfacher und günstiger bezogen werden. Eine Arbeitsteilung zwischen Stadt und Land bahnte sich an. Damit einher ging die Rückkehr zur *Geldwirtschaft*, die Gewerbetreibende und Kaufleute zur Abwicklung ihrer Geschäfte benötigten.

Mit der Zeit wurden auch die grundherrschaftlichen Frondienste und Naturalabgaben in Geldzahlungen umgewandelt. Dadurch wurde die persönliche Bindung der Hintersassen an die Grundherren vielerorts gelockert. Ihre unabhängigere Stellung stärkte die Ertragskraft der einzelnen Höfe und verbesserte die Lebensverhältnisse auf dem Land.

Unabhängig von wirtschaftlichen Veränderungen führte eine langfristige verfassungspolitische Entwicklung in den Ländern Europas zur Auflösung der mittelalterlichen Herrschaftsordnung: die Herausbildung des *Territorialstaats*.

An die Stelle des mittelalterlichen *Personenverbandsstaats*, in dem die Monarchen durch ihre persönlichen Beziehungen zu den Großen des Landes regierten, trat der mit einem bestimmten Gebiet verbundene moderne *Flächenstaat*. In diesem beseitigten die Herrscher nach und nach die zahlreichen Sonderrechte der adeligen Grundherren. Einen wesentlichen Schritt dahin bedeutete die allmähliche Durchsetzung eines öffentlichen Gewaltmonopols. In dem Maße, in dem es den Herrschern gelang, in ihren Territorien einen *Landfrieden* durchzusetzen, wurde dem Adel das Fehde- und Selbsthilferecht verwehrt. Der Aufbau landesherrlicher Gerichte und Behörden stärkte den Monarchen gegenüber der adeligen Oberschicht.

In den Kanzleien war eine neue Schicht von Beamten tätig, die ihre Ämter nicht ererbt hatten, sondern durch Studium und Ausbildung besonders qualifiziert waren. Sie wurden nicht mehr mit Grund und Boden entlohnt, sondern mit Geld.

Eine wachsende Bürokratie und verstärkte Schriftlichkeit in der Verwaltung förderten die herrschaftliche Durchdringung des Landes. Indem der Fürst ehemals grundherrliche Leistungen wie die Sicherung des Rechts oder den militärischen Schutz der Bauern übernahm, wurde die überkommene Aufgabenteilung empfindlich gestört (siehe Seite 97). Die häufig als ungerecht empfundenen Eingriffe des Staates und ganz besonders der Protest gegen höhere Steuern ließen zahlreiche Bauernrevolten ausbrechen, vor allem im Süden und Westen Europas. „Als Adam grub und Eva spann – wo war denn da der Edelmann?" reimten – angeblich zuerst – die englischen Bauern und machten damit deutlich, wie brüchig die alte Ordnung geworden war.

Sinkende Einnahmen aus den Grundherrschaften infolge der Pest, der Übergang zur Geldwirtschaft und das Erstarken der Territorialstaaten haben den mittelalterlichen Feudalismus ausgehöhlt. Dennoch konnte er noch Jahrhunderte fortbestehen. Allerdings hatte sich gezeigt, dass die modernen Entwicklungen des politischen und wirtschaftlichen Lebens nach neuen gesellschaftlichen Strukturen suchten (◊ M 5).

M 1 Die Pest in Florenz

Giovanni Boccaccio (1313–1375) erlangte Weltruhm durch seine Novellensammlung „Decamerone". Die Rahmenhandlung des um 1350 entstandenen Werks führt zehn vor der Pest fliehende Personen auf einem Landgut bei Florenz zusammen.

Ich sage nun, dass seit der heilbringenden Menschwerdung des Gottessohnes 1348 Jahre vergangen waren, als in der herrlichen Stadt Florenz, die edler als jede andere in Italien ist, eine todbringende Pest ausbrach, welche entweder durch die Einwirkung von Himmelskörpern oder wegen unserer ungerechten Taten durch Gottes gerechten Zorn zu unserer Besserung über die Sterblichen geschickt wurde. Sie war einige Jahre zuvor in Ländern im Osten entstanden, hatte eine Unzahl von Menschen hinweggerafft, drang dann unaufhaltsam von Ort zu Ort vor und breitete sich auf schreckliche Weise nach Westen aus. Alle menschliche Klugheit und Vorsicht, mit der die Stadt durch hierfür bestellte Beamte von Verunreinigungen vielfältiger Art gesäubert und jedem Kranken der Eintritt verwehrt wurde, waren nutzlos, umsonst auch die vielen Ratschläge zur Erhaltung der Gesundheit, umsonst die demütigen Bitten, mit denen fromme Menschen sich nicht nur einmal, sondern wiederholt in organisierten Prozessionen oder auf andere Weise an Gott wandten. Etwa zu Frühlingsbeginn dieses Jahres zeigte die Seuche erstmals auf furchtbare und erstaunliche Weise ihre schreckliche Wirkung. Sie begann hier nicht wie im Osten, wo bei jedem, als Zeichen des unvermeidlichen Todes, Nasenbluten aufgetreten war. Es bildeten sich nämlich bei Männern und Frauen in gleicher Weise Schwellungen in der Leistengegend oder unter den Achseln, von denen einige mehr oder weniger die Größe eines Apfels oder Eies erreichten und vom Volk Pestbeulen genannt wurden. Von diesen beiden Körperstellen breiteten sich die tödlichen Pestbeulen in kurzer Zeit gleichmäßig auf dem ganzen Körper aus. [...] Bei dieser Erkrankung taugte oder nützte offensichtlich weder der Rat eines Arztes noch eine Medizin. Sehr wenige nur wurden geheilt, sei es nun, dass dies die Natur der Krankheit nicht zuließ oder weil die Ärzte, deren Zahl, abgesehen von den studierten Leuten, durch Männer und Frauen, die nie eine medizinische Ausbildung genossen hatten, sehr groß geworden war, in ihrer Unwissenheit nicht erkannten, woher sie rühre und folglich nicht die richtigen Überlegungen anstellten. Fast alle starben mehr oder weniger innerhalb von drei Tagen nach Auftreten der oben genannten Symptome, meist ohne Fieber oder sonstige Besonderheiten. Diese Pest war deshalb so gewaltig, weil sie, wenn die Menschen miteinander verkehrten, von solchen, die bereits erkrankt waren, auf Gesunde übergriff, nicht anders als es das Feuer mit trockenen und fetten Dingen tut, wenn sie in seine Nähe gebracht werden. [...] Und fast alle hatten nur ein grausames Ziel vor Augen: die Kranken und ihre Sachen zu meiden und zu fliehen. Dadurch glaubte jedermann sich Rettung verschaffen zu können. Manche dachten durch eine maßvolle Lebensweise und dadurch, dass sie sich vor jeglichem Überfluss hüteten, ihre Widerstandskraft gegen diese Seuche stärken zu können. Sie taten sich in Gruppen zusammen und lebten von jedem andern abgesondert, versammelten und schlossen sich in Häuser ein, wo kein Kranker war, und, um besser überleben zu können, genossen sie mit Maß die köstlichsten Speisen und besten Weine, mieden aber jede Schwelgerei. [...] Andere vertraten die gegenteilige Auffassung und versicherten, die sicherste Medizin bei einem solchen Übel sei reichlich zu trinken, zu genießen, singend und scherzend

Das späte Mittelalter in Europa

Die kirchliche Interpretation: die Pest als Strafe Gottes. Während Maria, die Mutter Gottes, einen Teil der Pestpfeile auffängt, unterstützt sie der heilige Franziskus durch sein Gebet. Der Text auf dem Spruchband unter dem Tafelbild lautet übersetzt: „Rette jene, Jesus Christus, für die die jungfräuliche Mutter dich bittet." (Das Tafelbild wurde 1424 für den Hochaltar der Göttinger Franziskanerkirche geschaffen.)

umherzuziehen, jeglicher Begierde, wo es nur möglich sei, zu genügen und über das, was kommen werde, zu lachen und zu spotten. [...]
Bei einer so schrecklichen und elenden Verfassung unserer Stadt war das ehrwürdige Ansehen der Gesetze, der göttlichen und menschlichen, fast völlig gesunken und vernichtet, weil ihre Verweser und Vollstrecker wie die anderen tot oder krank waren und es ihnen an Gehilfen mangelte, eine Amtshandlung vorzunehmen. [...] Wir wollen nicht erwähnen, dass ein Bürger dem anderen aus dem Weg ging und sich fast niemand um seinen Nachbarn kümmerte und die Verwandten einander nur selten oder nie und dann nur von ferne sahen. Durch diese Heimsuchung hatte die Herzen der Männer und Frauen eine solche Angst befallen, dass ein Bruder den anderen verließ, der Onkel den Neffen, die Schwester den Bruder und, oft [genug], die Frau ihren Mann, und, was mehr wiegt und fast unglaublich ist, Väter und Mütter scheuten sich, zu ihren Kindern zu gehen und sie zu pflegen, als ob sie nicht die ihren gewesen wären. Deshalb blieb für die unzählige Menge von Männern und Frauen, die erkrankt waren, keine andere Hilfe als das Mitleid der Freunde, von denen es freilich wenige gab, oder die Habgier der Wärter, die sie gegen einen hohen und unverhältnismäßigen Lohn pflegten, obwohl sich trotz allem nicht viele dazu hergaben. [...] Die Leute starben nicht nur ohne viele

Klagefrauen um sich zu haben, sondern es gab genug, die ohne Augenzeugen aus diesem Leben schieden. Und nur sehr wenigen wurden das mitleidsvolle Klagen und die bitteren Tränen der Verwandten zuteil. Statt dessen wurden Lachen, Scherze und gesellige Feiern üblich. Diesem Brauch hatten sich die Frauen, die der eigenen Gesundheit zuliebe ihr weibliches Mitleid größtenteils hintansetzten, auf das beste angepasst. Selten gab es Leichen, die von mehr als zehn oder zwölf Nachbarn zur Kirche geleitet wurden. Es waren nicht ehrbare und angesehene Bürger, die dabei [die Toten] trugen, sondern eine Art Totengräber, die dem untersten Volk entstammten und sich „Leichenknechte" rufen ließen. Diese Leute, die das für Geld taten, kamen zur Bahre und trugen den Toten mit hastigen Schritten nicht zu der Kirche, die er vor seinem Tode bestimmt hatte, sondern meist zur nächstgelegenen. Voraus gingen vier oder sechs Geistliche mit wenigen Kerzen, manchmal überhaupt keinen. Sie ließen den Toten durch die Leichenträger in das erstbeste Grab legen, das offenstand, ohne sich mit einem langen oder feierlichen Gottesdienst abzumühen. Bei dem niedrigen Volk und wohl auch einem Teil des Mittelstands wirkte alles noch viel erbärmlicher. [...] Da für die beschriebene Masse von Leichnamen, die täglich und fast stündlich zu jeder Kirche gebracht wurden, die geweihte Erde für das Begräbnis nicht mehr ausreichte, besonders, wenn man nach altem Brauch jedem sein eigenes Grab hätte geben wollen, wurden in den Kirchhöfen, als jeder Platz belegt war, große Gräben ausgehoben und die Neuverstorbenen zu Hunderten hineingelegt. Sie wurden dort schichtweise, wie im Schiffsraum die Waren, übereinandergestapelt und mit wenig Erde bedeckt, bis der Graben zum Rand voll war. [...] Wie viele große Paläste, wie viel prächtige Häuser, wie viele andere Wohnsitze, bis dahin voll von Gesinde, Herren und Frauen, standen nun leer bis auf den letzten Knecht! Wie viele denkwürdige Geschlechter, wie viele reiche Erbschaften, wie viele berühmte Vermögensschätze blieben ohne rechtmäßigen Nachfolger! Wie viele tatkräftige Männer, wie viele schöne Frauen, wie viele anmutige Jünglinge [...] speisten am Morgen mit ihren Verwandten, Gesellen und Freunden, um am Abend darauf in der anderen Welt mit ihren Vorfahren zu tafeln!

Giovanni Boccaccio, Das Decamerone, in: Klaus Bergdolt (Hrsg.), Die Pest 1348 in Italien, Heidelberg 1989, S. 39 ff.

1. Analysieren Sie genau den Bericht des Boccaccio. Was erfahren wir über die von den Zeitgenossen vermuteten Ursachen der Pest, wie reagierten die Menschen auf die Seuche? Arbeiten Sie die Haltung des Schriftstellers heraus.
2. Was erfahren wir über Boccaccios Einstellung zum Tod? Welche Rolle spielen für ihn die traditionellen Totenrituale?
3. Welche Verhaltensweisen der Menschen scheinen Ihnen über traditionelle mittelalterliche Verhaltensweisen hinauszuweisen? Begründen Sie Ihre Meinung.

Die Geißlerzüge

Eine genaue Beschreibung der Geißlerzüge verdanken wir dem Straßburger Kleriker Fritsche Closener. Von ihm erfahren wir auch die Reaktion der Bevölkerung auf die „Bewegung".

Wenn sie nun Buße tun wollten, so nannten sie das Geißeln. Das geschah täglich wenigstens zweimal, früh und spät. Sie zogen dann ins Feld hinaus und man läutete die Glocken und sie versammelten sich und gingen in Zweierreihen und sangen ihr Lied, wie schon vorher gesagt. Und wenn sie an die Stelle der Geißelung kamen, so zogen sie sich barfuß und bis auf die Hosen aus und legten sich Kittel oder andere weiße Tücher um, die vom Gürtel bis zu den Füßen reichten, und wenn sie anfangen wollten zu büßen, so legten sie sich in einem weiten Ring nieder und je nachdem wie jeder gesündigt hatte, legte er sich hin: War er ein meineidiger Bösewicht, so legte er sich auf eine Seite und streckte seine drei Finger über das Haupt. War er ein Ehebrecher, so legte er sich auf den Bauch. So legten sie sich in verschiedener Weise nach den Sünden verschiedener Art, die sie begangen hatten. Dabei sah man genau, welcherlei Sünde jeder begangen hatte. [...]
Unterdessen gingen die Brüder in Zweierreihen um den Ring herum und schlugen sich mit Geißeln aus Riemen, die vorn Knoten hatten, in die Spitzen gesteckt waren, und schlugen sich auf ihre Rücken, sodass viele heftig bluteten. [...]
Und wo sie in die Städte kamen, da liefen ihnen viele Leute zu, die auch Geißler wurden, sowohl Laien wie Geistliche. Doch schloss sich kein Geistlicher an, der gebildet war. [...] Einigen gefiel die Bruderschaft besonders gut. Wenn sie den Bußakt einmal vollbracht hatten, begannen sie ihn von neuem. Das geschah deshalb, weil sie zu der Zeit müßig gingen und nicht arbeiteten. Denn wo sie hinkamen – wie viele es auch waren –, lud man sie alle ein und behandelte sie außerordentlich großzügig und es gab viele Leute, die sie gern eingeladen hätten, wenn sie nur Gelegenheit dazu gehabt hätten. So hoch wurden sie geschätzt.
Die Bürger in den Städten gaben ihnen von der Gemeinde aus Geld, damit sie sich Fahnen und Kerzen kauften. Die Brüder nahmen große Heiligkeit für sich in Anspruch und sagten: Es geschähen aufgrund ihres Willens große Zeichen. [...]
Diese Geißelfahrt dauerte länger als ein Vierteljahr, indem jede Woche eine Gruppe von Geißlern kam. Danach machten sich Frauen auf und reisten auch durch das Land und geißelten sich. Danach nahmen junge Knaben und Kinder an der Geißelfahrt teil. Danach wollten die von Straßburg ihnen nicht mehr läuten und wollten ihnen auch keine Beihilfe zu Kerzen und Fahnen geben. Man wurde ihrer auch so müde, dass man sie nicht mehr nach Hause einlud, wie man das getan hatte. So kam es zu einer Geringschätzung, sodass man sie wenig achtete.

Hartmut Boockmann, Das Mittelalter. Ein Lesebuch, München 1988, S. 247 ff.

1. Was erfahren wir über die personelle Zusammensetzung der Flagellanten?
2. Diskutieren Sie die Vor- und Nachteile der Geißlerbewegung für die offizielle Amtskirche.
3. Analysieren Sie die Veränderungen im Verhalten der Bevölkerung.

M 3 Die Judenverfolgung des Jahres 1349

Um 1400 verfasste der Straßburger Kleriker Jakob Twinger von Königshofen eine Chronik in deutscher Sprache. Er beschreibt darin die Ausbreitung der Pest und die Verleumdungen der Juden als „Brunnenvergifter".

In Bern und in Zofingen folterte man etliche Juden, die gestanden, sie hätten viele Brunnen vergiftet, und man fand auch Gift in den Brunnen. Da verbrannte man sie in vielen Städten und schrieb diese Geschichte nach Straßburg, Freiburg und Basel, auf dass sie auch dort ihre Juden verbrennen sollten. Da meinten jedoch die Mächtigen in diesen drei Städten, man solle den Juden nichts tun. In Basel zog das Volk vor das Richthaus und zwang die Ratsherren zu schwören, die Juden verbrennen und zweihundert Jahre lang nicht wieder in die Stadt zu lassen.

Daraufhin wurden die Juden im ganzen Land gefangengesetzt und ein Tag zur Beratung in Benefeld bestimmt. Dorthin kamen der Bischof von Straßburg, alle Landesherrn des Elsass und die Ratssendboten der drei genannten Städte zusammen. Die von Straßburg wurden befragt, was sie mit ihren Juden zu tun gedächten; sie antworteten, sie wüssten keine Bosheit von ihren Juden. Da fragte man sie, warum sie dann ihre Brunnen verschlossen und die Eimer entfernt hätten, und es entstand ein großer Lärm und ein Geschrei gegen die Straßburger. So kamen der Bischof, die Herren und die Reichsstädte überein, sich ihrer Juden zu entledigen. So wurden sie in vielen Städten verbrannt, etliche auch vertrieben und diese dann von den Bauern gefangen, erstochen oder ertränkt. [...]

Als nun in Straßburg alles Volk über die Juden ergrimmt war, versperrte man die Judengasse und setzte bewaffnete Leute davor, damit man ihrer desto sicherer wäre, was mit ihnen auch geschehen sollte. [...] An diesem Freitag fing man auch die Juden in Straßburg, und am folgenden Samstag, es war der Valentinstag, verbrannte man sie auf einem hölzernen Gerüst in ihrem Kirchhofe; es waren ihrer an die zweitausend. Nur wer sich taufen lassen wollte, den ließ man leben. Es wurden auch viele kleine Kinder gegen den Willen ihrer Eltern aus dem Feuer genommen, um sie zu taufen. Was man den Juden schuldete, galt damit als bezahlt, alle Pfänder und Schuldbriefe, die die Juden in Verwahrung gehabt hatten, wurden zurückgegeben. Das Bargeld der Juden nahm der Rat an sich und verteilte es unter die Handwerker. Das Geld war auch die Ursache, warum die Juden getötet wurden. Denn wären sie arm und die Landesherren nicht ihre Schuldner gewesen, so hätte man sie nicht verbrannt. Als nun das Geld verteilt war, gaben etliche ihren Teil für den Bau des Münsters oder nach dem Rat ihrer Beichtväter als Almosen.

Klaus Arnold, Das Mittelalter. Quellen zur deutschen und europäischen Geschichte vom 8.–15. Jahrhundert, Paderborn 1991, S. 80 f.

1. Welche unterschiedlichen Gründe und Motive für das Judenpogrom werden im Text genannt? Welche Einstellung des Chronisten gegenüber den Juden und gegenüber dem Judenpogrom von 1349 wird spürbar?
2. Nennen Sie Beispiele dafür, dass persönliche Sicherheit und Menschenwürde von Minderheiten auch heute noch bedroht sein können.

Das späte Mittelalter in Europa

Ständebild

Der Holzschnitt von Jacob Meydenbach aus Mainz (1492) zeigt, welche Aufgaben den einzelnen Ständen im Leben zugeordnet waren. „Tu supplex ora: Du bete demütig! Tu protege: Du schütze! Tuque labora: Und du arbeite!"

1. Welche Stände sind erkennbar und welche Rolle im Leben ist ihnen zugedacht?
2. Welcher Gewalt gibt der Künstler den Vorrang und welcher Gedanke steckt dahinter?

„Inkubationszeit"

Ein Hauptwerk des Wieners Egon Friedell (1868–1938) war die dreibändige „Kulturgeschichte der Neuzeit", aus deren 1927 erschienenem ersten Band der nachfolgende Auszug stammt. Friedell nahm sich nach dem Einmarsch der deutschen Truppen in Österreich am 16. März 1938 das Leben.

Wenn wir den Entwicklungsabschnitt, in dem sich der Mensch der Neuzeit vorbereitet, die „Inkubationszeit" nennen, so kann dadurch leicht der Eindruck erweckt werden, dass das Neue, das hier in die Welt trat, ein Giftstoff gewesen sei. [...] Doch wie dem auch sei: Wir wollen mit dem Namen Inkubationszeit zunächst kein positives oder negatives Werturteil aussprechen, sondern einfach jene anderthalb Jahrhunderte bezeichnen, in denen das Neue im Schoße der Menschheit wächst, reift, ausgetragen wird, bis es schließlich stark und groß genug geworden ist, um ans Licht treten zu können. [...]
Das Fundament, auf dem die Weltanschauung des Mittelalters ruhte, war der Grundsatz: Das Reale sind die Universalien. Wirklich ist nicht das Individuum, sondern der Stand, dem es angehört. Wirklich ist nicht der einzelne Priester, sondern die katholische Kirche, deren Gnadengaben er spendet. [...] Wirklich ist nicht der Reiter, der im Turnier sticht, um Minne wirbt, im Gelobten Lande streitet, sondern das große Ideal der ritterlichen Gesellschaft, das

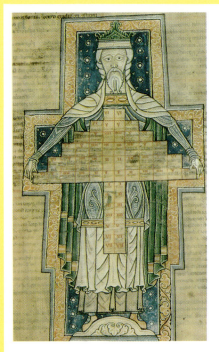

Bildliche Darstellungen des Mittelalters zeigen den Menschen bis zum 14. Jahrhundert nicht als Individuum, sondern als Typ oder Gleichnis. Besonders deutlich wird dies in einer Handschrift aus dem 12. Jahrhundert: Der menschliche Körper dient als Gleichnis für verwandtschaftliche Beziehungen. Er beginnt beim Kopf (dem gemeinsamen Vorfahren) und geht über die Schulter (Verwandte ersten Grades) bis zu den Fingernägeln (Verwandte sechsten oder siebten Grades).

ihn umfängt und emporträgt. Wirklich ist nicht der Künstler, der in Stein und Glas dichtet, sondern der hochragende Dom, den er in Gemeinschaft mit vielen geschaffen hat: Er selbst bleibt anonym. Wirklich sind auch nicht die Gedanken, die der menschliche Geist in einsamem Ringen ersinnt, sondern die ewigen Wahrheiten des Glaubens, die er nur zu ordnen, zu begründen und zu erläutern hat.
Alle diese Vorstellungen beginnen sich aber am Ende des Mittelalters zu lockern und zu verflüssigen, um sich schließlich in ihr völliges Gegenteil umzukehren. [...] Der Sieg des Nominalismus[1]) ist die wichtigste Tatsache der neueren Geschichte, viel bedeutsamer als die Reformation, das Schießpulver und der Buchdruck. Er kehrt das Weltbild des Mittelalters vollständig um und stellt die bisherige Weltordnung auf den Kopf: Alles Übrige war nur die Wirkung und Folge dieses neuen Aspekts. [...]
Es war, als ob die Menschheit plötzlich ihr statisches Organ verloren hätte. Es ist dies im Grunde der Charakter aller Werde- und Übergangszeiten. Das Alte gilt nicht mehr, das Neue noch nicht [...] .

Egon Friedell, Kulturgeschichte der Neuzeit, Band 1, München, 2. Auflage 1976, S. 95 ff.

1. Beschreiben Sie anhand des Textes, der Abbildung sowie der Darstellung des menschlichen Körpers auf Seite 63 die kulturelle Entwicklung zwischen Mittelalter und Neuzeit.
2. Ist es berechtigt, das späte Mittelalter als eine Zeit der Krise zu beschreiben? Sammeln Sie Argumente und diskutieren Sie die Frage in Ihrer Klasse.

---

[1]) philosophische Ansicht, nach der Gattungsbegriffe nur Namen sind und allein der sinnlich wahrnehmbare Einzelgegenstand real ist

Das späte Mittelalter in Europa

Kirche in der Krise

Der religiöse Konflikt des 14. Jahrhunderts spiegelt sich auch in den Bauten der Zeit wider. Der gewaltigen päpstlichen Trutzburg in Avignon stehen die von Bettelorden bewußt schlicht gestalteten Gotteshäuser gegenüber. Diese verfügten nicht mehr über die bis dahin üblichen Querkirchen und mächtige Glockentürme wurden von schlichten Dachreitern ersetzt. (Die untere Abbildung stammt aus dem bayerischen Maria Burghausen.)

1302	Höhepunkt päpstlicher Herrschaftsansprüche: die Bulle „Unam Sanctam"
1309–1376	Die Päpste geraten unter Einfluss der französischen Könige und nehmen ihren Sitz in Avignon
1378–1417	Das Große Schisma: Mehrere Gegenpäpste spalten die Christenheit
um 1380	In England lehrt John Wyclif, die alleinige Grundlage des Glaubens sei die Bibel
1414–1418	Das Konzil von Konstanz tritt zur Lösung aller kirchlichen Streitfragen zusammen
1415	Der tschechische Reformator Jan Hus wird in Konstanz als Ketzer verbrannt

Niedergang des Papsttums

Nicht nur die politischen und sozialen Fundamente waren im 14. Jahrhundert ins Wanken geraten, ebenso verlor die Kirche in dieser Epoche ihre unangefochtene Stellung. Das *Papsttum*, das nach der Schwächung der Kaiser in der zweiten Hälfte des 13. Jahrhunderts als einzige Universalmacht verblieben schien (◊ M 1), unterlag in der Auseinandersetzung mit dem französischen König, als es seine Oberhoheit über die französische Krone durchsetzen wollte. Die päpstliche Residenz musste zwischen 1309 und 1376 von Rom in das Frankreich unmittelbar benachbarte Avignon verlegt werden. In der Folge büßte die Kirche ihre überragende politische Macht und Unabhängigkeit ein, sie wurde zu einem Parteigänger der französischen Könige.

Den Verlust ihrer politischen Autorität versuchte die *Kurie*[1]) seit Papst *Johannes XXII.* (1316–1334) durch eine straffe Führung im Inneren und vor allem durch eine erfindungsreiche Finanzverwaltung auszugleichen. So wurden für die gläubige Christenheit immer neue *Ablasszahlungen* (siehe Seite 76) ausgeschrieben, die für den Ausbau Avignons und den sprunghaft wachsenden, zentralistischen Behördenapparat des Kirchenstaats benötigt wurden.

Als besonders ertragreiche Einnahmequellen sprudelten die Gebühren, die die Bewerber für den Kauf geistlicher Stellen entrichten mussten. Gerechtfertigt wurde die sogenannte *Simonie* durch die Tatsache, dass mit den geistlichen Ämtern weltlicher Besitz *(Pfründe)* verbunden war. Die Pfründe diente – vergleichbar dem Lehensgut – der Besoldung der Kleriker und wurde von der Amtskirche jetzt wie ein Wirtschaftsgut „versteigert". Die priesterliche Eignung der Seelsorger trat demgegenüber in den Hintergrund, was Anlass zu heftiger Kritik an der Simonie bot.

Weiteren Schaden nahm die kirchliche Autorität, als sich bei der Papstwahl 1378 das Kardinalskollegium nicht einigen konnte. Mit der Wahl eines italie-

---

[1]) curia (lat.): Versammlungsort des Senats im antiken Rom; daraus entstand die Bezeichnung für die zentrale Verwaltungsbehörde des Papstes. Verwaltung und Kardinalskollegium waren im 14. Jahrhundert mehrheitlich in französischer Hand.

Das späte Mittelalter in Europa

Eine französische Buchillustration um 1880 nach einer Zeichnung von Emile Bayard zeigt die Verbrennung der Katharer von Montsegur.

nischen Papstes in Rom und eines französischen Papstes in Avignon begann das bis 1417 dauernde *Große Schisma*[1]), in dem sich seit 1409 sogar drei Päpste gegenüberstanden.

Innerkirchliche Diskussion um den Glauben

Doch schon lange, bevor Missstände in der Amtskirche den offenen Widerspruch der Gläubigen herausforderten, hatten innerhalb des gebildeten Klerus Diskussionen über die richtige Auslegung der christlichen Lehre begonnen. Die neuen Denkansätze waren vor allem den Kontakten mit Arabern und dem spanischen Judentum und der zum Teil daher rührenden Wiederentdeckung antiker Schriften zu verdanken. Dadurch hielten naturwissenschaftliche und staatstheoretische Überlegungen Einzug in die europäischen Studierstuben, und erste „Intellektuelle" in der Kirche versuchten, mittels Vernunft und Logik Widersprüchlichkeiten der Religion zu klären. Die wissenschaftliche Auseinandersetzung stand dabei immer in Gefahr, von der Kirche verboten zu werden.

Kritik an der reichen Amts- und Herrschaftskirche erwuchs auch aus dem Ideal der urkirchlichen Armut. Es bildeten sich neue, stark von Laien getragene und von der Amtskirche unabhängige religiöse Lebensformen aus. Einzelne Gruppen vertraten abweichende Glaubensinhalte. Erste Opfer eigener Kreuzzüge gegen Minderheiten wurden die *Katharer*[2]) in Südfrankreich. Alle

---

[1]) Kirchenspaltung
[2]) (griech.): die Reinen. Katharer und die von Petrus von Waldus im 12. Jahrhundert gegründete Bewegung lebten arm und enthaltsam. Wegen ihrer Ablehnung des Alten Testaments, der kirchlichen Sakramentslehre und der Amtskirche wurden sie blutig verfolgt. – Das Wort Ketzer leitet sich von „Katharer" her.

Gruppen, die den Anspruch der Kirche auf alleinige Heilsvermittlung in Frage stellten, wurden als *Häretiker*[1]) bekämpft. Aufgabe eigener *Inquisitoren*[2]) war es, die Verkünder von Irrlehren aufzuspüren.

Um Einfluss auf die „Armutsbewegung" zu behalten, gestattete der Papst zu Beginn des 13. Jahrhunderts die Gründung zweier *Bettelorden*. Die Orden und Klöster der *Franziskaner* und *Dominikaner* verzichteten auf Besitz und Reichtum und verschrieben sich ganz der Seelsorge sowie der Armen- und Krankenpflege in den heranwachsenden Städten. Als die Kirche immer mehr verweltlichte, gerieten Teile der Franziskaner mit Papst Johannes XXII. in Konflikt: Wenn, so ihre Ansicht, Jesus Christus weder Eigentum noch Herrschaft über Menschen gehabt habe, so müsse dies auch für seinen irdischen Stellvertreter gelten. Wegen dieser Frage ließ der Papst mehrere Ordensbrüder verbrennen und erklärte es für ketzerisch zu verbreiten, Christus habe kein Eigentum besessen (◊ M 2).

Nicht zuletzt Frauen aus allen Schichten, Ständen und Berufen fühlten sich durch die Armuts- und Ketzerbewegung angesprochen. Sie folgten Wanderpredigern oder erfüllten in den neuen Bettelorden das Armutsideal mit Tätigkeiten im Dienste der Nächstenliebe. Viele unverheiratete Frauen und Witwen, die sich von weltlichen Lebensaufgaben entbunden sahen, schlossen sich als *Beginen*[3]) zu freien, religiös-asketischen Frauenvereinigungen zusammen. Ohne Anschluss an einen Orden und ohne Ablegung eines Gelübdes praktizierten sie in ihren klosterähnlichen Gemeinschaften ein gottergebenes Leben in Keuschheit und Armut.

Viele von der Religiosität der Zeit ergriffene Gläubige suchten mithilfe einer besonders intensiven Versenkung ins Gebet ihren persönlichen Weg zu Gott *(Mystik)*. Damit spielte der Priester nicht mehr seine unbestrittene Rolle als Mittler zwischen Gott und den Menschen. Die Amtskirche beobachtete deshalb die Vordenker der Mystik ebenso wie andere religiöse Laienbewegungen mit größtem Argwohn.

Einen wichtigen Schritt bei der Überwindung mittelalterlichen Denkens bedeuteten die Schriften des Gelehrten *Marsilius von Padua* (um 1290–1342/3), die allerdings erst im 15. Jahrhundert von einem breiteren Publikum zur Kenntnis genommen wurden. Marsilius bereitete ein neuzeitliches Staatsverständnis vor, indem er die Aufgaben von Staat und Kirche strikt trennte. So verwies er beispielsweise das Eherecht in die Zuständigkeit der weltlichen Gewalt. Innerhalb der Kirche sollte höchstes Organ ein allgemeines *Konzil* sein, in dem Repräsentanten aller Gläubigen dogmatische Streitfragen beraten könnten (◊ M 3).

---

[1]) Ketzer
[2]) Inquisition (lat.): Untersuchung; kirchliche Verhöre von (mutmaßlichen) Ketzern, meist unter Anwendung der Folter. Die Exekution der Urteile erfolgte durch die weltliche Macht.
[3]) Der Name stammt wahrscheinlich von der Farbe der graubraunen (beigen) Tracht.

Wyclif und Hus – die Glaubenseinheit ist bedroht

Die seit langem offensichtlich gewordenen kirchlichen Missstände mündeten in England um 1380 in religiöse Unruhen. Der Theologe *John Wyclif* (um 1320 bis 1384) orientierte sich am Urchristentum und wollte allein die Bibel als Grundlage der christlichen Lehre anerkennen. Darauf fußend verwarf er mit Ausnahme von Taufe und Abendmahl alle Sakramente sowie die Heiligen- und Reliquienverehrung. Verbreiteten Strömungen der Zeit folgte Wyclif mit der Ablehnung von Kirchenbesitz, kirchlichen Steuern und Ablasshandel. Damit und mit seiner Lehre von einem allgemeinen (Laien-)Priestertum stellte er die Amtskirche generell infrage. Wyclif predigte übrigens nicht mehr lateinisch, sondern in seiner Muttersprache. Durch seine Übersetzung der Bibel ins Englische wurde er für die Sprachentwicklung seiner Heimat ähnlich bedeutsam wie *Martin Luther* (siehe Seite 78 ff.) später in Deutschland. Nach Wyclifs Tod wurden seine Anhänger als Ketzer verfolgt – zum Teil flüchteten sie nach Böhmen.

Prag war als Residenz deutscher Könige und Sitz der ersten Universität im Reich (seit 1348) in kurzer Zeit zu einem Zentrum politischen und geistigen Lebens geworden. Die Lehren Wyclifs stießen hier besonders auf Widerhall beim aufblühenden tschechischen Bürgertum, das gegenüber der deutschen Oberschicht um die Herausbildung einer eigenen Identität rang. Der Universitätslehrer *Jan Hus* (1370/71–1415), der in der tschechischen Volkssprache predigte, übernahm weitgehend die Lehrsätze Wyclifs und wurde zum Sprachrohr der neuen Bewegung. Der offene Konflikt brach 1412 aus, als die Reformer Kirchengut *säkularisierten*[1]) und Hus erklärte, sich nur Christus als dem Haupt der Kirche unterordnen zu wollen, nicht aber dem Papst. So weit waren die Dinge gediehen, als 1414 ein Konzil nach Konstanz einberufen wurde.

Das Konzil von Konstanz

Drei große Streitfragen beschäftigten die Christenheit zu Beginn des 15. Jahrhunderts:
1. das Schisma in der Kirche mit drei konkurrierenden Päpsten
2. eine Reform der Kirchenverfassung
3. die religiösen Unruhen in Böhmen.

Die Lösung aller Probleme sollte ein Konzil finden. Nach sorgfältiger Vorbereitung durch den deutschen König *Sigismund* (1410–1437; Kaiser seit 1433) trat schließlich die größte Versammlung in der Geschichte der mittelalterlichen Kirche in Konstanz am Bodensee zusammen.

1. Erfolgreich war das Konzil bei der Bewältigung des Schismas. Nach dreijährigen Debatten wurden die rivalisierenden Päpste abberufen und mit *Martin V.* (1417–1431) ein neuer, allgemein anerkannter Papst gewählt.

---
[1]) Säkularisation: Verstaatlichung geistlichen Besitzes

2. In den Jahrzehnten des Schismas hatte sich in führenden Kreisen des Klerus die Frage zugespitzt, ob die Kirche allein dem Papst unterstehen solle oder ob die Konzile nicht mindestens gleichberechtigt seien. Tatsächlich nutzte die in Konstanz anwesende mittlere und höhere Geistlichkeit die augenblickliche Schwäche des Papsttums und verkündete gegen den Widerstand der Kardinäle ein regelmäßig zusammentretendes Konzil als oberstes Verfassungsorgan der Kirche.

Der ausbrechende Streit zwischen Kurie und *Konzilsbewegung* wurde bis Mitte des Jahrhunderts auf mehreren Konzilien ausgetragen und gipfelte in erneuten Kirchenspaltungen. Am Ende setzte das Papsttum seinen Führungsanspruch durch. Es konnte im Zusammenspiel mit den europäischen Monarchen seine Reputation als politische Macht in die Waagschale werfen, während die Basis der „Intellektuellen" und Priester ohnmächtig zusehen musste, wie das *Konzil von Basel* (1432–1448) von Kaiser *Friedrich III.* (1440–1493) der Stadt verwiesen wurde. Trotz unbestreitbarer einzelner Fortentwicklungen unterblieb so die angestrebte Reform der Kirche „an Haupt und Gliedern". 1460 wies der humanistisch gebildete Papst *Pius II.* (1458–1464) (siehe Seiten 45 und 49) endgültig den Oberhauptsanspruch der Konzilien als ketzerisch zurück.

Wie in den europäischen Territorialstaaten das Ringen zwischen Fürsten und Ständen zu einem Sieg der sich formierenden Zentralgewalten führte, so hatte sich gleichzeitig in der Kirchenverfassung der „monarchische Gedanke" gegen den „Parlamentarismus" durchgesetzt.

3. Am schnellsten schien das Konstanzer Konzil mit den Lehren des Jan Hus fertigzuwerden. Obwohl dem tschechischen Reformer freies Geleit zugesichert worden war, wurde er 1415 als Ketzer auf dem Scheiterhaufen verbrannt. Doch dieser Wortbruch wurde mit jahrelangen blutigen Auseinandersetzungen und Kriegen beantwortet (◊ M 4). Am Ende stand der *Religionsfrieden von Kuttenberg* (1485), der erste Toleranzvertrag zwischen der römischen Amtskirche und einer ihre Unabhängigkeit behauptenden Landeskirche. Außerhalb Böhmens war es der Kurie Ende des 15. Jahrhunderts allerdings gelungen, alle von ihr als häretisch verurteilten Abweichungen zum Schweigen zu bringen.

Unam Sanctam

M 1

Päpstliche Bullen werden benannt nach ihren lateinischen Anfangsworten. In seiner Bulle „Unam Sanctam" verkündet Papst Bonifaz VIII. (1294–1303) im Verlauf einer Auseinandersetzung mit dem französischen König im Jahr 1302 die päpstlichen Ansprüche.

In dieser seiner Gewalt sind zwei Schwerter, nämlich das geistliche und das weltliche, wie wir durch die Worte der Evangelien belehrt werden. Denn als die Apostel sagten: Hier sind zwei Schwerter, in der Kirche nämlich, als die Apostel das sagten, da antwortete der Herr nicht, es ist zuviel, sondern, es
5 ist genug. [...] Beide sind in der Gewalt der Kirche, das geistliche und das weltliche, aber dieses ist für die Kirche, jenes von der Kirche zu führen, jenes von den Geistlichen, dieses durch die Hand der Könige und Ritter, aber auf Geheiß und mit Erlaubnis des Priesters. Es muss aber ein Schwert unter dem anderen Schwert sein und die weltliche Autorität der geistlichen Gewalt
10 unterworfen. [...] Denn nach dem Zeugnis der Wahrheit hat die geistliche Gewalt die irdische einzusetzen und über sie zu richten, falls diese nicht gut wäre. [...]
Wenn also die weltliche Gewalt fehlgeht, wird sie von der geistlichen gerichtet, wenn die geringere geistliche Gewalt, dann von der oberen, wenn aber
15 die oberste, dann kann sie allein von Gott, nicht von einem Menschen gerichtet werden, da der Apostel bezeugt: Der geistliche Mensch richtet alles, er selbst aber wird von niemandem gerichtet. [...]
Dass demnach alle menschliche Kreatur bei Verlust ihres Seelenheils dem römischen Papst untertan sein muss, erklären, sagen und definieren wir hier-
20 mit.

Joachim Leuschner, Europa im Hoch- und Spätmittelalter, Stuttgart 1982, S. 194 f.

1. Informieren Sie sich im Religionsunterricht oder anhand eines Lehrbuchs zur Kirchengeschichte über die von der Papstkirche entwickelte „Zweischwertertheorie". Gegen wen richtete sie sich ursprünglich?
2. Beschreiben Sie die Rolle, die das Papsttum für sich in Anspruch nimmt.
3. Ein Jahr nach Erlass der Bulle wurde Papst Bonifaz vorübergehend von französischen Truppen inhaftiert. Überlegen Sie, welche Auswirkungen dieses Ereignis auf die politische Autorität der Kirche haben konnte.

Der Name der Rose

M 2

Eines der erfolgreichsten Bücher der jüngeren Vergangenheit war der 1980 erstmals erschienene Roman „Der Name der Rose" des Italieners Umberto Eco (geb. 1932). Der mittelalterliche „Detektivroman" spielt in einem italienischen Kloster im Jahre 1327. Über einen inneren Monolog des jungen Mönchs Adson von Melk macht der Autor den Leser mit den kirchlichen Auseinandersetzungen des frühen 14. Jahrhunderts vertraut. Der Bettelorden der Franziskaner wurde 1210 von Franz von Assisi (1181–1226) gegründet.

Und als dann im letzten Drittel des vergangenen Jahrhunderts das Konzil zu Lyon dem Orden der Franziskaner, um ihn vor denen zu retten, die ihn abschaffen wollten, das Eigentum an allen Gütern zugestand, die er im Gebrauch hatte, kam es in den italienischen Marken zu einem Aufstand von
5 Brüdern, die meinten, nun sei der Geist der franziskanischen Regel endgültig verraten worden, denn Franziskaner dürften niemals etwas besitzen, weder als Einzelne noch als Konvent noch als Orden. Sie wurden zur Strafe für ih-

ren Aufstand lebenslänglich eingekerkert. Ich glaube nicht, dass sie etwas gepredigt hatten, was im Widerspruch zum Evangelium stand, aber wenn das Eigentum und der Besitz an irdischen Dingen ins Spiel kommt, wird es für die Menschen schwierig, gerecht zu argumentieren. [...]
In jenen Jahren kam es dazu, dass ein überaus heiliger Eremit namens Petrus von Murrone den Heiligen Stuhl bestieg, um als Papst Coelestin V. zu regieren, und dieser Papst wurde von den Spiritualen[1]) mit großer Freude begrüßt. „Ein Heiliger wird kommen", war geweissagt worden, „und er wird die Lehren Christi befolgen und wird leben wie ein Engel. Erzittert, verderbte Prälaten!" [...] Tatsache ist jedenfalls, dass Coelestin auf sein hohes Amt bald wieder verzichtete, um sich in die Einsamkeit der Abruzzen zurückzuziehen. Doch in seiner kurzen Regierungszeit, die weniger als ein Jahr gedauert hatte, waren die kühnsten Hoffnungen der Spiritualen erfüllt worden. Einerseits hatte Coelestin mit ihnen die Gemeinschaft der fratres et pauperes heremitae domini Coelestini, den sogenannten Coelestinerorden gegründet. Andererseits gab es, während der Papst immerfort zwischen den mächtigen römischen Kardinälen vermitteln musste, unter diesen einige, zum Beispiel einen Colonna und einen Orsini, die insgeheim das neue Verlangen nach Armut unterstützten. Wahrlich eine seltsame Haltung für so mächtige Potentaten, die selber in Wohl und maßlosem Reichtum lebten, und ich habe nie recht verstanden, ob sie die Spiritualen einfach für ihre eigenen Machtinteressen benutzten oder ob sie meinten, sie könnten durch ihre Unterstützung der Spiritualen ihr eigenes Leben in Pracht und Luxus irgendwie rechtfertigen; mag sein, dass beides zugleich der Fall war, ich verstehe wenig von diesen italienischen Dingen. [...]
Indessen kam es, wie es in solchen Fällen kommt: Einerseits predigten hochgebildete Franziskaner wie Angelo und Ubertin gemäß der Heiligen Schrift, andererseits griffen zahlreiche Laien ihre Predigt auf und verbreiteten sie ohne jede Kontrolle im Lande. So wurde Italien regelrecht überschwemmt von jenen *Fraticelli* oder kleinen Brüdern des armen Lebens, die vielen gefährlich erschienen. Längst war es schwierig geworden, klar zu trennen und zu unterscheiden zwischen den Lehrmeistern der Spiritualen, die mit den Kirchenbehörden Kontakt hielten, und ihren einfachen Anhängern, schlichten Laienbrüdern, die außerhalb des Ordens lebten, von erbettelten Almosen und von der täglichen Arbeit ihrer Hände, ohne das geringste Eigentum zu besitzen. [...]
Nach Coelestin V. kam Bonifaz VIII. auf den Heiligen Stuhl und dieser Papst beeilte sich nun, so unnachsichtig wie möglich gegen die Spiritualen und die Fratizellen vorzugehen. Noch in den letzten Jahren des Jahrhunderts erließ er eine Bannbulle, *Firma cautela*, mit welcher er in einem einzigen Aufwasch Terziare, umherschweifende Bettelmönche an den äußeren Rändern des Franziskanerordens, und die eigentlichen Spiritualen verdammte, das heißt jene Brüder, die sich dem Leben des Ordens entzogen, um ein Dasein als Eremiten zu führen. [...]
Doch gnadenlos ging [erst Papst] Johannes gegen diejenigen vor, die ihr freies Leben fortsetzen wollten: Er ließ sie von der Inquisition verfolgen, und viele von ihnen wurden als Ketzer verbrannt.

---

[1]) Spiritualen: die „geistliche" Richtung unter den Franziskanern, die das Armutsideal vertrat und Zugeständnisse an „weltliche Notwendigkeiten" ablehnte

Papst, Kaiser und Kleriker verteidigen die „Festung Kirche" gegen blinde Häretiker und leichtlebiges Gesindel. Die französische Miniatur aus dem 15. Jahrhundert dokumentiert, dass bei aller Kritik an einzelnen Missständen Frömmigkeit und tiefe Religiosität in der Bevölkerung ungebrochen waren. Nur deshalb konnten alle reformatorischen Bestrebungen auch einen ungemein starken Widerhall finden.

55 Indessen hatte er sehr wohl begriffen, dass er, um das Unkraut der Fratizellen auszurotten, das die Autorität der Kirche zu untergraben drohte, auch die Lehren verurteilen musste, auf denen sie ihren Glauben begründeten. Sie behaupteten aber, dass Christus und seine Jünger keinerlei Eigentum besessen
60 hätten, weder persönliches noch gemeinschaftliches, und so verurteilte nun der Papst eben diese Behauptung als ketzerisch. Ein erstaunliches Urteil an und für sich, ist es doch nicht ersichtlich, warum ein Papst die Ansicht für verkehrt halten sollte, dass Christus arm gewesen sei. Doch genau ein Jahr vor dem Urteilsspruch hatte zu Perugia das Generalkapitel der Franziskaner getagt und eben diese Ansicht vertreten; indem der Papst also die einen verur-
65 teilte, verurteilte er zugleich auch die anderen. Denn wie ich bereits gesagt habe, die Haltung der Franziskaner störte den Papst beträchtlich in seinem Kampf gegen den Kaiser, und *das* war der Grund. So mussten denn in den folgenden Jahren zahlreiche schlichte Brüder, die weder vom Kaiser noch von Perugia viel wussten, elendiglich in den Flammen sterben.

Umberto Eco, Der Name der Rose, München 1982, S. 69 ff.

1. *Untersuchen Sie die Stilmittel des Textes. An welchen Stellen wirken die Überlegungen des Adson „modern"?*
2. *Arbeiten Sie die unterschiedlichen Gruppierungen heraus. Diskutieren Sie die Gründe für das Vorgehen der Amtskirche gegen Teile der Franziskaner.*
3. *Informieren Sie sich über den Roman „Der Name der Rose". Stellen Sie – eventuell im Deutschunterricht – die Ursachen für den Erfolg dieses Bestsellers fest.*

M 3 „Defensor Pacis"

Der ehemalige Rektor der Pariser Universität Marsilius von Padua fand Zuflucht vor der Verfolgung durch die Kirche am Hof des deutschen Kaisers Ludwig IV. der Bayer (1314–1347). Marsilius unterstützte unter anderem ideologisch den Kampf Ludwigs gegen das Papsttum. Der folgende Auszug stammt aus seiner bedeutendsten Schrift „Der Verteidiger des Friedens".

Sogar die allerhöchste Herrschaft sucht der erwähnte Bischof für sich in Anspruch zu nehmen aufgrund der Fülle und Gewalt, die Christus vornehmlich ihm, so versichert er, in der Person des seligen Petrus zugesprochen hat [. . .]. Und doch kommt dem römischen Bischof überhaupt keine Herrschaft oder zwingende Gerichtshoheit über jemand in dieser Welt zu, geschweige denn die allerhöchste, ebensowenig einem anderen Bischof, Priester oder Kleriker als solchem [. . .].
2. Den Sinn zweifelhafter Stellen im göttlichen Gesetz darf allein ein allgemeines Konzil der Gläubigen oder die bedeutsamere Mehrheit oder der bedeutsamere Teil davon lehrmäßig festlegen, besonders in den sogenannten Artikeln des christlichen Glaubens und in allem anderen, was man als heilsnotwendig glauben muss; kein Teilkollegium, keine Einzelperson, welches Standes auch immer, hat das Recht zu der eben erwähnten Entscheidung. [. . .].
6. Menschlicher Gesetzgeber ist allein die Gesamtheit der Staatsbürger oder deren bedeutsamerer Teil [. . .].
9. Eine gewählte Regierung oder irgendein anderes Amt, das allein aus einer Wahl seine Machtvollkommenheit erhält, hängt (nur) von der Wahl ab, von keiner anderen Bestätigung oder Anerkennung [. . .].
11. In jeder Stadt oder jedem Staat darf es nur e i n e oberste Regierungsgewalt geben [. . .].
14. Regierungsgewalt oder zwingende Rechtsprechung über einen Kleriker oder Laien, auch einen Ketzer, hat kein Bischof oder Priester als solcher [. . .].
15. Über jede sterbliche Einzelperson, welches Standes auch immer, und jedes Kollegium von Laien oder Klerikern hat kraft Ermächtigung durch den Gesetzgeber ausschließlich der Herrscher zwingende Rechtsprechung im Sachenrecht wie im Personenrecht [. . .].
17. Alle Bischöfe haben unmittelbar von Christus gleiche Machtvollkommenheit (erhalten); aus dem göttlichen Gesetz lässt sich nicht nachweisen, dass im Geistlichen oder Zeitlichen einer dem anderen untergeordnet oder übergeordnet sei [. . .].
19. Von Ehe- oder Heiratsverboten des göttlichen Gesetzes kann kein Sterblicher entbinden; Verbote des menschlichen Gesetzes aufzuheben, steht allein dem menschlichen Gesetzgeber zu oder dem, der in seinem Namen regiert [. . .].
20. Uneheliche Kinder legitim zu machen, sodass sie erbberechtigt sind und Ämter und Benefizien[1]) des Staates und der Kirche übernehmen können, steht allein dem gläubigen Gesetzgeber zu, wie aus den oben angeführten Stellen unmittelbar hervorgeht. [. . .]
25. Zulassung für ein öffentliches Lehramt in einer wissenschaftlichen Disziplin oder für die öffentliche Ausübung eines Berufes kann kein Bischof als solcher, weder alle gemeinsam noch ein einzelner, gewähren; sondern das

---
[1]) Benefizien: wohltätige Zuwendungen

steht ausschließlich dem Gesetzgeber zu, wenigstens dem gläubigen, oder dem, der kraft Ermächtigung durch ihn regiert [...].
32. Einen Bischof oder eine Kirche als Führung für die gesamte Christenheit schlechthin einzusetzen, sie eines solchen Amtes zu entkleiden oder sie abzusetzen steht allein dem allgemeinen Konzil aller Gläubigen zu [...].
Ferner können Regierung und Volk, die primären Elemente jedes Gemeinwesens, daraus entnehmen, was zu beachten ist, um Frieden und Freiheit im eigenen Lande zu erhalten: Der erste Bürger oder der erste Bestandteil der Staatsverwaltung, d. h. der regierende – ein einziger Mensch oder mehrere –, soll mithilfe der menschlichen und göttlichen Wahrheiten, die in diesem Buche niedergeschrieben sind, begreifen: Er allein hat die Befugnis, für das Volk im Ganzen oder im Einzelnen Vorschriften zu erlassen und gegebenenfalls jeden nach den bestehenden Gesetzen zu bestrafen, aber er darf nichts Ungesetzliches tun, zumal nichts Wichtiges, ohne Zustimmung des Volkes, d. h. des Gesetzgebers; er darf auch das Volk oder den Gesetzgeber nicht durch Übergriffe herausfordern; denn auf dem klar ausgesprochenen Volkswillen ruht Kraft und Autorität der Regierung.

Marsilius von Padua, Der Verteidiger des Friedens, übersetzt und bearbeitet von Walter Kunzmann und Horst Kusch, Stuttgart 1971, S. 181 ff.

1. *Arbeiten Sie die Grundthesen des Marsilius heraus über*
   a) *das Verhältnis zwischen Papst und Staat*
   b) *das Verhältnis zwischen Papsttum und Konzilien.*
2. *Klären Sie die wesentlichen Unterschiede zwischen M 1 und M 3.*
3. *Diskutieren Sie darüber, welche Grundsätze des Marsilius aus damaliger beziehungsweise heutiger Sicht als „modern" gelten können.*

Verhör eines hussitischen Missionars

M 4

Ein Protokoll berichtet uns über ein Verhör des hussitischen Priesters Johannes Drändorf. Drändorf wurde 1425 in Heilbronn verhaftet und ebenso wie Jan Hus als Ketzer verbrannt.

Ferner wird gefragt, wer ihn hierher nach Deutschland geschickt habe. Er antwortet, dass Jesus Christus. Und er kam in reiner und guter Absicht, um zu sehen, ob es einige Priester gebe, die nach der Regel Jesu Christi leben wollten. [...]
Ferner wird gefragt, ob alle Erzbischöfe und Bischöfe am Rhein, die beide Schwerter hätten, im Zustand der Verdammnis und Häretiker sind. Er antwortet, dass Papst, Kardinäle, Erzbischöfe und Bischöfe und andere Prälaten Häretiker und im Stande der Verdammnis waren und sind, nachdem sie die volle Herrschaftsgewalt und beide Schwerter hatten und haben.
Ferner wird gefragt, ob es Ordensgeistlichen erlaubt sei, weltliche Güter zu haben. Er antwortet, dass alle Ordensgeistlichen, die weltliche Herrschaft haben, mehr im Stande der Verdammnis sind als selbst die Bischöfe. Abgaben und Einkünfte aber dürfen sie haben.
Ferner wird gefragt, ob es Bettelmönchen erlaubt sei zu betteln. Er antwortet, dass es Bettelmönchen nicht erlaubt ist zu betteln, sondern dass sie, wenn sie kräftig sind, arbeiten müssten. Nicht die Kirche hat ihre Orden eingerichtet. [...]

Die Verbrennung des Jan Hus im Jahre 1415 in Konstanz leitete eine Phase langer Kämpfe im Reich ein. Die Hussitenkriege wurden nicht nur militärisch geführt; überzeugte Anhänger der Reformbewegung missionierten für ihre Gesinnung überall im Reich.

Ferner wird gefragt, warum er das Priestertum verabscheue, obwohl er selbst, wie er sage, Priester sei. Er antwortet, dass er nicht das Priestertum verabscheut, sondern dessen Missbrauch. Auch sagt er: „Wo sind denn zurzeit die Bischöfe, die predigen, Beichte hören und die kirchlichen Sakramente spenden? Vielmehr gibt es zurzeit so gut wie keine." 20

Hartmut Boockmann, Das Mittelalter. Ein Lesebuch, München 1988, S. 254 f.

1. Vergleichen Sie den Text mit M 1 – M 3 und stellen Sie die immer wiederkehrenden Themen der innerkirchlichen Diskussion im späten Mittelalter fest.
2. Im 15. Jahrhundert bezahlten andersdenkende Minderheiten ihre Überzeugungen häufig genug mit dem Leben. Vor welchen Schwierigkeiten stehen solche Gruppen heute? Arbeiten Sie Unterschiede und Gemeinsamkeiten im Umgang mit „Randgruppen" damals und heute heraus.

Die neue Rolle der Stadt im Spätmittelalter

In Siena gabelte sich die Handelsstraße von Rom zum Brenner und nach Frankreich. Aus ihrer verkehrstechnischen Lage stieg die Stadt zu einem bedeutenden Handels- und Finanzzentrum auf. Im 13. Jahrhundert erhielt Siena eine der ersten Universitäten. Auf dem Platz vor dem Rathaus finden noch alljährlich mittelalterliche Reiterspiele statt.

Ursachen der Urbanisierung

Schon zur Zeit der Römer gab es vor allem im Mittelmeerraum, aber auch nördlich der Alpen Städte. Urbane Lebensformen gingen in den Krisenzeiten vor und während der *Völkerwanderung* (etwa 375–570) fast völlig unter, konnten sich aber seit dem 10./11. Jahrhundert neu ausbilden. Voran ging die „Stadtbewegung" in Italien, wo Aufschwung des Handels und Verfall der weltlichen Macht eine selbstbewusste Entwicklung der *Kommunen*[1]) förderten. Während des 12. bis 14. Jahrhunderts wurden dann West- und Mitteleuropa von einer *Urbanisierungswelle* erfasst, die das steile Bevölkerungswachstum bis zum Ausbruch der Pest auffing.

Bischofspfalzen – sie wurden vielfach in den Überresten römischer Städte angelegt –, Klöster und Stifte bildeten oft das Zentrum einer langsam anwachsenden Siedlung von Gewerbetreibenden und Kaufleuten. Auch die befestigten Pfalzen und Burgen weltlicher Herren waren attraktive Anziehungspunkte. Sie boten Sicherheit bei kriegerischen Ereignissen und außerdem tat sich ein günstiges Absatzgebiet für Waren aller Art auf. Handwerker und Kaufleute ließen sich auch gerne an Handelsplätzen nieder, wo mit der Erlaubnis eines Herrn wichtige *Märkte* abgehalten werden durften. Je nach ihrer Entstehungsgeschichte nannte man die Städte *civitas* (Bischofsstadt) oder *Burgus* (Burgsiedlung), woraus sich der Begriff „Bürger" entwickelte.

Neben der Erhebung bereits vorhandener älterer Siedlungen zur Stadt wurden Städte auch häufig neu gegründet. Die Initiative ging von Königen oder

---
[1]) communis (lat.): gemeinsam. Der Begriff wurde zuerst auf die städtische Selbstverwaltung in den Gemeinden (Nord-)Italiens angewendet.

Fürsten aus, die sich in erster Linie zusätzliche Einnahmen aus Steuern und Abgaben erhofften. Ältestes Beispiel einer Gründungsstadt auf deutschem Boden ist Freiburg im Breisgau (1120) (◊ M1).
Während sich der europäische Wirtschaftsraum im Altsiedelland verdichtete, erweiterte er sich ab 1150 durch die deutschen *Ostsiedlungsbewegungen* zugleich fortlaufend nach Osten bis tief in die slawisch besiedelten Gebiete Ostmitteleuropas. Hauptsächlich wegen der Nahrungs- und Raumenge verließen in den folgenden hundert Jahren etwa 200 000 Menschen ihre Heimat. Zumeist von einheimischen Landesherren angeworben, legten die aus den westlichen Altsiedellanden stammenden Auswanderer östlich von Elbe und Saale zahlreiche Dörfer und rund 250 neue Städte an. Ab 1300 wirkte die „zivilisatorische Verwestlichung" Ostmitteleuropas noch tiefer ins slawisch besiedelte Gebiet hinein. Bis zum Baltikum und nach Galizien, sogar in Ungarn und Siebenbürgen entstanden planmäßig angelegte neue Städte, die sich nach deutschen Stadtordnungen organisierten.

Stadt: Heute versteht man darunter eine Siedlung mit bestimmter Bevölkerungszahl (in Deutschland mindestens 2000 Einwohner), höherer Bebauungsdichte, ausgeprägter Arbeitsteilung im Wirtschaftsleben und Mittelpunktsfunktion für die ländliche Umgebung.
Städtische Hochkulturen bildeten sich seit dem 9./8. Jahrtausend v. Chr. zuerst in Palästina aus (Jericho), seit dem 5. Jahrtausend in den Stromtälern des Nil, Indus, Euphrat und Jangtsekiang. Nach den frühen Anfängen in römischer Zeit gingen in Deutschland seit dem 11. Jahrhundert Städte aus vorhandenen Siedlungen neu hervor oder wurden planmäßig gegründet. Im Gegensatz etwa zu den städtischen Siedlungsformen der Slawen unterschied sich die mittelalterliche deutsche Stadt frühzeitig als besonderer Rechtsbezirk von anderen Ortschaften in der Umgebung. Es gelang den Bürgern, ihre innere Ordnung weitgehend selbständig zu bestimmen.
Rechtlich waren in Deutschland drei Gruppen von Städten zu unterscheiden. *Reichsstädte* unterstanden dem König unmittelbar und waren ihm zu Diensten und Abgaben verpflichtet (z. B. Nürnberg, Ulm). Die *Freien Städte* hatten ihren bischöflichen Stadtherrn vertrieben und sich dem Schutz des Reiches unterstellt, ohne zu regulären Steuern verpflichtet zu sein (z. B. Augsburg, Straßburg). Alle übrigen Städte waren kein selbständiger Bestandteil des Reiches, sondern unterstanden einem Landesherrn (*Landes- oder Territorialstädte*).
Der ungebremste Verstädterungsprozess hat in der Gegenwart für Politiker und Gesellschaft neue Probleme entstehen lassen, so die mit wachsender Industrialisierung und wachsendem Wohlstand verkoppelte Umweltproblematik oder steigende Ansprüche an Wohnbedingungen. Anders gelagerte Schwierigkeiten erleben die Länder der dritten Welt: Hohe Geburtenziffern und Landflucht führen zur Überbevölkerung der Städte und Slumbildung.

Das späte Mittelalter in Europa

Diese Miniatur aus dem 15. Jahrhundert zeigt flämische Bürger, die ihre Stadturkunde erhalten. Die Verleihung der Stadtrechte durch die Oberherren einer Stadt legte die Regierungsgewalt rechtmäßig in die Hände einer Kommune. Die Rechte der Feudalherren konnten von den Bürgern in unterschiedlichem Ausmaß abgeschüttelt werden. Manche Zentren, vor allem so reiche wie Florenz und Mailand in Italien, wurden zu unabhängigen Stadtstaaten, die eine eigene Außenpolitik betrieben, Bündnisse eingingen und das Umland nahezu vollständig kontrollierten.

Unterschiedliche Rechtsentwicklung in Stadt und Land

Im frühen Mittelalter galt für die Menschen, die in Bischofsstädten oder Märkten lebten, grundsätzlich dieselbe Rechtsordnung wie für die ländliche Bevölkerung. Am Beginn der Entwicklung hin zu einem eigenen „Stadtrecht" stehen von den Königen und Fürsten gewährte *Privilegien*[1]) für (Fern-)Kaufleute. Das Bemühen, den Wirtschaftsverkehr zu fördern, das enge Zusammenleben der Menschen in den Städten und die sich entwickelnde Arbeitsteilung machten zusätzliche Rechtsvorschriften notwendig, für die in ländlichen Grundherrschaften kein Bedarf bestand. So sicherte der „Marktfrieden" den Marktbesuchern Rechtssicherheit. Auf dem Weg zum oder am Markt sollte jedermann vor Gewalttätigkeiten, selbst vor der Blutrache eines Gegners sicher sein. Zweikampf und Gottesurteil, traditionelle Mittel der Rechtsfindung, wichen in der Stadt rationaleren Formen der Urteilsfindung, etwa bei Streitigkeiten zwischen Kaufleuten.

---
[1]) (Sonder-)Rechte

Interessiert am Gedeihen ihrer Stadt, gestanden die weltlichen oder geistlichen Stadtherren einzelnen Gruppen oder allen Einwohnern weitere wichtige Privilegien zu. Besonders begehrt war das *Marktrecht*, das heißt, die Erlaubnis unter dem Schutz des Stadtherrn regelmäßige Märkte abhalten zu dürfen. Die Stadtgemeinde trat dem Stadtherrn bald als eigenständiger Partner gegenüber. In ihre Hände gelangten immer mehr Rechte, etwa eine eigene (niedere) Gerichtsbarkeit. Beispielsweise verkauften oder verpfändeten in Geldnot geratene Stadtherren ihre Befugnisse an die „Bürgerschaft".

Führungsorgan der Stadtgemeinde bei der Zusammenarbeit oder auch bei Auseinandersetzungen mit dem Stadtherrn war der „Rat". Dieser entwickelte sich zumeist aus einzelnen einflussreichen Führungsgruppen, beispielsweise Kaufmannsgilden oder *Ministerialen*[1]), die ursprünglich im Auftrag des Stadtherrn Gerichts- und Verwaltungsaufgaben innegehabt hatten. Streitigkeiten endeten gelegentlich sogar mit der Vertreibung des Stadtherrn. Aber auch dort, wo er formal weiter anerkannt wurde, bestimmten die Städte am Ende dieser Entwicklung ihre innere Ordnung weitgehend selbständig, sie waren *autonom*.

Weil Städte im Mittelalter „Inseln eines freieren Rechts" waren, zogen sie – zum Verdruß der betroffenen Grundherren – viele Menschen vom Lande an. Der bekannte, allerdings erst im 19. Jahrhundert geprägte Satz „Stadtluft macht frei" spielt auf die vielfach überlieferte Bestimmung an, dass mit der Aufnahme in die Stadt die *persönliche Unfreiheit verlorenging*. Der Grundherr konnte in der Regel in einer bestimmten Zeitspanne (binnen „Jahr und Tag") seinen Eigenmann noch zurückfordern. Danach schützte die Stadt diesen vor jedem Versuch, ihm den neugewonnenen Status der persönlichen Freiheit wieder zu entziehen.

Von der Stadtfreiheit profitierten auch die Frauen, die in zahlreichen Städten den Männern rechtlich gleichgestellt waren. Allerdings waren sie von politischen oder kirchlichen Ämtern ausgeschlossen und blieben trotz häufiger eigener Berufstätigkeit vorwiegend auf die Arbeit im Haushalt verwiesen. Dies galt als die natürliche Ordnung der Geschlechter.

Das enge Zusammenleben in den Städten machte oft einschneidende Verordnungen des Rates erforderlich. Doch galt das städtische Recht grundsätzlich für alle Bürger gleich. Der Städter verfügte über Freizügigkeit, durfte Besitz frei erwerben und darüber frei verfügen. Gerade diese rechtlichen Möglichkeiten führten allerdings zu einer zunehmenden Differenzierung des städtischen Gesellschaftsaufbaus.

---

[1]) ministerium (lat.): Dienst. Als unfrei konnten die Ministerialen ursprünglich verschenkt oder verkauft werden. Als „Beamte" ihres Herrn, beispielsweise als Burggrafen oder als Schultheißen in den Städten, rückten sie mit der Zeit in den Stand des niederen (Dienst-)Adels auf.

Das späte Mittelalter in Europa 37

Politische und soziale Unterschiede in der städtischen Gesellschaft

Stadtherr

Patrizier
Reiche Fernhandelskaufleute · Ministerialen u. ihre Nachkommen

Oberschicht

Kleinhändler · Handwerksmeister · Städtische Beamte: Juristen, Baumeister, Ärzte, Stadtschreiber
Ackerbürger

Mittelschicht

Juden · Henker · Totengräber

Unselbstständige
mit oder in Ausbildung: Kaufmanns-/Handwerks- gesellen u. lehrlinge
ohne Ausbildung: mit regelm. Verdienst: Knechte, Mägde, Lohnarbeiter, ohne regelm. Verdienst: Gelegenheitsarbeiter, Tagelöhner

Bordellbesitzer

Unterschicht

Randgruppen
Schinder · Arme · Kranke · Bettler · Huren · Spielleute

Schichtenmodell einer mittelalterlichen Stadt (nach einem Entwurf von Birgit Ballasch). Grundlage für „politische Gemeinschaft" war die „Besitzgemeinschaft". Die Angehörigen der Unterschicht besaßen demgemäß kein Bürgerrecht. Die unselbstständigen Lohnempfänger wie Gesellen, Knechte, Mägde waren zwar persönlich frei, aber politisch rechtlos.

Bei der Emanzipation der Stadtgemeinde von ihrem Stadtherrn hatten reiche Kaufmannsfamilien zusammen mit den sich verselbstständigenden Ministerialen des Stadtherrn (zum Beispiel Burggraf, Schultheiß) die entscheidende Rolle gespielt. Dieser Personenkreis und zugezogene Landadelige bildeten das *Patriziat*[1]), die gesellschaftliche und politische Führungsschicht in den aufblühenden Städten. Grundlage der Macht und des Ansehens der vornehmen „Geschlechter" waren der durch Fernhandel erworbene Reichtum oder das Prestige der ministerialen Oberschicht. Vielfach orientierte sich das Patriziat am feudalen Lebensstil des ländlichen Adels und erwarb beträchtlichen Grundbesitz auch außerhalb der Stadtmauern.

Allerdings bildeten die Angehörigen der Oberschicht keine ein für allemal abgeschlossene Schicht. Reich gewordene Handwerksmeister konnten ebenso in den Kreis der Patrizier aufsteigen, wie verarmte Familien ihre Zugehörigkeit zu diesem Kreis wieder verlieren konnten. Die Gesellschaftsordnung war also nicht erstarrt, sondern ließ eine gewisse Mobilität zu.

Nach der Gewinnung der städtischen Autonomie beanspruchte das Patriziat das alleinige Stadtregiment (▷ M 2). Nur seine Angehörigen hatten Sitz und

---
[1]) Patrizier waren ursprünglich die Angehörigen des altrömischen Adels.

Stimme im Rat, in dem über innere Angelegenheiten und die äußere Politik der Stadt entschieden wurde. Die alleinige Ratsfähigkeit der „Geschlechter" blieb bis zum 14. Jahrhundert zumeist unangefochten.
Wenn auch nicht „ratsfähig", so doch vollgültiges Mitglied der Stadtgemeinde war aber jeder, der das *Bürgerrecht* besaß. In der Regel waren dies noch die Angehörigen der Mittelschicht. Sofern das Bürgerrecht nicht ererbt war, entrichtete der Bewerber ein Aufnahmegeld und verpflichtete sich in einem Bürgereid zur Einhaltung der städtischen Rechtsordnung und zur Erfüllung aller finanziellen und militärischen Verpflichtungen. Kleriker und Juden durften den Bürgereid nicht leisten. Ihr besonderer Rechtsstand gewährte Schutz vor städtischer Besteuerung und Gerichtsbarkeit, nicht aber vor besonderen Abgaben an den König beziehungsweise Papst.

In „Zünften" organisiert: das städtische Handwerk

Zur Mittelschicht gehörten vor allem die Handwerker. Kennzeichnend für das städtische Handwerk war der Zusammenschluss der Meister eines Gewerbes in Korporationen[1]). Von den *Zünften* wurden nicht nur wirtschaftliche und berufliche Angelegenheiten geregelt. Sie bildeten eine Art Lebensgemeinschaft. In den Zunfthäusern traf man sich zu geselligem Zweck. Zunftmitglieder waren bei Kirchgang und Prozession vereint und besaßen einen eigenen Altar. Sie halfen sich bei Krankheit oder in anderen Notfällen gegenseitig und kümmerten sich um die Versorgung von Witwen und Waisen. Wenn die Stadt angegriffen wurde, übernahm jede Zunft bestimmte vorher festgelegte militärische Aufgaben.
Den Zünften ging es in erster Linie darum, Herstellung und Absatz ihrer Produkte gemeinsam zu regeln und dem einzelnen Zunftmitglied ein ausreichendes Einkommen zu garantieren. Gemeinsam wurden die Rohstoffbeschaffung organisiert, Produktionsverfahren festgelegt und Verkaufspreise abgesprochen. Es bestand *Zunftzwang*. Den Zunftgenossen sollte möglichst ein „Kollektivmonopol" gesichert werden, die Unterbietung durch nichtorganisierte Konkurrenz wollte man verhindern. Die Zunft entschied über die Aufnahme neuer Mitglieder, legte die Zahl der Gesellen und Lehrlinge fest und regelte die Ausbildung des Nachwuchses. Den Käufern handwerklicher Produkte kam die von der Zunft organisierte Qualitätskontrolle zugute. „Pfuscharbeit" einzelner Mitglieder wurde nicht geduldet.
Die Aufnahme in die Zunft war an bestimmte Voraussetzungen, etwa ein Vermögensminimum, gebunden. Meister, Meistersfrau und Gesellen mussten ehelicher Abstammung sein. Nichtchristen (Juden) konnten keiner Zunft beitreten. In nord- und ostdeutschen Städten verweigerten manche Zünfte auch „Undeutschen" (zum Beispiel Slawen) den Zugang. Weil die Zahl der Zunftmitglieder beschränkt blieb, hatten viele Gesellen kaum eine Chance, sich als Meister selbstständig zu machen.

---

[1]) Körperschaften, Innungen

Das späte Mittelalter in Europa 39

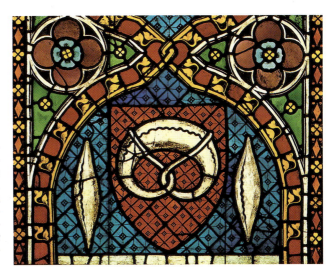

Ausschnitt aus dem sogenannten „Bäckerfenster" im Freiburger Münster (um 1320). Der Name rührt von insgesamt drei Brezeln her, die das Fenster als Stiftung der Bäckerzunft ausweisen.

Ausprägung bürgerlich-städtischer Lebensformen

Vor allem in den besonders dynamischen Städten mit ausgeprägtem Exportgewerbe oder wichtiger Bedeutung für den Fernhandel entwickelten sich moderne Wirtschaftsformen. Dort sammelten sich große Vermögen an, entstanden die eindrucksvollsten Zeugnisse bürgerlicher Kunst und Kultur. Über neun Zehntel der Städte waren jedoch „Ackerbürgerstädte". Ein großer Teil ihrer Einwohner war noch landwirtschaftlich tätig; Gewerbe und Handel spielten nur eine bescheidene Rolle für ein lokal begrenztes Absatzgebiet.

Mit der Zeit bildete sich in den Städten ein eigener Lebensstil heraus, der sich deutlich von den ritterlichen und ländlichen Gepflogenheiten unterschied (◊ M 3). Die sich ausprägende Schriftlichkeit schuf die Voraussetzung für eine Teilnahme des Bürgertums am geistigen Leben und eine „bürgerliche" Kultur. Das Bildungsmonopol des Klerus war endgültig gebrochen.

Die in die Städte drängenden Menschen wurden von Zwangsdiensten befreit und konnten über ihre Arbeitskraft frei verfügen. Die Möglichkeit, in eigener Verantwortung für den Markt zu arbeiten, förderte eine neue „bürgerliche" Mentalität. In der urbanen Gesellschaft wurde es üblich, nach Besitz für sich selbst und seine Erben zu streben. Das Ansehen eines Menschen wurde nicht mehr allein durch seine Herkunft bestimmt, sondern mindestens ebenso durch Erfolge in seinem Beruf. Folglich gewannen das Erlernen und Ausüben eines Berufes höhere Bedeutung. Spätestens im 13. Jahrhundert begann die Ausbildung wie noch heute überall mit der Lehrzeit. Der Stolz der Menschen auf die eigene Tätigkeit wuchs. Erstmals wurden Szenen aus dem städtischen Arbeitsleben an gestifteten Kirchenfenstern dargestellt. Mit der freien Verfügung über die eigene Arbeit bildete sich in der Stadt ein neues unfeudales Ethos der Arbeit aus. Der Wirtschaftsaufschwung wurde durch die Entfaltung bislang brachliegender produktiver Kräfte entscheidend gefördert:

- „Freiheit der Arbeit" ermöglichte die individuelle Kapitalbildung, es entwickelte sich ein persönliches Interesse am Gewinn;
- Kaufleute und Handwerker suchten ihre Fähigkeiten optimal zu nutzen; nicht mehr die Arbeit, im Mittelalter zunächst ein Zeichen der Unfreiheit, wurde verachtet, sondern der Müßiggang;
- Investitionen in neue technische Errungenschaften (z. B. Tretwebstuhl, Drechselbank) dienten der Produktionsverbesserung und Steigerung des Arbeitsertrags;
- neue Formen von Geldgeschäften bis hin zur Zinsnahme wurden auch Christen erlaubt; Geldhandel und Bankiertätigkeit entfalteten sich;
- die Arbeitsteilung nahm zu, mit ihr vergrößerten sich Erfahrung und Geschicklichkeit der Handwerker; in den Städten entstanden neue Berufe;
- mit der Lohnarbeit wurden neue Formen von Arbeitsverhältnissen erschlossen: Ein Freier konnte nun bei einem anderen Freien in ein Lohnverhältnis treten, ohne dadurch seine Freiheit zu verlieren.

Auseinandersetzungen um Macht und Verfassung: die Bürgerkämpfe in der Stadt

Zeichen des allgemeinen Umbruchs im späten Mittelalter waren in den Städten zwischen dem 13. und 15. Jahrhundert Kämpfe um Macht und Verfassung. Ärmere Gruppen und Einwohner waren an dieser Bewegung häufig mitbeteiligt und verliehen ihr mehr Stoßkraft. Sozialstruktur und Eigentumsverhältnisse wurden aber nicht grundsätzlich infrage gestellt. Entscheidend waren vor allem die Interessen der wohlhabenden Zünfte und besonders angesehener, aber am Stadtregiment nicht beteiligter Kaufmannsfamilien. Diese ökonomisch erstarkten Gruppen wurden maßgeblich zur Aufbringung der städtischen Lasten herangezogen und verlangten nun nach Teilhabe an der politischen Macht.

Die Bürgerkämpfe verliefen nicht in jeder Stadt gewaltsam. Am Ende wurden oft die Zünfte in einem erweiterten Rat am Regiment beteiligt, manchmal stellten sie die Mehrheit im neuen Rat (Augsburg), gelegentlich trat ein völlig neuer Rat an die Stelle des alten patrizischen (Köln). Auch in Städten mit neuen „Zunftverfassungen" behielten die reichen Kaufleute noch eine dominierende Stellung. Meist folgte die Institutionalisierung der neuen Führungsschichten nur dem zuvor schon vollzogenen sozialen Wandel. Von einer Demokratisierung kann nicht gesprochen werden, denn selbst da, wo den bürgerlichen Mittelschichten der Griff nach dem Stadtregiment gelang, blieben die Unterschichten weiterhin von jeder Mitsprache ausgeschlossen.

Mit Beginn der Neuzeit wurde jegliche soziale Durchlässigkeit erschwert. Im selben Maße, wie der Adel sich von dem wirtschaftlich aufholenden Bürgertum durch „Ahnennachweise" und vergleichbare Maßnahmen abzuheben trachtete, bauten die bürgerlichen Ratsfamilien eigene Schranken auf: Kleiderordnungen und ähnliche Reglementierungen sollten ständische Unterschiede auch in der Stadt festhalten.

Das späte Mittelalter in Europa

Zentren der Stadtkultur in Europa

Zwischen der Jahrtausendwende und der Mitte des 14. Jahrhunderts war die Zahl städtischer Siedlungen allein in Deutschland von 150 auf 3–4000 angewachsen. Obwohl nur etwa 10 % der Bevölkerung in einer Stadt lebten, wurden dennoch die städtischen Lebensformen vorbildlich für die Ausprägung einer bürgerlichen Gesellschaft in Europa. Die wirtschaftliche und kulturelle Dynamik geht seither von den Städten aus. Mit Fug und Recht darf man in der Ausbreitung des mittelalterlichen Städtewesens eine frühe Voraussetzung für die *Industrielle Revolution* des 19. Jahrhunderts sehen.

Über lange Zeit hinweg war Köln mit circa 35 000 Einwohnern mit großem Abstand die bevölkerungsreichste Stadt Deutschlands. Es gab etwa 25 Großstädte mit über 10 000 Einwohnern, 200 Mittelstädte (ab 2000 Einwohner), die meisten Städte des späten Mittelalters waren Kleinstädte; viele hatten weniger als 500 Einwohner.

Wesentlich weiter fortgeschritten war die Entwicklung in anderen Teilen Europas. So lebte bereits etwa die Hälfte der Bevölkerung Oberitaliens und Flanderns (Gent, Brügge) in Städten. Als größte Metropolen des christlichen Europa galten Paris, Mailand und Florenz mit geschätzten 100 000 Einwohnern (◊ M 4). Eine noch blühendere Stadtkultur entfaltete sich allerdings in den seit dem frühen Mittelalter islamisch gewordenen Städten Spaniens. Cordoba war wohl die volkreichste Stadt des Kontinents; bedeutend waren außerdem Sevilla und Toledo. In den von Mauren[1]) beherrschten Gegenden konnten die Stadtbewohner jedoch keine Autonomie durchsetzen.

Stadtansicht des mittelalterlichen Cordoba. Zu den großen Kulturleistungen der Mauren zählten eine gewaltige Moschee und die Erneuerung einer 240 m langen Brücke aus römischer Zeit. Im 16. Jahrhundert wurde in die Moschee eine christliche Kathedrale eingebaut.

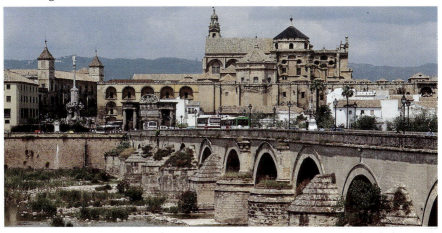

---
[1]) Bezeichnung für die arabischen und nordafrikanischen Muslims, die seit 711 auf der spanischen Halbinsel herrschten. Sie wurden erst 1492 endgültig zurückgedrängt.

Ulm in einer detailgetreuen Vogelschau am Ende des 16. Jahrhunderts. In der Bildmitte dominiert das seit 1377 erbaute Münster. Die bis dahin an dieser Stelle stehenden Häuser mussten für seinen Bau eingeebnet werden. Umgeben war Ulm von der Donau (im Vordergrund) sowie einer im Rahmen der Stadterweiterung 1316 gezogenen Stadtmauer. (Der Turm der Kirche wurde erst 1890 fertiggestellt.)

Das Gründungsprivileg für Freiburg im Breisgau

M 1

Schon im ersten Viertel des 12. Jahrhunderts förderte Konrad von Zähringen – nach anderer Textüberlieferung sein Bruder, Herzog Berthold – die Entwicklung der Stadt Freiburg, indem er den Einwohnern wichtige Vorrechte verlieh. Gründungsvorgang und Privilegienerteilung sind in der (rekonstruierten) Gründungsurkunde überliefert.

Bekannt sei allen Künftigen und Gegenwärtigen, dass ich, Konrad, in einem Ort meines Eigentums, nämlich Freiburg, im Jahre nach der Fleischwerdung des Herrn 1120 einen Markt begründet habe. Mit den von überall her zusammengerufenen angesehenen Kaufleuten habe ich in einer beschworenen Ver-
5 einbarung beschlossen, diesen Markt zu beginnen und auszubauen.
Deshalb habe ich in dem gegründeten Markt jedem Kaufmann ein Grundstück zum Hausbau als Eigentum zugeteilt und entschieden, dass mir und meinen Nachfolgern als Zins jedes Jahr am Fest des heiligen Martin von jedem Grundstück ein Schilling öffentlicher Münze zu zahlen sei. So sei allen be-
10 kannt, dass ich gemäß ihrer Bitte und Hoffnung die Privilegien, die folgen, bewilligt habe. Und es erschien mir ratsam, wenn sie in einer Urkunde niedergeschrieben würden, damit sie während langer Zeit im Gedächtnis gehalten würden, sodass meine Kaufleute und ihre Nachkommen von mir und meinen Nachfahren dieses Privileg in aller Zeit behaupten können.
15 1. Ich verspreche Frieden und Sicherheit des Weges allen, die meinen Markt aufsuchen, in meinem Machtbereich und Herrschaftsgebiet. Wenn jemand von ihnen in diesem Gebiet beraubt wird, werde ich, wenn er den Räuber namhaft macht, dafür sorgen, dass ihm das Geraubte zurückgegeben wird, oder ich werde es bezahlen.
20 2. Wenn einer meiner Bürger stirbt, soll seine Frau mit seinen Kindern alles besitzen und ohne jede Einschränkung behaupten, was ihr Mann hinterlassen hat.
3. Allen Besitzern am Markt verleihe ich, dass sie der Rechte meines Volkes und der Landsleute teilhaftig werden, soweit ich es vermag, das heißt, dass
25 sie frei von Herrschaftsrechten die Weiden, Flüsse, Gehölze und Wälder benutzen.
4. Allen Kaufleuten erlasse ich den Zoll.
5. Niemals werde ich meinen Bürgern einen anderen Vogt[1]), niemals einen anderen Priester ohne Wahl vorsetzen, sondern wen immer sie dazu wählen,
30 sollen sie unter der Bedingung meiner Bestätigung haben.
6. Wenn ein Zwist oder Rechtsstreit unter meinen Bürgern entsteht, soll er nicht nach meinem Gutdünken oder dem ihres Rektors[2]) entschieden, sondern er soll gerichtlich verhandelt werden nach der Gewohnheit und dem Recht aller Kaufleute, besonders aber der von Köln.
35 7. Wenn jemand durch Mangel am Lebensnotwendigen dazu genötigt wird, soll er seinen Besitz verkaufen, wem immer er will. Der Käufer aber soll von dem Grundstück den festgelegten Zins zahlen.
8. Damit meine Bürger den vorgenannten Versprechungen keinen geringen Glauben zuwenden, habe ich ihnen Sicherheit geleistet, indem ich mit zwölf
40 meiner namhaftesten Ministerialen auf die Reliquie der Heiligen geschworen

---
[1]) Der Vogt wurde zwar von den Bürgern gewählt, blieb aber zugleich Vertreter des Stadtherrn; wahrscheinlich übte er die herrschaftliche Gerichtsbarkeit in Freiburg aus.
[2]) Wohl der in Abschnitt 5 genannte Vogt

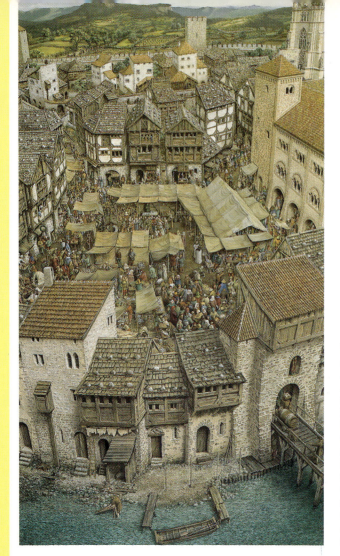

Wie in Freiburg, so steht auch anderswo am Beginn der mittelalterlichen Stadtentwicklung die Verleihung des Marktrechts. Bürger und die Bewohner des Umlandes fanden hier alles Lebensnotwendige. Die idealtypische Illustration von Jörg Müller zeigt das für die Zeit typische Nebeneinander von Holz- und Steinbauten.

habe, dass ich und meine Nachfolger das Obengenannte immer erfüllen werde. Und damit ich nicht in irgendeiner Notlage diesen Eid breche, habe ich mit meiner Rechten dem freien Manne (es fehlt ein Name) und denen, die den Markt beschworen haben, unverletzlich Treue in dieser Sache geschworen. Amen.

Hartmut Boockmann, Das Mittelalter. Ein Lesebuch, München 1988, S. 142 f.

1. Als frühestes Beispiel für eine „Gründungsstadt" ist die Entstehung Freiburgs in der deutschen Stadtgeschichte von besonderer Bedeutung. Stellen Sie die von Konrad ausgehenden Aktivitäten beim Gründungsvorgang zusammen.
2. Welche unterschiedlichen Vorteile sollten die Bürger Freiburgs genießen? Versuchen Sie, Einzelprivilegien gruppenweise zusammenzufassen.
3. Welche Vorteile konnten Könige und Fürsten von der Gründung einer Stadt erwarten?
4. Versuchen Sie, die unter Nr. 1 bis 7 genannten Privilegien mit Begriffen aus der modernen Rechtssprache zu benennen.

Das späte Mittelalter in Europa

Das politische Leben in einer freien Reichsstadt: Basel

M 2

Der Italiener Enea Silvio Piccolomini, einer der berühmtesten Humanisten des 15. Jahrhunderts, wurde – obwohl in jungen Jahren Anhänger der Konzilsbewegung – 1458 Papst (Pius II.). Als Teilnehmer des Baseler Konzils beschrieb er 1438 höchst kenntnisreich die politische Wirklichkeit einer Stadt nördlich der Alpen.

Einst war Basel seinem Bischof unterworfen, der die Stadt als Lehen vom Kaiser erhalten hatte. Daher besaß er die Blutgerichtsbarkeit und die Strafgerichtsbarkeit über Verbrecher. Später aber hat er, sei es genötigt, sei es freiwillig – ich habe davon nichts erfahren –, von sich aus auf die Herrschaft verzichtet. Er empfängt jedoch von jeder Familie jährlich Geldabgaben als Zeugnis der älteren Herrschaft und der früheren Gewalt. Die Bürger aber sind bestimmten, vorher ausgehandelten kaiserlichen Gesetzen verpflichtet, sodass sie eher frei als unterworfen erscheinen. Denn sie verschaffen sich weder, wie in unseren Städten, ein Tyrannenregiment, noch erblinden sie in Herrschsucht. Und wenn Freiheit heißt, leben, wie du willst, sind sie wahrhaft frei und leben sie in gleichförmigem Recht miteinander. [...] Mit dem gegenwärtigen Stand der Dinge zufrieden, wachen [sie] über eine höchst befriedete Stadt und niemand führt ein Amt für sich, sondern für das Gemeinwesen und obwohl es sich um eine Volksherrschaft handelt, losen doch die Adligen und die Bürger die Ämter unter sich aus, sodass niemandem der Raum für eine Klage oder für einen Streit bleibt.

Sie haben zwei Räte, den einen neu, den anderen alt. Der neue entscheidet, der alte aber überlegt und berät, was geschehen soll, und was in diesem Jahr der neue ist, wird im folgenden der alte sein. Und so in diesem wie in jenem wird die Entscheidung durch die Abstimmung von 42 Männern getroffen. In beiden sind Adlige und Bürger; der dritte Teil des Gemeinwesens kommt nämlich dem Adel zu. Die Spitze der Herrschaft aber liegt beim Bürgermeister. Als einen solchen wählen sie nur einen Ritter und zur Ritterschaft werden nur Adlige gerechnet. Einen Mann bürgerlicher Herkunft halten sie nicht des Ritterstandes für würdig, falls er nicht durch sehr große Reichtümer oder durch hochberühmte Kriegstaten ausgezeichnet ist. Danach folgt der Zunftmeister. Die einzelnen Handwerke haben nämlich eine Zunft, das heißt den Führer jener Gesellschaft, deren allen der Zunftmeister vorsteht. An dritter Stelle folgt der Schultheiß, der dem Volk Recht spricht und nicht die Norm des Gesetzes oder der Gewohnheit überschreiten kann. Kapitalverbrechen werden durch den Vogt und die vierzehn Männer und zusammen mit dem neuen Rat gerichtet. Dasselbe gilt für jede Bluttat.

Die Ämter sind einjährig. Das Rathaus suchen sie nur zur Rechtsprechung oder zur Ratsfindung auf. Niemand hat öffentliche Einkünfte. Jeder bestreitet sein Leben zu Hause aus dem Privaten.

Hartmut Boockmann, a. a. O., S. 204 f.

1. Lesen Sie nach auf Seite 34: Zu welchem Rechtstyp von Stadt gehörte Basel?
2. Beschreiben Sie Geschichte und Verfassungswirklichkeit der Stadt Basel.
3. Kann man die Verfassung der Stadt Basel als „demokratisch" bezeichnen?

M 3 Die Ausbildung städtischer Lebensformen

Der Historiker Hans-Werner Goetz beschreibt typische Züge städtischen Lebens im Mittelalter. Sie traten hervor, nachdem sich aus „Siedlungsanhängseln" eines Herrschaftsbezirkes (Bischofssitz, Burg) die eigentlichen, durch besondere Freiheiten und Selbstverwaltungsrechte ausgezeichneten mittelalterlichen Städte entwickelten, in denen sich Kaufleute und Handwerker in berufsspezifischen Bruderschaften organisierten.

Diese Entwicklung erst förderte die Ausbildung eines typisch städtischen Lebens, das durch die Nachbarschaft in engen Hausparzellen sowie einerseits durch ein Zusammensiedeln gleicher Berufe in derselben Straße oder im gleichen Viertel, andererseits durch die Ansammlung verschiedenster Berufe und Schichten vom reichen Patrizier bis zum abhängigen Hausdiener auf engem Raum geprägt war. Dass die einzelnen *Schichten* in der Stadt sich sehr wohl in ihrer Lebensführung, sowohl im privaten wie auch im öffentlichen Bereich, unterschieden, versteht sich von selbst. Die reichen Bürger erstrebten noch kein „bürgerliches" Leben, das sich eher als zwangsläufige Folge der tatsächlich anders gearteten, eben städtischen Bedingungen entwickelte, sie suchten vielmehr in mancherlei Hinsicht das adlige Leben nachzuahmen. Das lag für die Ministerialen und Burgmannen ohnehin nahe, galt in gewisser Weise im privaten Bereich, wenn man von Kriegsführung und Turnieren absieht, aber auch für die Kaufleute, die wirtschaftlich und beruflich völlig andere Ziele verfolgten. Die unteren Schichten, die vielfach am Rande des Existenzminimums lebten, konnten sich ein solches Leben nicht leisten, den aufstrebenden Mittelschichten aber wurde es später geradezu untersagt, denn spätestens seit dem 13. Jh. wurden die sozialen Schranken in vielen Städten gesetzlich verankert. „Dienende Knechte" durften (etwa in Augsburg) an keinem Reigen teilnehmen, bei dem eine Bürgerin anwesend war, keine große Hochzeit feiern, sie wurden auf eine bestimmte Kleiderordnung festgelegt und zumindest de facto von jedem politischen Einfluss ferngehalten. So konnten sich, trotz (und wegen) der Einheit des Lebensraumes, ständische Unterschiede auch in der Stadt entwickeln.

Das Leben der *Handwerker* war vornehmlich durch ihre Arbeit geprägt, wobei sich dem Meister aufgrund der sozialen Stellung und der selbstständigen Tätigkeit weit größere Möglichkeiten boten als dem Gesellen. Auch wenn ihnen der von der Jahreszeit meist unabhängige Arbeitsrhythmus größere Spielräume ließ als dem Bauern, so verhinderte doch schon die Kombination von Werkstatt und Wohnung in einem Haus eine geregelte Arbeitszeit. Andererseits wuchs durch die Arbeit im eigenen Haus die Familie zu einer engeren Lebensgemeinschaft zusammen, zumal die im Hause lebenden Gesellen und Lehrlinge hier integriert und die Handwerkerfrauen vielfach am eigenen Betrieb und am städtischen Wirtschaftsleben beteiligt waren. Viele Frauen (vornehmlich der Unterschichten) waren in der Stadt in einem weiten Spektrum verschiedener Berufe tätig, während der Anteil am zünftischen Gewerbe wohl lange Zeit überschätzt wurde und ihre hauswirtschaftliche Tätigkeit (im weitesten Sinn) doch wohl typischer war.

Die Bevölkerungskonzentration und das Treiben in der Stadt förderten auch die Zunahme von *Dienstleistungsberufen*, die teils, wie der Büttel oder der Henker, im „öffentlichen" Dienst als Funktionsträger des Stadtherrn und des Rates agierten, teils aber auch private Geschäfte betrieben. Der Reiseverkehr förderte die Errichtung von Gasthäusern; wohl im 12. Jh. entstanden städtische Badestuben, wobei der Bader meist zugleich die Funktion des Friseurs und des Arztes oder Heilpraktikers übernahm. Etwa in der gleichen Zeit hielt auch die Prostitution Einzug in die Städte, wenn Nachrichten über ein organisiertes Dirnenwesen und bordellartige Häuser (mit bezeichnenden Namen wie „Schönefrau") auch erst aus dem 13. Jh. vorliegen. Als Ausgleich zum eintönigen Alltagsleben wurden auch in der Stadt die Festtage zu religiösen ebenso wie zu geselligen Feiern benutzt, sah man auch hier gern den durchreisenden Spielleuten und Gauklern zu und erfuhr von Pilgern und Reisenden neue Nachrichten aus der „Welt".

Am meisten wurde das städtische Leben vielleicht durch das – allerdings auf einzelne Tage beschränkte – *Markttreiben* geprägt. Einen Höhepunkt bildete der Jahrmarkt, der stets an einem religiösen Heiligenfest oder dem Kirchweihfest („Kirmes") stattfand; er brachte nicht nur einen Aufschwung des Handels, sondern auch Attraktionen und Vergnügungen. Alltäglicher war der Wochenmarkt; aus der ländlichen Umgebung wurden Waren wie Wein, Getreide, Heringe und Vieh auf Karren, Schiffen, Pferden oder Eseln in Fässern („Tonnen") herangefahren; auf den Straßen herrschte folglich ein reger Betrieb, an den Marktbuden ein lauter Handel. Die verschiedenen Waren und Bedürfnisse auf dem städtischen Markt förderten die Ausbreitung des Geldwesens, auch wenn oft noch weiterhin ein Tauschhandel betrieben worden sein mag. Der Kölner Pfennig wurde zur Standardwährung im Reich. Auch Geld- und Leihgeschäfte, die Vorläufer des modernen Bankenwesens, hatten demgemäß ihren Ursprung in der Stadt.

[...] Die vielen Menschen und das geschäftige Treiben auf engem Raum brachten der Stadt allerdings auch manche Probleme der *Umweltbelastung,* unter denen der Lärm vielleicht noch das geringste war. Entscheidender waren die Wasserversorgung über öffentliche Ziehbrunnen – schon Richer von Reims lobte Verdun wegen einer großen Zahl von Quellen und Brunnen – und vor allem die Abfallbeseitigung, die in dieser Zeit noch durchweg Sache des Einzelnen war und daher manches zu wünschen übrig ließ. Erst seit dem 13. Jh. sind städtische Verordnungen zur Reinhaltung der Gewässer (etwa zum Standort der Abfallgruben) sowie Maßnahmen zur Entsorgung (wie der Bau von Abwässerkanälen) bekannt.

Hans-Werner Goetz, Leben im Mittelalter, München 1986, S. 237 ff.

1. *Überlegen Sie, welche Anreize das städtische Leben gegenüber dem Leben auf dem Lande bot. Informieren Sie sich dazu auch über das „freiere Recht" der Stadtbürger (siehe Seite 36).*
2. *Wo gleichen sich städtisches Leben im Mittelalter und heute, worin unterscheiden sie sich?*
3. *Stellen Sie unterschiedliche Lebensformen in unserer Gesellschaft einander gegenüber. Sind „soziale Schranken" auch heute wirksam?*

M 4 **Die Stadt im Widerstreit der Meinungen**

Am Ende des 12. Jahrhunderts war London bei weitem noch keine Weltstadt. William Fitz Stephen (linke Spalte) und der Mönch Richard de Devizes beschreiben ihre Eindrücke von der rasch wachsenden (Groß-)Stadt.

Von allen erhabenen Städten der Welt hat London, Thronsitz des Königreichs England, auf der ganzen Welt seinen Ruhm, seinen Reichtum, seine Waren verbreitet und das Haupt am höchsten erhoben. Die Stadt ist vom Himmel gesegnet; ihr gesundes Klima, ihre Frömmigkeit, die Länge ihrer Befestigungen, ihre günstige Lage, der gute Ruf ihrer Bürger, die Ehre ihrer Damen, alles gereicht ihr zum Vorteil ... Die Einwohner Londons werden allenthalben wegen der Eleganz ihrer Manieren und ihrer Kleidung und wegen der Genüsse ihrer Tafel gerühmt. Andere Städte haben Bürger, London hat Barone. Bei ihnen genügt ein Eid, um jeden Streit zu schlichten.

Ich mag diese Stadt überhaupt nicht. Dort kommen alle möglichen Leute aus allen möglichen Ländern zusammen; jede Rasse schleppt ihre eigenen Laster und Bräuche ein. Niemand lebt dort, ohne auf irgendein Verbrechen zu verfallen. Jeder Stadtteil wimmelt von widerwärtigen Scheußlichkeiten ... Je schuftiger ein Mann, desto angesehener ist er. Man begebe sich nicht unter das Volk in den Herbergen ... Die Zahl der Schmarotzer ist dort unendlich groß. Schauspieler, Possenreißer, Weichlinge, Mohren, Speichellecker, Lustknaben, Päderasten[1]), Tänzerinnen und Sängerinnen, Scharlatane, Bauchtänzerinnen, Geisterbeschwörer, Erpresser, Nachtschwärmer, Zauberer, Pantomimenspieler, Bettler, solches Volk füllt diese Häuser. Wenn man also keinen Umgang mit diesen Schurken haben will, lasse man sich nicht in London nieder. Ich sage nichts gegen die Gebildeten, nichts gegen die Frommen oder die Juden. Dennoch glaube ich, dass die dort nicht so makellos sind wie anderswo, weil sie mitten unter Schelmen leben.

Jacques Rossiaud, Der Städter, in: Jacques Le Goff (Hrsg.), Der Mensch des Mittelalters, Frankfurt/Main 1989, S. 156 f.

1. Ordnen Sie in Gruppen die verschiedenen Informationen, die wir über eine mittelalterliche (Groß-)Stadt erfahren.
2. Die Berichte stehen zueinander nicht in direktem Widerspruch. Dennoch kommen die beiden Autoren zu unterschiedlichen Bewertungen. Erklären Sie dieses Phänomen.
3. Versuchen Sie, die beiden Texte in ihren Grundzügen auf das 20. Jahrhundert zu übertragen. Arbeiten Sie in Gruppen.

---

[1]) Päderastie: Knabenliebe

Die Wende zur europäischen Neuzeit

Die Entstehung einer weltlichen Kultur und die Rückwendung zur Antike

Während im Mittelalter die Namen der Dichter häufig nicht überliefert wurden, gewinnt die unverwechselbare Persönlichkeit des Menschen seit Mitte des 14. Jahrhunderts große Bedeutung. Der antike Brauch der feierlichen Krönung hervorragender Dichter wird neu belebt, wie hier bei der Ehrung des Enea Silvio Piccolomini. Piccolomini, der aus verarmtem Adel stammte, fand dank seiner literarischen Begabung Zugang in aristokratische Kreise und wurde 1458 sogar als Pius II. zum Papst gewählt (bis 1464). Das Gemälde schuf Bernardino Pinturicchio in den Jahren 1502–07.

1304–1374	Francesco Petrarca, „der Vater der Renaissance"	
1452–1519	Leonardo da Vinci	
1469–1527	Niccolo Machiavelli	
1469–1536	Erasmus von Rotterdam	
1475–1519	Michelangelo	
1483–1520	Raffael	

Die Renaissance – an der Wende vom Mittelalter zur Neuzeit

Seit der Mitte des 14. Jahrhunderts vollzogen sich in der Entwicklung der europäischen Zivilisation zahlreiche Umbrüche, die das Leben der Menschen in vielen Bereichen neu gestalteten. Hinzu kamen um 1500 außergewöhnliche Ereignisse wie die *Entdeckung Amerikas* (siehe Seite 105 ff.) oder die *Reformation* (siehe Seite 75 ff.). Diese wurden schon von den Zeitgenossen als epochale Einschnitte empfunden, die ein neues Zeitalter einleiteten.

Die Frage, wann das Mittelalter zu Ende ging und die *Neuzeit* begann, wird von der Geschichtswissenschaft allerdings nicht einheitlich beantwortet. Zudem ist die Einteilung der Geschichte in die Epochen Antike, Mittelalter und Neuzeit lediglich für die europäische Geschichte von Bedeutung, für andere Zivilisationen gilt sie keineswegs. Einigkeit besteht lediglich über die Bezeichnung jener Epoche des großen geistigen und gesellschaftlichen Wandels in Europa: die *Renaissance*.

Renaissance: Das französische Wort Renaissance (Wiedergeburt) geht zurück auf den Florentiner Maler und Architekten *Giorgio Vasari* (1511–1574). Er sprach als erster von der „rinascita dell'arte", der „Wiedergeburt der Kunst". Mit seiner Begeisterung spiegelte Vasari das Selbstverständnis seiner Zeit. Diese begriff sich als eine „neue Zeit", in der das Erbe der Antike nach einer tausendjährigen Epoche der Finsternis wieder ins Licht gerückt sei. Kunst, Literatur und Wissenschaft des Altertums wurden zum Maßstab intellektueller Leistungen. Ein neues kulturelles Selbstbewusstsein bildete sich heraus. Die barbarische „gotische" Übergangszeit – die *Goten* hatten in der Völkerwanderungszeit das Römische Reich zerstört – wurde von gebildeten Zeitgenossen denn auch abwertend als das „Mittelalter" (media tempestas) bezeichnet.

Renaissance wurde anfangs ausschließlich die kulturelle Entwicklung zwischen 1350 und dem 16. Jahrhundert genannt. Erst Mitte des 19. Jahrhunderts erweiterte der schweizerische Historiker *Jacob Burckhardt* (1818–1897) den kunstgeschichtlichen Begriff zum gesamtgeschichtlichen Epochenbegriff, mit dem heute vielfältige historische Erscheinungen der Zeitenwende zwischen Mittelalter und Neuzeit bezeichnet werden. Burckhardt interpretierte die Umbruchprozesse der Renaissance als „Entdeckung der Welt und des Menschen". In diesem Sinne ist die Renaissance als ein umfassender Wandlungsprozess zu verstehen, der Kunst und Kultur, Moral und Religion, Politik, Wirtschaft und Gesellschaft erfasste (◊ M 1). Ausgehend von Italien erfasste dieser Prozess seit Ende des 15. Jahrhunderts die Kunst und das Lebensgefühl in ganz Mittel- und Westeuropa. Abgelöst wurde die Renaissance vom *Barock*, der als letzter einheitlicher Kunst- und Lebensstil sich seit dem 17. Jahrhundert – wiederum von Italien aus – über den europäischen Kontinent ausbreitete. Der Begriff „Renaissance" wird heute auch allgemein auf alle Maßnahmen zur Wiederbelebung früherer Stil- und Kulturepochen angewendet.

Die Entdeckung des Individuums

„Was nützt es, die Natur der Vögel, Fische und Schlangen zu kennen und dafür die Natur des Menschen, seinen Zweck, seine Herkunft und sein Endziel nicht zu kennen oder gar zu missachten?" Mit seiner Fragestellung dokumentierte *Francesco Petrarca* (1304–1374) ein neuerwachtes Interesse am menschlichen Individuum. Bis dahin war der Mensch des Mittelalters – seinem eigenen Selbstverständnis nach – lediglich Teil einer umfassenden und von Gott gegebenen Ordnung gewesen, in der der Platz des Einzelnen durch seine soziale Herkunft bestimmt war. Aus der Beschäftigung mit dem antiken Menschenbild erwuchs, beginnend mit Petrarca, ein neues Ideal. Der Mensch wurde wieder als ein Wesen erkennbar, das für sich selbst steht und das seinen Zweck in sich hat: als ein Individuum.

Das Menschenbild der Renaissance blieb dabei nicht beim literarisch überlieferten antiken Vorbild stehen; die Gebildeten verstanden sich darüber hinaus im umfassenden Sinne als Meister der Lebenskunst. Der *Universalmensch* (ital.: uomo universale), die allseitig gebildete große Persönlichkeit, die sich mit der Natur in Harmonie weiß, trat an die Stelle des mittelalterlich-ritterlichen Leitbildes (◊ M 2). Und der ritterliche Held oder der erfolgreiche Künstler versteckten sich nicht länger in der Anonymität. Sie ließen sich bewundern auf Porträts, die ihre charakteristischen Züge und Gesten für immer festhalten sollten, auf Reiterstandbildern in heroischer Haltung, oder sie hinterließen einer staunenden Nachwelt ihre grandiosen Grabdenkmäler.

Die ständischen Schranken der mittelalterlichen Gesellschaftsordnung, die in den italienischen Städten ohnehin nicht so ausgeprägt waren wie in Deutschland, verloren an Bedeutung. Die adelige Oberschicht erweiterte sich in den Stadtrepubliken Norditaliens um die „Bildungselite". Persönliche Leistung verhalf Künstlern und Gelehrten zum sozialen Aufstieg.

Der Söldnerführer (ital.: Condottiere) Bartolommeo Colleoni (1400–1475) galt als der berühmteste Feldherr seiner Zeit. Sein Reiterstandbild aus Bronze von Andrea del Verocchio (1436–1488) ist ohne Sockel ca. 4 m hoch. Es wurde 1495 in Venedig aufgestellt. Bis in die Mitte des 15. Jahrhunderts hinein waren Reiterstandbilder auf öffentlichen Plätzen ausschließlich Herrschern vorbehalten gewesen.

Die Renaissance in der Kunst

Die Villa Rotunda bei Vicenza erbaute 1567 der Architekt Andrea Palladio (1508–1580). Aus der Kenntnis der antiken Baukunst plante Palladio regelmäßig gestaltete, meist symmetrische Baukörper. Seine Lehrbücher und sein Stil beeinflussten maßgeblich den Barock und den Klassizismus.

Die Anlehnung der Renaissancezeit an die Antike war am augenfälligsten in der Kunst. Nachdem der gotische Baustil in Italien nie recht heimisch geworden war, knüpfte die *Architektur* jetzt wieder an die klaren, rational gegliederten Strukturen der Vorbilder aus griechisch-römischer Zeit an. Kirchen, monumentale Rathäuser, Palazzi und Villen innerhalb großzügig angelegter Gartenanlagen zeugten von dem bewussten Repräsentationswillen ihrer Auftraggeber. Doch die Baumeister blieben nicht bei den Entwürfen einzelner Bauwerke stehen. Die Stadtplanung wurde zu einem neuen Gegenstand ihrer Arbeiten, und „Idealstädte" mit durchdachten Beziehungen von Wegen, Straßen und Plätzen wurden entworfen.

Ebenso deutlich wie in der Baukunst war der Antikenbezug in der *Plastik* spürbar. Der um 1430 von *Donatello* (1382/86–1466) geschaffene „David" war die erste freistehende Skulptur seit dem Altertum.

In der *Malerei*, die an keine antiken Vorbilder anknüpfen konnte, war der Italiener *Giotto* (1266–1337) der erste Künstler, der die flächige Darstellungsweise des Mittelalters überwand und Figuren malte, die wirkliche menschliche Gefühle auszudrücken vermochten (◊ M 3). Diese anthropozentrische[1] Malerei prägt den künstlerischen Stil der Renaissancekunst. Die Ichbezogenheit des Menschen fand ihren künstlerischen Ausdruck ebenso in der perspektivischen Konstruktion des Bildraums. Das neuentdeckte Prinzip der *Zentralper-*

---
[1] anthropos (griech.): Mensch

spektive bezog alles Dargestellte auf den Standpunkt des Betrachters, der auf diese Weise zum bestimmenden Bezugspunkt wird.

Neben dem Stil änderten die Maler auch die Wahl der Themen. Nicht mehr christliche Gegenstände standen im Vordergrund, sondern die zuvor als heidnisch abgelehnte Antike, der menschliche Körper, das individuelle Porträt sowie Landschaft und Natur. Während das Mittelalter im Kunstwerk nur ein Symbol für eine andere, höhere Wirklichkeit gesehen hatte, wollte Kunst jetzt die reale Welt abbilden. Die Werke so berühmter Künstler wie *Leonardo da Vinci* (1452–1519), *Michelangelo Buonarroti* (1475–1564) und *Raffael* (1483–1520) geben noch heute ein eindrucksvolles Zeugnis von diesem ersten Höhepunkt europäischer Malerei.

Im Verlauf der Renaissance erhielten Kunst und Künstler einen neuen Stellenwert. Das Kunstwerk war nicht mehr in einen (meist kirchlichen) zweckorientierten Rahmen eingebettet, es wurde als eine in sich ruhende, eigenständige Leistung gesehen. Dementsprechend verstanden sich die Architekten, Maler und Bildhauer nicht länger als anonyme Handwerker im Dienste einer höheren Idee. Sie konnten auch zu erheblichem Wohlstand gelangen, denn an Aufträgen fehlte es nicht. Selbstbewusste Stadtrepubliken und Fürstenhöfe, rasch reichgewordene Söldnerführer und Handelsherren traten neben die kirchlichen Auftraggeber. Kunst wurde zu einem Mittel der Repräsentation und Bestätigung von gesellschaftlicher Stellung.

David. Mit seiner 1,58 m hohen Bronzestatue griff der Florentiner Bildhauer Donatello die natürlichen Bewegungsgesetze der Antike auf. Die biblische Figur des David wurde im Florenz des 15./16. Jahrhunderts häufiger von Künstlern dargestellt. Der David sollte die mächtigen Adeligen des Landes an die Stärke und Kampfbereitschaft der kleinen städtischen Führungsschicht erinnern.

Papst Julius II. (1503–1513) war ein typischer Renaissancepapst, der sich auch nicht scheute, selbst in den Krieg zu ziehen. Kein anderer förderte derart generös die Künstler und den Ausbau Roms. Sein mit überlebensgroßen Figuren bestücktes Grabmal ließ er sich von Michelangelo errichten. Das Monument gehört zweifellos noch zur Hochrenaissance, doch der Verzicht auf die schlichtere Harmonie der Renaissanceformen und die gewollt ästhetische Idealisierung der Figuren lässt bereits die nachfolgende Stilepoche erahnen: den Manierismus. Obwohl Michelangelo zwischen 1505 und 1545 immer wieder an dem Grabmal arbeitete, blieb es unvollendet.

Die Antike – Ausgangspunkt des wissenschaftlichen Denkens in der Renaissance

Ausgangspunkt der Beschäftigung mit der Antike war das Studium lateinischer und griechischer Texte. Dieses war südlich der Alpen während des gesamten Mittelalters lebendig geblieben. Das Interesse an den Schriften des Altertums verstärkte sich dann im 14. Jahrhundert und nahm noch einmal zu, als nach der *Eroberung Konstantinopels durch die Osmanen* (1453) flüchtende Gelehrte viele Handschriften nach Italien brachten.

Das Neuartige an der Auseinandersetzung mit den Schriften des Altertums war seit Petrarca eine distanzierte, kritische und damit wissenschaftliche Überprüfung der Texte. Damit wurde die *klassische Philologie* als eine neue geisteswissenschaftliche Disziplin begründet. Für eine Sensation sorgte im Jahr 1440 *Lorenzo Valla* (1405/07–1457): Durch das Verfahren der Textkritik

Die Wende zur europäischen Neuzeit

und mittels historischer und juristischer Methoden gelang ihm der Nachweis, dass die *Konstantinische Schenkung,* durch die der Territorialanspruch des Papstes auf den Kirchenstaat begründet wurde, auf einer gefälschten Urkunde beruhte.

Bei aller Anerkennung der philologischen Leistungen darf aber nicht übersehen werden, dass die Konzentration auf das „klassische" Latein als Bildungssprache – bei gleichzeitiger Ablehnung des noch lebendigen (einfacheren) mittelalterlichen Latein – die Renaissance-Gelehrten auf einen kleinen elitären Zirkel beschränkte.

Eine weitere neue Wissenschaft war die *Archäologie,* die Erforschung der Geschichte des Altertums aus Denkmälern und Bodenfunden.

In der Annahme und Entwicklung des antiken Erbes und in der Besinnung auf die Kraft und Schönheit des Menschen deutete die Renaissance die Geschichte als Fortschritt, der ein neues „goldenes Zeitalter" heraufführen könne. Für das mittelalterliche Denken galt noch eine heilsgeschichtliche Auffassung, derzufolge alles irdische Geschehen nach einem göttlichen Plan auf die Erlösung oder Verdammung durch das Jüngste Gericht zielte. Dagegen entstand jetzt ein Weltbild, in dem das irdische Diesseits stark an Bedeutung gewann und die Vervollkommnung des einzelnen Menschen als das Ziel der Geschichte gesehen wurde. Doch trotz dieser Neuorientierung blieb das Daseinsverständnis der meisten Renaissancekünstler und -philosophen an christliche Glaubensvorstellungen gebunden. Ja gerade durch das Verbleiben in einem vernünftig verstandenen Christentum wusste man sich der heidnischen Antike letzten Endes überlegen.

Dem Geschichtsoptimismus der Renaissance entsprach ein großes Vertrauen in die Macht der Bildung – der humanistischen[1]) Bildung. Als *Humanisten* wurden im 15. Jahrhundert Lehrer und Studenten der „studia humanitatis" bezeichnet, zu denen die Fächer Grammatik, Rhetorik, Geschichte, Poesie und Moralphilosophie gehörten. Wegen der Vernachlässigung dieser Fächer im traditionellen Universitätsbetrieb wurden eigene humanistische Schulen gegründet.

Politisches Denken in der Renaissance

Grundlage der politischen Auseinandersetzung in den norditalienischen Stadtrepubliken war die öffentliche Diskussion mit Rede und Gegenrede. Von hier aus ergab sich in den führenden Kreisen ein erstaunliches Interesse an der Redekunst als der vermeintlich höchsten Ausdrucksmöglichkeit des Geistes. Die Vorbilder suchte man in der Antike, allen voran beim römischen Philosophen und Politiker *Cicero*[2]). Von ihm glaubte man am besten zu lernen, auf welche Weise man Sprache als Mittel der Politik einsetzen müsse.

---

[1]) humanum (lat.): menschlich
[2]) Marcus Tullius Cicero (106–43 v. Chr.) war einer der führenden Politiker in der späten römischen Republik und wurde im Jahr 63 Konsul. Berühmt blieb er aber in erster Linie als geschliffener Redner und Schriftsteller philosophischer und rhetorischer Werke. Wegen seiner Verteidigung der republikanischen Verfassung wurde Cicero ermordet.

Bei allem Vertrauen in die Lernfähigkeit des Menschen und den Fortschritt in der Geschichte keimten angesichts der desolaten politischen Verhältnisse in den italienischen Staaten und im Bewusstsein der Ohnmacht gegenüber ausländischen Invasoren auch Zweifel und Pessimismus im Zeitgeist der Renaissance. Auf der Grundlage persönlicher Erfahrungen beschrieb der florentinische Diplomat *Niccolo Machiavelli* (1469–1527) in seinem posthum erschienenen Werk *„Der Fürst" (Il Principe)* die Notwendigkeit eines politischen Handelns, das sich am Interesse des Machterhaltes orientieren müsse und dadurch in Konflikt mit Religion und Moral geraten könne. Machiavelli schuf damit die Grundlage für den modernen Gedanken der Staatsräson (◊ M 4).

Florenz – Brennspiegel der Renaissance

Obwohl die Renaissance ein gesamtitalienischer Vorgang war, so ragte doch eine Stadt als Treffpunkt der Künstler und Gelehrten vor allen anderen heraus: das in der Toskana gelegene Florenz. Die Republik, eigentlich eine *Oligarchie*[1]) begüterter Kaufleute, war im Verlauf des 14. Jahrhunderts zur wohl reichsten Stadt des Abendlands geworden. Ihre Handelsbeziehungen reichten vom Orient bis nach Frankreich und ins Reich. Die Tuchherstellung war in Europa nahezu konkurrenzlos und der Florentiner Gulden *(Florin)* galt als sichere Währung auf allen Bankplätzen.

Die sogenannte Carta della Catena zeigt einen Plan der Stadt Florenz gegen 1480.

---
[1]) Herrschaft weniger

Nach inneren Kämpfen bestimmte seit 1434 die Bankiers- und Kaufmannsfamilie der *Medici* die Geschicke der Stadt. *Cosimo der Ältere* (1389–1464) und sein Enkel *Lorenzo der Prächtige* (1449–1492) behielten zwar zunächst die republikanische Verfassung bei, sicherten sich aber den entscheidenden Einfluss auf das Stadtregiment (◊ M 5). Nach häufigen Unruhen erhielten die Medici im 16. Jahrhundert die Herzogswürde und wurden schließlich Großherzöge der Toskana. Angehörige der Familie bestiegen den Papstthron oder heirateten in Königshäuser und große Dynastien ein. Der letzte Medici-Fürst starb 1737 ohne Nachkommen.

Neben dem Wohlstand der Florentiner Oberschicht war vor allem das Mäzenatentum[1]) der ersten Medici unabdingbare Voraussetzung für den kulturellen Aufstieg von Florenz. Als sichtbarstes Zeichen des Repräsentationswillens der Bürger wurde seit dem Ende des 13. Jahrhunderts „zur Ehre der Gemeinde und des Volkes von Florenz" der Dom errichtet. Der von dem Architekten *Brunelleschi* (1377–1446) 1436 beendete Bau war der größte seit der Antike und sollte die kulturelle und technische Überlegenheit Florentiner Baukunst aller Welt sichtbar vor Augen führen.

Ebenso maßgeblichen Anteil am geistigen Aufstieg der Stadt hatten die führenden Humanisten ihrer Zeit, *Coluccio Salutati* (1331–1406) und *Leonardo Bruni* (um 1370–1444). Sie arbeiteten aus antiken Schriften die Ideale der altrömischen Republik heraus, gedacht als ideologische Unterstützung in den Kriegen gegen das despotische Mailand.

So wurde Florenz seit der zweiten Hälfte des 14. Jahrhunderts zum Sammelbecken humanistischer Kulturleistungen. 1397 wurde der erste Lehrstuhl für Griechisch eingerichtet, es entstanden Bibliotheken, in denen antike Handschriften gesammelt wurden, und gelehrte Gesprächskreise debattierten die Fragen der Zeit. Nahezu alle Künstler und Philosophen der Epoche weilten zumindest zeitweise in dieser Stadt. Florenz wurde vollends zum „zweiten Athen", als 1459 im Auftrag Cosimo de Medicis die berühmte Accademia Platonica[1]) wiedereröffnet wurde. Dieser lose Kreis von Intellektuellen bemühte sich um eine Verschmelzung griechischer Philosophie mit dem Christentum. Ein Ergebnis dieser geistigen Strömung war die berühmte Rede *Pico della Mirandolas* über die Menschenwürde (◊ M 6).

1482 kam der Dominikanermönch *Girolamo Savonarola* (1452–1498) nach Florenz. Savonarola war ein glänzender Redner, der in der Landessprache predigte. Er stand in der Tradition der spätmittelalterlichen Kirchenkritik und prangerte darüber hinaus Luxus und geschwundene Moral in der den Freuden des weltlichen Lebens verfallenen Stadt an. Savonarolas Schreckensvisionen, die das Volk zu gläubigem Leben anhalten wollten, waren zunächst höchst populär. Nach dem Tod Lorenzo de Medicis übte er seit 1494 maßgeblichen

---

[1]) Maecenas (gestorben 8 v. Chr.), ein reicher Freund des römischen Kaisers Augustus, unterstützte großzügig Künstler.
[2]) Der Philosoph Platon (427–347 v. Chr.) lehrte außerhalb Athens in einem Hain, der dem Gott Akademos geweiht war. Seine Akademie hatte fast 1000 Jahre Bestand, bis sie 529 vom oströmischen Kaiser Justinian geschlossen wurde.

Die Geburt der Venus (1485). Der Florentiner Maler Sandro Botticelli (1445–1510) gehörte dem Kreis um die Medici und die Humanisten der Platonischen Akademie an. So überrascht nicht, dass seine Bilder Griechentum und christliche Theologie in einen harmonischen Einklang bringen wollten. Die Komposition der Venus erinnert beispielsweise an Darstellungen der Taufe Christi. Im Alter näherte sich Botticelli den Anhängern Savonarolas, offensichtlich von Gewissensbissen geplagt.

Einfluss auf das politische Leben aus. Doch die strengen asketischen Grundsätze seiner theokratischen[1]) Regierung ließ die Zahl seiner Anhänger schwinden. Nachdem Savonarola auch den Verfall der Sitten an der römischen Kurie – durchaus zu Recht – verurteilt hatte, verhängte der Papst die Exkommunikation. Der Rat der Stadt nahm Savonarola in Haft und ließ ihn nach der Folterung 1498 als Häretiker hinrichten.

Die Brennpunkte des Weltgeschehens verlagerten sich im Verlauf des 16. Jahrhunderts in andere Regionen, Florenz verlor seine überragende Bedeutung. Doch sein kultureller Einfluss blieb bestehen: Sprache und Stil der Werke Petrarcas und Boccaccios wurden zur Norm der italienischen Schriftsprache erhoben; damit wurde die toskanische Volkssprache zur Sprache der italienischen Nation. Und die Fortentwicklung künstlerischer Leistungen an der Schwelle zwischen Mittelalter und Neuzeit lässt sich nach wie vor nirgends besser nachvollziehen als in dieser Stadt. Stellvertretend genannt seien die 1580 fertiggestellten *Uffizien*, eines der berühmtesten Museen der Welt.

---

[1]) Theokratie: wörtlich: „Gottesherrschaft"; Herrschaft, bei der die Staatsgewalt allein religiös legitimiert wird

Albrecht Dürers (1471–1528) Kupferstich „Miles Christianus" steckt voller symbolischer Anspielungen auf die religiösen Auseinandersetzungen in Florenz am Ende des 15. Jahrhunderts. Der Salamander als Symbol des Feuertodes und der Hund als Hund des Herrn (domini canis) erinnern an den Dominikanermönch Savonarola. Der Soldat reitet vorbei am Tod, um dessen Hörner sich Schlangen winden, und am Teufel, der als gehörntes Schwein erscheint.

Der Humanismus in Deutschland

Der Humanismus fasste auch dort Fuß, wo die Renaissance als gesamtgesellschaftliches Phänomen weniger in Erscheinung trat. In Deutschland erreichte die humanistische Erneuerungsbewegung im frühen 16. Jahrhundert ihren Höhepunkt. Zwar teilten die deutschen Humanisten das Interesse der italienischen Renaissance am griechisch-lateinischen Bildungsgut, doch verschoben sie die Akzente, indem sie neben den weltlichen Texten der Antike auch die Texte der biblisch-christlichen Tradition studierten. Gemessen an den Idealen der Antike und des frühen Christentums erschien ihnen die römische Kirche in einem Zustand des Verfalls, der heftige Kritik herausforderte.
Wie in Italien das Interesse an der eigenen (antiken) Vergangenheit gewachsen war, so beschäftigte man sich nun auch in den übrigen Ländern Europas mit der nationalen Geschichte. Zu Beginn des Jahrhunderts wurde in Deutschland die „*Germania*" des römischen Geschichtsschreibers *Tacitus* (ca. 55–120) mehrfach herausgegeben. In dieser Schrift hatte Tacitus seinen Landsleuten die Lebensführung und Staatsordnung der Germanen als Musterbeispiel moralischer Qualitäten und demokratischer Tugenden vorgestellt. Die erste deutsche Geschichte schrieb 1505 der Elsässer Professor *Jakob Wimpheling* – in lateinischer Sprache.
Zum Vorkämpfer der politisch und national ausgerichteten Geistesbewegung wurde der humanistisch gebildete Ritter *Ulrich von Hutten* (1488–1523). Entschieden antirömisch und antiklerikal eingestellt, näherte er sich bald der Reformation an und solidarisierte sich mit Martin Luther (siehe Seite 78 ff.), dessen religiöse Motive ihm allerdings fremd blieben. In seinen politisch-literarischen Kampfschriften bediente sich Hutten als einer der wenigen Humanis-

ten auch der deutschen Sprache, womit er die Abgeschlossenheit der elitären humanistischen „Gelehrtenrepublik" durchbrach.
Als führender Humanist seiner Zeit genoss *Erasmus von Rotterdam* (1469–1536) das größte Ansehen. In der Absicht, „zurück zu den Quellen" zu gehen, gab er das Evangelium zugleich in griechischer Ursprache und in lateinischer Übersetzung heraus. Damit wollte er den bisher gebräuchlichen lateinischen Text des Neuen Testaments von Übersetzungsfehlern reinigen und den Originaltext einer gelehrten Öffentlichkeit zugänglich machen. Das äußerst vielgestaltige Werk des Erasmus zielte auf eine tiefgreifende innere Reform des Christentums und der Kirche. In der Verbindung von antiker Vernunft und christlicher Frömmigkeit sah er die Möglichkeit, die an sich gute Natur des Menschen wiederherzustellen. Obwohl Erasmus durchaus als Vorbereiter der Reformation verstanden werden kann und er Luthers Auftreten zunächst auch begrüßte, wandte er sich bald von ihm ab, da er jegliche Radikalität und Gefährdung der christlichen Einheit ablehnte.

Humanismus: Obwohl sich die Intellektuellen der Renaissancezeit seit dem 15. Jahrhundert selbst als Humanisten bezeichneten, wurde der Begriff Humanismus erst sehr viel später geprägt. Erstmals verwendete ihn 1808 der Pädagoge *Friedrich Immanuel Niethammer*, als er das bayerische Gymnasium durch Teilung in einen humanistischen und einen realistischen Zweig reformieren wollte. Seit Mitte des 19. Jahrhunderts bürgerte sich der Begriff dann als Epochenbezeichnung für die geistige Bewegung des 14. bis 16. Jahrhunderts ein.
Außerdem bezeichnen wir heute mit Humanismus ganz allgemein eine geistige Bewegung, in deren Zentrum die Ausbildung zu Idealen wie Menschlichkeit und Menschenwürde – unter betontem Rückgriff auf die griechisch-römische Kultur – steht.
Der Renaissance-Humanismus wandte sich gegen das in starren Dogmen verharrende Denken der Kirche und beeinflusste dadurch die Reformation in Deutschland. Durch seinen Kampf gegen Aberglauben und Hexenverfolgung bereitete er das Zeitalter der Aufklärung vor.
Im 19. Jahrhundert griff *Karl Marx* die Lehre vom „sozialistischen Humanismus" auf. Gemeint war die Beseitigung der Entfremdung des Menschen von sich selbst durch den Kommunismus und letztlich ein erweitertes Verständnis von Menschenwürde durch Herstellung von Gleichheit in der Gesellschaft. In der Praxis der kommunistischen Diktaturen des 20. Jahrhunderts wurde die Menschenwürde allerdings mit Füßen getreten.
Der moderne Humanismus hat verschiedene unterschiedliche Strömungen entwickelt. Gemeinsam ist ihnen der immerfort notwendige Einsatz für die freie Entfaltung des Einzelnen gegenüber Einschränkungen durch staatliche, gesellschaftliche und kirchliche Kräfte oder neuerdings gegen eine Unterordnung des Menschen unter die Technik.

Ernesto Grassi: Erneuerung der Antike

Ernesto Grassi (1902–1991) lehrte viele Jahrzehnte als Ordinarius für Philosophie und Geistesgeschichte an italienischen und deutschen Universitäten. Er gilt als einer der gründlichsten Kenner des italienischen Humanismus.

Was Petrarca und seine Generation und noch viele Generationen nach ihm zur leidenschaftlichen Beschäftigung mit der Antike veranlasste, ist letztlich wohl der Umstand, dass die mittelalterliche Welt- und Lebensauffassung nicht mehr imstande war, den sich allmählich von Grund auf verändernden wirtschaftlichen und gesellschaftlichen Verhältnissen noch die entsprechende Ideologie zu bieten. Die mittelalterliche, auf bäuerlicher Naturalwirtschaft beruhende, lehensrechtlich geordnete, von Kaiser und Papst hierarchisch beherrschte Welt war mehr und mehr – und am frühesten in Italien – durchsetzt worden mit bürgerlichen Elementen, Gewerbe, Handel, Geldwirtschaft in städtischen Gemeinwesen. Ihrem Gedeihen stand die bisherige Ordnung im Wege und so lehnte man sich gegen sie und natürlich auch gegen ihre Ideologie auf, was zunächst Anarchie bedeutete – aber zugleich das Bedürfnis hervorrief, aus dieser durch neue Ideale (eine neue Ideologie) herauszukommen. Die Unsicherheit, die das Begehen neuer Wege begleitet, wird aber fast stets mit Rückgriffen auf ein vermeintlich „altes Wahres" zu überwinden versucht. Als dieses alte Wahre bot sich damals (wie später immer wieder) die Antike an. Petrarcas Beschäftigung mit der Antike ist also wesentlich Bestandteil einer Auseinandersetzung, die die Gegenwart klären und damit das geistige und politische Leben neugestalten will.

Ernesto Grassi, Humanismus und Marxismus. Zur Kritik der Verselbständigung von Wissenschaft, Reinbek 1973, S. 184

1. Wie erklärt Grassi das Entstehen der Renaissance-Kultur und die Hinwendung zur Antike?
2. Welche geschichtlichen Veränderungen und Bewegungen liegen für Grassi dem kulturellen und ideologischen Wandel zugrunde?
3. Gibt es noch weitere Gründe für die Ablösung der mittelalterlichen Kultur, die der Autor nicht nennt?

Der Höfling als Uome universale

Der Schriftsteller und Diplomat Graf Baldassare Castiglione (1478–1529) aus Mantua lebte zeitweise am Hof des Herzogs von Urbino. Dort handelt sein Buch vom „Cortegiano", vom Höfling. In Gesprächsrunden bei Hof wird das Bild des idealen Hofmannes ganz im Sinne des Menschenbilds der Renaissance nachgezeichnet. Der Roman wurde bereits im 16. Jahrhundert in viele Sprachen übersetzt. Er formte wesentlich das Menschenideal der Neuzeit, beispielsweise des Gentleman in Großbritannien oder des Caballero in Spanien.

Um aber zu Einzelheiten zu kommen, so halte ich dafür, dass der hauptsächliche und wahre Beruf des Hofmanns das Waffenhandwerk sein muss; dieses vor allem, möchte ich, soll er eifrigst ausüben, und er sei darin als kühn und gewaltig bekannt und als treu dem, dem er dient. [...] Wir wollen jedoch nicht, dass er sich als so wild erweise, ständig prahlerisch herumzulaufen und überall zu erzählen, er habe die Waffen zu seinem Weibe gewählt, und jedem mit jenen wütenden Blicken zu drohen, die wir Berto häufig haben werfen sehen. Denn einem solchen kann man verdientermaßen vorhalten, was eine beherzte Dame in edler Gesellschaft jemandem freundlich sagte, den ich im Augenblick nicht nennen will. Als dieser nämlich von ihr zum Tanzen aufgefordert wurde, womit sie ihn nur ehren wollte, und er dies und jenes ablehnte, wie auch das Anhören von Musik und viele andere ihm angebotene Unterhaltungen, und immer sprach, derartige Märchen seien nicht sein Beruf, fragte die Dame schließlich: Welches ist eigentlich Euer Beruf? – Er antwortete mit böser Miene: Kämpfen. – Darauf sagte die Dame sofort: Ich würde glauben, dass es jetzt, wo Ihr weder im Krieg noch im Zustand des Kämpfens seid, sehr gut wäre, wenn Ihr Euch ordentlich einfetten und zusammen mit Eurem gesamten Kampfgerät in einen Schrank stecken ließet, bis man Eurer wieder bedarf, um nicht noch mehr zu verrosten, als Ihr es schon seid. – Und so überließ sie ihn unter dem Gelächter der Anwesenden beschämt seinem albernen Eigendünkel. Der also, den wir suchen, sei, wo immer Feinde auftauchen, ungestüm, streng und stets unter den ersten; bei jeder anderen Gelegenheit aber sei er menschlich, bescheiden, zurückhaltend, fliehe vor allem die Prahlerei und das schamlose Eigenlob, wodurch der Mensch sich immer Hass und Abscheu von seinen Zuhörern zuzieht.

Baldassare Castiglione, Das Buch vom Hofmann, herausgegeben von Fritz Baumgart, Bremen 1960, S. 40 ff.

1. Beschreiben Sie das in der Anekdote sichtbar werdende Leitbild des Höflings. Ergänzen Sie weitere Eigenschaften, die den „Universalmenschen" ausmachen.
2. Welche Schlüsse können Sie über Rolle und Selbstverständnis der Frauen ziehen?
3. Für welche gesellschaftliche Schicht gelten die von Castiglione entwickelten Vorstellungen?

M 3 Antike Darstellung der drei Grazien.

Mittelalterliche Darstellung der drei Grazien.

Die drei Grazien – um 1500.

1. Charakterisieren Sie den Stil der Darstellung in den drei Abbildungen.
2. Skizzieren Sie die in den Abbildungen sichtbar werdenden Veränderungen des Menschenbildes.
3. Erklären Sie am Beispiel der Abbildungen den Begriff der „Renaissance".
4. Versuchen Sie die Herkunft der drei Gemälde festzustellen. Warum werden Ihre Ermittlungen kein vollständiges Ergebnis erbringen?

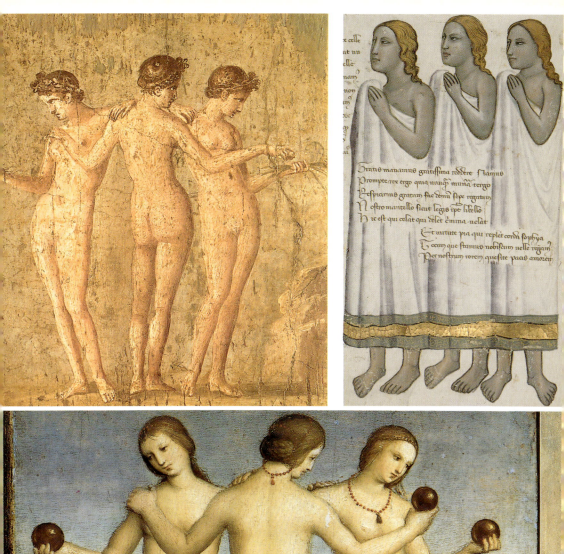

M 4 Niccolo Machiavelli, Der Fürst

In der Verbannung verfasste der ehemalige Diplomat Niccolo Machiavelli 1513 sein Hauptwerk „Der Fürst", in dem er sein Bild des Menschen entwirft und dem Herrscher seiner Zeit Ratschläge für eine erfolgreiche Politik gibt. Das Buch erschien erst nach seinem Tode.

Zwischen dem Leben, wie es ist und wie es sein sollte, ist ein so gewaltiger Unterschied, dass, wer das, was man tut, aufgibt für das, was man tun sollte, eher seinen Untergang als seine Erhaltung bewirkt; ein Mensch, der immer nur das Gute tun wollte, muss zugrunde gehen unter so vielen, die nicht gut sind. Daher muss ein Fürst, der sich behaupten will, auch imstande sein, nicht gut zu handeln und das Gute zu tun und zu lassen, wie es die Umstände erfordern. [...] Daran knüpft sich eine Streitfrage: ob es besser sei, geliebt zu werden als gefürchtet, oder umgekehrt. Die Antwort lautet, dass es am besten wäre, geliebt und gefürchtet zu sein; da es aber schwer ist, beides zu vereinigen, ist es weit sicherer, gefürchtet zu sein als geliebt, wenn man schon auf eins verzichten muss. Denn von den Menschen lässt sich im Allgemeinen so viel sagen, dass sie undankbar, wankelmütig und heuchlerisch sind, voll Angst vor Gefahr, voll Gier nach Gewinn. [...] Ein Fürst, der sich ganz auf ihre Versprechungen verlassen und keinerlei anderweitige Vorkehrungen getroffen hat, ist verloren. Denn wer Freunde durch Geld und nicht durch großzügige Gesinnung gewinnt, erwirbt sie, ohne sie zu besitzen, und kann in der Zeit der Not nicht auf sie zählen. Auch scheuen die Menschen sich weniger, einen Fürsten zu verletzen, der beliebt ist, als einen, der gefürchtet ist. Denn das Band der Liebe ist die Dankbarkeit, und da die Menschen schlecht sind, zerreißen sie es bei jeder Gelegenheit um ihres eigenen Vorteils willen; das Band der Furcht aber ist die Angst vor Strafe, die den Menschen nie verlässt. Doch muss ein Fürst, der sich gefürchtet machen will, darauf achten, dass er, wenn schon nicht Liebe, so doch keinen Hass erwirbt. Denn man kann sehr wohl gefürchtet sein, ohne gehasst zu werden. Das wird ihm stets gelingen, wenn er das Eigentum und die Frauen seiner Untertanen nicht anrührt. [...]
Wie rühmlich es für einen Fürsten ist, die Treue zu halten und redlich, ohne Falsch, zu leben, sieht jeder ein. Nichtsdestoweniger lehrt die Erfahrung, dass gerade in unseren Tagen die Fürsten Großes ausgerichtet haben, die es mit der Treue nicht genau nehmen [...]. Man muss nämlich wissen, dass es zweierlei Waffen gibt: die des Rechtes und die der Gewalt. Jene sind dem Menschen eigentümlich, diese den Tieren. Aber da die ersten oft nicht ausreichen, muss man gelegentlich zu den andern greifen. Deshalb muss ein Fürst es verstehen, gleicherweise die Rolle des Tieres und des Menschen durchzuführen. [...]
So muss der Fürst Milde, Treue, Menschlichkeit, Redlichkeit und Frömmigkeit zur Schau tragen und besitzen, aber wenn es nötig ist, imstande sein, sie in ihr Gegenteil zu verkehren. Es ist wohl zu beachten, dass ein Fürst, zumal ein neuer, nicht alle Tugenden befolgen kann, die den guten Ruf des Menschen begründen, da er oft genötigt ist, um seine Herrschaft zu behaupten, gegen Treue, Barmherzigkeit, Menschlichkeit und Religion zu verstoßen. Deshalb muss er es verstehen, sich zu drehen und zu wenden nach dem Winde und den Wechselfällen des Glückes, und am Guten festhalten, soweit es möglich ist, aber im Notfall vor dem Schlechten nicht zurückzuschrecken.

Niccolo Machiavelli, Der Fürst, Stuttgart 1961, S. 95 ff.

Altobello Meloni, Ein Edelmann (um 1520). Mit der neuen Vorstellung vom Menschen als Individuum kommt in der Malerei der Renaissance auch das Porträt auf. Hier handelt es sich vermutlich um ein Porträt Cesare Borgias, jenes skrupellosen Renaissancefürsten, der Machiavelli zur idealen Verkörperung des Machtpolitikers – des „principe" – wurde.

1. *Was ist für Machiavelli die oberste Maxime des politischen Handelns?*
2. *Diskutieren Sie das Verhältnis von Moral, Macht und Recht bei Machiavelli.*
3. *Worin sehen Sie die „Modernität" Machiavellis?*

M 5 Die Medici in Florenz

Die in der zweiten Hälfte des 19. Jahrhunderts „wiederentdeckte" Renaissance musste einen „Bildungsbürger" wie den Schriftsteller Thomas Mann (1875–1955) besonders faszinieren. Er widmete Florenz und der Renaissance sein einziges, heute nahezu vergessenes Schauspiel. „Fiorenza" (erschienen 1905) spielt Ende des 15. Jahrhunderts. Während die Predigten Savonarolas das Volk aufwühlen, liegt Lorenzo de Medici im Sterben. Er empfängt seinen Sohn Piero (der später den Beinamen „der Unglückliche" erhalten sollte), um ihm sein politisches Vermächtnis mitzuteilen.

LORENZO: [. . .] Piero, ich spreche zu dir. Deine Anwartschaft auf die Gewalt ist groß und wohlbegründet, doch nicht sicher, nicht unantastbar. Du darfst nicht lässig darauf ruhen. Wir sind nicht Könige, nicht Fürsten in Florenz. Kein Pergament verbrieft uns unsere Größe. Wir herrschen ohne Krone, von Natur, aus uns . . . Wir wurden groß in uns, durch Fleiß, durch Kampf, durch Zucht: da staunte die träge Menge und fiel uns zu. Doch solche Herrschaft, mein Sohn, will täglich neu errungen sein. Ruhm und Liebe, die Dienstbarkeit der Seelen, sind treulos und falsch. Denkst du zu ruhen und tatenlos zu glänzen, ist dir Florenz verloren. [. . .] Bewahre dir die schmerzliche Verachtung der trägen Jubler. Du stehst für dich, du ganz allein für dich – begreifst du! Bleib streng mit dir! Lässt du vom Ruhm dich weich und sorglos machen, ist Florenz verloren. Begreifst du? 5

PIERO: Ja, Vater.

LORENZO: Achte den äußeren Schein der Macht für nichts. Cosimo der Große entzog sich den Augen des Volks und seinen Huldigungen, damit die Liebe sich niemals austobe und erschöpfe. Oh, er war klug! Wie vieler Klugheit bedarf die Leidenschaft, um schöpferisch zu sein! Doch du bist töricht; ich kenne dich. Du artest zu sehr deiner Mutter nach. Zuviel vom Blute der Orsini fließt in dir. Du willst nur noch im Harnisch gemalt sein, du spielst den Fürsten auf allen Gassen. Sei kein Narr! Nimm dich in Acht! Scharfe Augen und eine lose Zunge hat Florenz. Halt dich zurück und herrsche . . . Bedenk auch, dass wir aus dem Bürgerstande, nicht aus dem Adel hervorgegangen; dass wir nur von Volkes wegen sind, was wir sind; dass nur, wer uns des Volkes Seele abwendig zu machen trachtet, unser Feind und Nebenbuhler wäre . . . Begreifst du? 15 20 25

PIERO: Ja, Vater.

LORENZO: „Ja, Vater." Artig, tröstend, besserwissend. Ein ganzer Sohn. Ich bin gewiss, dass du mir keine Silbe glaubst.

Thomas Mann, Fiorenza, in: Frühe Erzählungen, Frankfurt/Main 1981, S. 461 f.

1. Beschreiben Sie die politische Stellung, die Lorenzo de Medici in Florenz eingenommen hat.
2. Welche Gefahren ahnt der sterbende Lorenzo?
3. Interpretieren Sie aus dem Dialog das Verhältnis von Vater und Sohn.
4. Vergleichen Sie mit M 4. Welche Thesen Machiavellis legt Thomas Mann dem Lorenzo de Medici in den Mund?

Über die Würde des Menschen

Giovanni Pico della Mirandola (1463–1494) entsprach in seiner Vielseitigkeit dem Idealbild des Universalmenschen: Er war Philosoph, Dichter, Musiker und Architekt. Um das Jahr 1489 hielt er vor den Mitgliedern der Platonischen Akademie in Florenz eine Rede.

Ich habe mich ... um die Einsicht bemüht, warum das glücklichste und aller Bewunderung würdigste Lebewesen der Mensch sei und unter welchen Bedingungen es möglich sein konnte, dass er aus der Reihe des Universums hervortritt, beneidenswert nicht nur für die Tiere, sondern auch für die Sterne, ja sogar für die überweltlichen Intelligenzen. [...]
Bereits hatte Gott-Vater, der höchste Baumeister, dieses irdische Haus der Gottheit, das wir jetzt sehen, diesen Tempel des Erhabensten, nach den Gesetzen einer verborgenen Weisheit errichtet ... Aber als er dieses Werk vollendet hatte, da wünschte der Baumeister, es möge jemand da sein, der die Vernunft eines so hohen Werkes nachdenklich erwäge, seine Schönheit liebe, seine Größe bewundere. [...] Daher ließ sich Gott den Menschen gefallen als ein Geschöpf, das kein deutlich unterscheidbares Wesen besitzt, stellte ihn in die Mitte der Welt und sprach zu ihm:
„Wir haben dir weder einen bestimmten Wohnsitz noch ein eigenes Gesicht noch irgendeine besondere Gabe verliehen, o Adam, damit du jeden beliebigen Wohnsitz, jedes beliebige Gesicht und alle Gaben, die du dir sicher wünschest, auch nach deinem Willen und nach deiner eigenen Meinung haben und besitzen mögest. Den übrigen Wesen ist ihre Natur durch die von uns vorgeschriebenen Gesetze bestimmt und wird dadurch in Schranken gehalten. Du bist durch keinerlei unüberwindliche Schranken gehemmt, sondern du sollst nach deinem eigenen freien Willen, in dessen Hand ich dein Geschick gelegt habe, sogar jene Natur dir selbst vorherbestimmen. Ich habe dich in die Mitte der Welt gesetzt, damit du von dort bequem um dich schaust, was es alles in dieser Welt gibt.
Wir haben dich weder als einen Himmlischen noch als einen Irdischen, weder als einen Sterblichen noch als einen Unsterblichen geschaffen, damit du als dein eigener, völlig frei entscheidender Bildner und Gestalter dir selbst die Form bestimmst, in der du zu leben wünschest. Es steht dir frei, in die Unterwelt des Viehs zu entarten. Es steht dir ebenso frei, in die höhere Welt des Göttlichen dich durch den Entschluss deines eigenen Geistes zu erheben."

Gottfried Guggenbühl, Quellen zur Geschichte des Mittelalters, Zürich, 5. Auflage 1972, S. 393 f.

1. Beschreiben Sie das Menschenbild des Redners.
2. Referatvorschlag: Gott in den Augen der Menschen – Vergleich zwischen Mittelalter und Renaissance.

Veränderungen durch Wissenschaft und Entdeckungen

Gelehrter, Tod und Teufel. Ein Kupferstich des Venezianers Giulio Campagnolo (1482–1515) erinnert den Naturwissenschaftler daran, dass er nach dem Tod zur Rechenschaft gezogen wird.

um 1450	Johannes Gutenberg erfindet in Mainz den Buchdruck
1543	Kopernikus erkennt die Sonne als Mittelpunkt der Welt
	Vesalius beschreibt als erster die menschliche Anatomie
1633	Galilei widerruft vor der Inquisition die These des Kopernikus

Die Entstehung des modernen naturwissenschaftlichen Denkens

Im Mittelalter gab es keine Naturwissenschaft im modernen Sinne, die auf der exakten Beobachtung und mathematisch genauen Beschreibung der Natur beruht hätte. Der Scholastiker[1]) *Thomas von Aquin* (1225–1274) verknüpfte das umfassende Natursystem des *Aristoteles*[2]) mit den Prinzipien der christlichen Theologie und Ethik. Thomas begriff die göttliche Offenbarung und die

---

[1]) Scholastik: Sammelname für die Wissenschaftslehre im Mittelalter. Ihr Ziel war es, die christliche Religion mithilfe der Vernunft zu beweisen. Dazu wurden in einem dialektischen Verfahren Argumente gegenübergestellt.
[2]) Der griechische Philosoph Aristoteles (384–322 v. Chr.) galt seit dem Hochmittelalter als die größte philosophische Autorität. Zum Teil von der Kirche bekämpft, haben seine Schriften das Geistesleben in Europa nachhaltig beeinflusst.

menschliche Vernunft noch als widerspruchsfreie Einheit. Doch bereits im selben Jahrhundert wurde Kritik geübt an diesem theologisch geprägten Verständnis von Naturwissenschaft. So ließ der Oxforder Franziskaner *Roger Bacon* (1219–1292) lediglich die genaue Beobachtung der Natur als Weg zur Erkenntnis der Naturwahrheit gelten, nicht jedoch die Spekulation. Die geforderte empirische, das heißt auf Erfahrung beruhende Methode ist kennzeichnend für das in der Renaissance sich entwickelnde Prinzip einer rationalen Naturwissenschaft (siehe Seite 130).
Diese setzte sich aber nur sehr allmählich durch, galt das Interesse der Humanisten doch mehr der Darstellung der realen Welt als ihren physikalischen Gesetzen. Die Leistung der Intellektuellen der frühen Renaissance bestand deshalb zunächst in der Sicherung naturwissenschaftlicher Schriften der Antike. Dies galt ganz besonders für die *Mathematik*, die beispielsweise durch die Veröffentlichung der Arbeiten von *Euklid* (um 450–370 v. Chr.) und *Archimedes* (285–212 v. Chr.) einen neuen Aufschwung erlebte. Archimedes hatte bereits erste Grenzwertaufgaben gelöst und war damit ein Vorläufer der *Infinitesimalrechnung*. Die *Mathematisierung der Natur* war die Voraussetzung einer systematischen Naturerforschung, deren Erfolge aber erst Mitte des 16. Jahrhunderts spürbar einsetzten.
Der naturwissenschaftliche Erkenntnisgewinn und das rationalere Verhältnis zum Christentum leiteten in vielen ursprünglich von kirchlichem Denken geprägten Lebensbereichen einen Prozess der Verweltlichung ein. Diese sogenannte *Säkularisierung* hält im Grunde seit der Renaissance bis heute an.

Die Erfindung des Buchdrucks

Die rasche Verbreitung humanistischen Gedankenguts wäre nicht möglich gewesen ohne eine der revolutionärsten und folgenreichsten Ereignisse an der Wende zur Neuzeit: die Erfindung des *Buchdrucks* in der ersten Hälfte des 15. Jahrhunderts. Um 1450 verbesserte der Mainzer Goldschmied *Johannes Gutenberg* dann die bis dahin bekannte Drucktechnik durch die Verwendung beweglicher Lettern aus Metall.
Vor dem Hintergrund der humanistischen Bildungsbewegung war die Nachfrage nach Abschriften von Büchern rapide angestiegen. Die Erfindung der „Schwarzen Kunst" entsprach somit den Bedürfnissen der Zeit. In einer Wechselwirkung beschleunigte und intensivierte sie auch ihrerseits den Prozess der geistigen Kommunikation. Indem Kenntnisse und neue Ideen immer schneller einem immer größer werdenden Personenkreis verfügbar wurden, ermöglichte der Buchdruck viele andere Erfindungen. Bildung blieb nicht länger einer privilegierten Elite vorbehalten, sondern hielt Einzug in das Bürgertum. Ereignisse wie die Reformation oder der *Bauernkrieg* (siehe Seiten 75 ff. und 96 ff.) wären in ihrer Breitenwirkung ohne die Buchdruckerkunst kaum denkbar gewesen.

Astronomie und neues Weltbild

Die Revolution des wissenschaftlichen Denkens ereignete sich vor allem im Bereich der *Astronomie*. Bis ins 16. Jahrhundert galt weithin die Vorstellung, dass die stillstehende Erde das Zentrum des Kosmos bilde. Umstritten war lediglich, ob die Erde die Gestalt einer Scheibe oder einer Kugel habe, wie schon einige antike griechische Forscher angenommen hatten.

Dieses *geozentrische Weltbild* wurde zunächst erschüttert und am Ende abgelöst durch das *heliozentrische Weltbild*[1]) des polnischen Astronomen *Nikolaus Kopernikus* (1473–1543). Kopernikus war zu der Auffassung gelangt, die beobachteten Bewegungen der Sterne seien widerspruchsfreier zu erklären, wenn man als Zentrum des Kosmos die Sonne annehme, die von der Erde und anderen Sternen umkreist werde. Kopernikus veröffentlichte seine Abhandlung „Über die Umläufe der Himmelskörper" erst kurz vor seinem Tode 1543, wohl aus Furcht, man könne seine Theorie absurd finden. Auch Luther hatte sich abfällig über ihn geäußert: „Dieser Narr möchte die ganze Astronomie umwerfen."

Der Italiener *Giordano Bruno* (1548–1600) wurde für sein Bekenntnis zur heliozentrischen Hypothese von der römischen Inquisition als Ketzer auf dem Scheiterhaufen verbrannt. *Johannes Kepler* (1571–1630) aus Weil der Stadt kritisierte die Eingriffe der Kirche in die naturwissenschaftliche Forschung: „Die Bibel ist kein Lehrbuch der Optik und der Astronomie – widersetzt euch diesem Missbrauch, ihr Theologen!" Mithilfe astronomischer Tabellen und mathematischer Berechnungen präzisierte er die kopernikanische Hypothese: Die Planeten bewegten sich nicht auf kreisförmigen Bahnen um die Sonne, wie Kopernikus es angenommen hatte, sondern auf elliptischen.

Zu einem massiven Zusammenstoß mit der katholischen Kirche führten dann die Forschungen des italienischen Mathematikers, Physikers und Astronomen *Galileo Galilei* (1564–1642). Galilei gilt als Begründer der modernen Naturwissenschaft, da er als erster die Durchführung wissenschaftlicher Experimente mit der Anwendung mathematischer Sprache verknüpfte, um die von ihm entdeckten Naturgesetze zu formulieren. Mittels des inzwischen erfundenen und von ihm verbesserten Teleskops stellte Galilei genaue Himmelsbeobachtungen an und bestätigte die kopernikanische Hypothese. Die römische Inquisition zwang ihn 1633 zum Widerruf; in seinen letzten Lebensjahren lebte Galilei sehr zurückgezogen und überwacht in Florenz (◊ M 1).

Anatomie

Die genaue Beobachtung von Naturphänomenen unter Verzicht auf jegliche Spekulation revolutionierte auch die Medizin. Der Niedergang der griechisch-römischen Zivilisation und das lange Zeit von der Kirche aufrechterhaltene Sezierverbot hatten die Weiterentwicklung der ärztlichen Kunst in Europa nachhaltig behindert. Wichtige Impulse verdankte die neue Anatomie den

---

[1]) geo (griech.): die Erde; helios (griech.): die Sonne

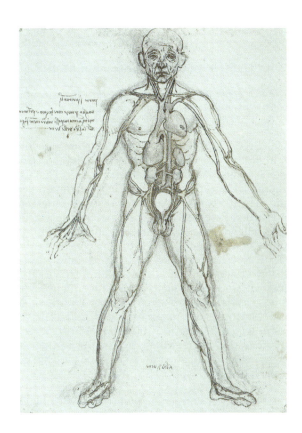

Leonardo da Vinci, „Der Baum der Gefäße". Mit naturwissenschaftlichem Erkenntniswillen sezierte Leonardo viele Leichen, um den Geheimnissen und der Wahrheit des Lebens auf die Spur zu kommen.

Künstlern der zweiten Hälfte des 15. Jahrhunderts, die ein neues Interesse für den menschlichen Körper zeigten. Leonardo da Vinci beispielsweise war nicht nur ein genialer Künstler, sondern auch ein bedeutender Anatom.
Die Schrift des flämischen Anatomieprofessors *Andreas Vesalius* (1514/15–1564) „Über den menschlichen Körperbau" markierte 1543 eine Wende in der Anatomie. Sie lieferte erstmals eine genaue anatomische Beschreibung des Körpers, einzelner Muskelabschnitte, der Eingeweide und des Hirns. Vesalius entlarvte eine Reihe traditioneller Lehrmeinungen als Irrtümer. Er entdeckte auch Klappen in den Blutgefäßen und deutete sie richtig als ventilartige Einrichtungen, die das Blut nur in einer Richtung fließen lassen. (Die naheliegende Schlussfolgerung auf den Blutkreislauf zog er nicht; der Blutkreislauf wurde erst 1628 von dem Engländer *William Harvey* entdeckt.) Die verbesserte Kenntnis des menschlichen Körpers brachte viele Fortschritte bei der Diagnose und Behandlung von Krankheiten mit sich; auch die Ausbildung von Ärzten wurde verbessert.
Wurden zunächst Erkenntnisse und Entdeckungen in den Naturwissenschaften nicht infrage gestellt, so ist heute ein Bewusstsein entstanden für die Problematik des wissenschaftlichen Fortschritts. Gewaltige Erkenntnissprünge haben dem Menschen die Möglichkeit gegeben, in die Natur einzugreifen. Sie haben aber auch die Frage aufgeworfen, ob das, was wissenschaftlich-technologisch machbar ist, ethisch verantwortet werden kann (◊ M 2, M 3).

M 1 Brief Galileis an die Großherzogin Mutter

Um sich gegen die Anklage der römischen Inquisition zu verteidigen, schrieb Galilei 1615 einen offenen Brief an Christina von Lothringen, Großherzogin Mutter von Toscana, worin er das Verhältnis der Theologie zu den Naturwissenschaften aus seiner Sicht bestimmte.

Da also [...] die Schrift an vielen Stellen eine andere Auslegung, als der Wortlaut besagt, nicht bloß gestattet, sondern geradezu verlangt, so scheint mir, ist der Heiligen Schrift in mathematischen Diskussionen der letzte Platz einzuräumen. Denn diese wie die Natur kommen beide vom göttlichen Worte her, die Schrift als vom Heiligen Geiste inspiriert, die Natur als Ausführerin der göttlichen Befehle; in der Heiligen Schrift war es nun notwendig, dass sie, um dem allgemeinen Anschein zu entsprechen, vieles sage, was dem Anschein und der Bedeutung der Worte nach von ihrem eigentlichen Sinn abweiche, die Natur hingegen ist unerbittlich und unveränderlich, unbekümmert, ob ihre verborgenen Gründe und Mittel zu wirken, dem menschlichen Verstande fasslich sind oder nicht, verlässt sie nie die Gesetze, die ihr vorgeschrieben sind. Deshalb muss kein Werk der Natur, so scheint mir, das uns entweder die Erfahrung vor Augen legt oder das aus Beweisgründen notwendig hervorgeht, wegen Stellen der Heiligen Schrift, welche Tausende von verschieden deutbaren Worten enthält, in Zweifel gezogen werden. Denn nicht jeder Satz der Heiligen Schrift ist an so strenge Gesetze gebunden, wie dies jedes Werk der Natur ist. [...]
Ich bin geneigt zu glauben, die Autorität der Heiligen Schrift habe den Zweck, die Menschen von jenen Wahrheiten zu überzeugen, welche für ihr Seelenheil notwendig sind und die, jede menschliche Urteilskraft völlig übersteigend, durch keine Wissenschaft noch irgendein anderes Mittel als eben durch Offenbarung des Heiligen Geistes sich Glaubwürdigkeit verschaffen können. Dass aber dieser selbe Gott, der uns mit Sinnen, Verstand und Urteilsvermögen ausgestattet hat, uns deren Anwendung nicht erlauben und uns auf einem anderen Wege jene Erkenntnisse beibringen will, die wir doch mittels jener Eigenschaften selbst erlangen können: Das bin ich, scheint mir, nicht verpflichtet zu glauben; hauptsächlich nicht bezüglich jener Wissenschaft, von denen die Heilige Schrift nur ganz geringe Fragmente und verschiedenartige Schlüsse enthält, was gerade bei der Astronomie der Fall ist, von der so wenig in der Bibel vorkommt, dass sich nicht einmal alle Planeten genannt finden.

Hans-Christian Freiersleben, Galileo Galilei. Physik und Glaube an der Wende zur Neuzeit, Stuttgart 1956, S. 72 ff.

1. Beschreiben Sie, auf welche Weise Galilei seine wissenschaftlichen Forschungen und ihre Ergebnisse rechtfertigt und verteidigt.
2. Untersuchen Sie, wie Galilei das Verhältnis von Naturwissenschaft und menschlicher Vernunft zur Theologie und zum Glauben bestimmt.
3. Sammeln Sie Beispiele für die „Mathematisierung der Natur" durch die Forscher der Neuzeit. Arbeiten Sie gegebenenfalls mit Ihrem Mathematiklehrer zusammen.
4. Diskutieren Sie die Frage, ob und wo eine Grenze der wissenschaftlichen Forschungsfreiheit besteht oder bestehen sollte (siehe auch M 3).

Ein Kupferstich (um 1660) zeigt das heliozentrische Planetensystem des Kopernikus, berücksichtigt aber bereits die mathematische Fortentwicklung des Johannes Kepler: Die Bahnen der Planeten um die Sonne verlaufen in elliptischer Form.

Herrschaft der Wissenschaft

M 2

Francis Bacon (1561–1626), einer der Begründer der modernen Naturwissenschaft, schrieb 1624 den utopischen, unvollendet gebliebenen Roman „Neu-Atlantis", der das Bild eines idealen, von einem Wissenschaftsgremium regierten Staates entwirft. Ein Vertreter der Staatsführung erklärt den Gästen des christlichen Inselstaates: „Der Zweck unserer Gründung ist es, die Ursachen und verborgenen Bewegungen und Kräfte in der Natur zu ergründen und die Grenzen der menschlichen Macht so weit wie möglich zu erweitern." Anschließend werden den Gästen Einrichtungen und Errungenschaften der Forschung vorgeführt.

Wir haben auch Parkanlagen und Gehege, in denen wir alle möglichen vierfüßigen Tiere und Vögel halten. Wir halten sie nicht nur, um sie anzuschauen oder weil sie selten sind, sondern auch um sie zu sezieren und anatomisch zu untersuchen, damit wir dadurch so weit wie möglich eine Aufklärung über den menschlichen Körper erhalten. Hierbei erzielen wir zahlreiche merkwürdige Erfolge: die Erhaltung des Lebens trotz Verlustes oder Entfernung verschiedener von euch als lebenswichtig angesehener Organe, Wiederbelebung mancher Wesen, die scheintot sind, und Ähnliches. Wir erproben auch an ihnen alle Gifte und andere innerlich und äußerlich wirkenden Heilmittel, um den menschlichen Körper widerstandsfähiger zu machen. Auf künstliche Weise machen wir die einen Tiere größer oder schlanker, als sie es ihrer Natur nach sind; auf der anderen Seite aber hindern wir andere Tiere an ihrem natürlichen Wachstum. Die einen machen wir fruchtbarer und zeugungsfähiger, als es ihrer Natur entspricht, die anderen dagegen unfruchtbar und zeugungsunfähig. Auch in Bezug auf Farbe, Gestalt und Lebhaftigkeit verändern wir sie auf viele Arten. Wir finden Mittel, um verschiedene Tierarten zu kreuzen und zu paaren, die neue Arten erzeugen und nicht unfruchtbar sind, wie man gewöhnlich glaubt. [...] Wir lassen uns bei dieser Tätigkeit nicht vom Zufall leiten, vielmehr wissen wir von vornherein, welches Verfahren anzuwenden ist, um jene Lebewesen erzeugen zu können.

Francis Bacon, Neu-Atlantis, Berlin 1959, S. 92 f.

1. Beschreiben Sie die Möglichkeiten der wissenschaftlichen Forschung in Neu-Atlantis.
2. Welches Naturverständnis liegt dem Handeln der Wissenschaftler zugrunde? Was ist daran neu?
3. Stellen Sie dar, wie die Eingriffe der Wissenschaft in die Natur gerechtfertigt werden.
4. Informieren Sie sich über die heutigen Möglichkeiten der Genforschung. Problematisieren Sie das dargelegte Naturverständnis Bacons in Auseinandersetzung mit M 3.

M 3 Furcht vor dem Affenmenschen

Die Möglichkeiten und Errungenschaften der Wissenschaft unserer Zeit stoßen immer wieder auf heftige Kritik, auch seitens der katholischen Kirche.

Rom. 17. Mai (Reuter). Die Aussage eines italienischen Anthropologen, Wissenschaftler könnten Mischwesen aus Mensch und Affe als Arbeitssklaven und Organspender züchten, ist auf scharfe Kritik aus der katholischen Kirche gestoßen. In der Vatikan-Zeitung „L'Osservatore Romano" wurde derlei am Samstag als satanischer Versuch verurteilt, die Existenz Gottes zu zerstören. Wer solche Experimente wage, mache sich des „Anti-Humanismus" schuldig, der jede absolute Moral leugne.
Brunetto Chiarelli, Professor der Universität Florenz, hatte in Interviews [...] vor kurzem von der Möglichkeit gesprochen, solche Hybridwesen[1]) durch künstliche Befruchtung einer Schimpansin mit menschlichem Samen zu züchten. In den USA sei ein solches Experiment schon einmal begonnen worden. Die beteiligten Wissenschaftler hätten es aber im frühen Stadium wieder abgebrochen.

Frankfurter Rundschau vom 18. 5. 1987, S. 1

1. Wo liegen Ihrer Auffassung nach die Gefahren des neuzeitlichen Naturverständnisses?
2. Darf man die Freiheit der wissenschaftlichen Forschung begrenzen? Denken Sie dabei sowohl an die Möglichkeiten der heutigen Wissenschaftler als auch an das Schicksal von Forschern wie Galilei.

---

[1]) durch Kreuzung entstandene Mischwesen

Religiöse, politische und soziale Wandlungen der frühen Neuzeit

Die Reformation und die Auflösung der kirchlichen Einheit

Die Flamme des wahren Glaubens wird von John Wyclif über Jan Hus an Martin Luther weitergereicht. Der Holzschnitt aus dem ersten Drittel des 16. Jahrhunderts stellt die Kritiker der römischen Kirche in eine Traditionslinie.

1483–1546	Martin Luther
1509–1564	Jean Calvin
1517	Luthers 95 Thesen über den Ablasshandel werden veröffentlicht
1521	Luther übersetzt das Neue Testament ins Deutsche
1530	Das „Augsburger Bekenntnis" der Protestanten und die katholische „Confutatio" dokumentieren die Spaltung der Kirche
1555	Der Augsburger Religionsfriede prägt den Grundsatz „Cuius regio eius religio"

Kritik an der Kirche

Während des gesamten späten Mittelalters hatten Theologen Missstände in der Kirche kritisiert, doch trotz einzelner vielversprechender Veränderungen unterblieb eine grundlegende Reform der Amtskirche. Dennoch war die Volksfrömmigkeit besonders in Deutschland sehr groß. Wohlhabend gewordene Bürger ließen für sich Messen lesen oder wollten sich durch die Ausschmückung der städtischen Pfarrkirchen und durch großzügige Stiftungen ihr Seelenheil sichern. Das Wallfahrtswesen florierte. Die tiefreligiöse Grundhaltung der Menschen schuf gleichzeitig eine gestiegene Sensibilität für alle theologischen Fragen der Zeit. Zwei Problemkreise vor allem waren es, die die Stände des Reichs bereits 1456 in den „Gravamina[1]) der deutschen Nation" kritisiert hatten.

1. Die hohen Kirchenämter dienten nach wie vor in erster Linie der Versorgung des Adels (◊ M 1). Demgegenüber oblagen die geistlichen und seelsorgerischen Pflichten in den Gemeinden schlecht bezahlten und häufig mangelhaft ausgebildeten Geistlichen. Der niedere Klerus war deshalb darauf angewiesen, durch Tätigkeiten außerhalb der Kirche seinen Lebensunterhalt zu bestreiten.

2. Besonders heftig wurde in Deutschland der steigende Geldbedarf der Renaissance-Päpste für Kriege und luxuriöse Hofhaltung angeprangert. Doch tatsächlich gelangte nur ein Teil der von den Gläubigen eingeforderten Ablasszahlungen (siehe unten) nach Rom. Bis zur Hälfte der Einnahmen behielten die deutschen Landesherren für sich ein – für diesen Preis gewährten sie den päpstlichen Beauftragten das Recht, in ihren Territorien Ablässe zu verkaufen. Wie man heute weiß, hat sich der Kirchenstaat ganz überwiegend aus eigenen Einnahmen finanziert.

Der Ablasshandel

Die Lehre der katholischen Kirche vom Ablass beruhte auf der Unterscheidung der Sünden*schuld* einerseits, die durch das Sakrament der Beichte getilgt war, und der Sünden*strafe* andererseits, die vom reuigen Sünder im irdischen Leben oder im Fegefeuer abzubüßen sei. Die Kirche konnte aus dem Gnadenschatz Christi und der Heiligen gegen bestimmte Leistungen – Bußwerke wie z. B. Pilgerfahrten oder Werke der Nächstenliebe – einen *Ablass* (Nachlass) der Sündenstrafe gewähren. Angesichts des steigenden Geldbedarfs der Kirche wurde seit dem 15. Jahrhundert der Ablass kommerziell ausgebeutet. Den Sünden der Gläubigen wurden abgestufte Ablasstarife zugeordnet, sodass sich nach und nach die Vorstellung bildete, mit dem Kauf von Ablassbriefen könne sich der Christ von seinen Sünden – gar von zukünftigen – loskaufen. Im Jahr 1515 schrieb Papst *Leo X.* (1513–1521) einen Ablass aus, um den Weiterbau der *Peterskirche* in Rom zu finanzieren. Diesen Ablass ließ er in Norddeutschland durch *Albrecht von Brandenburg* verkaufen. Albrecht, gleichzeitig Bischof von Halberstadt, Erzbischof von Magdeburg und seit kurzem auch Erzbischof von Mainz, hatte seine Wahl zum Erzbischof von Mainz mit insgesamt 29 000 Gulden teuer bezahlt. Diese Summe, die sich Albrecht beim Augsburger Bankier *Jakob Fugger* (siehe Seite 94) leihen musste, verlangte der Papst für seinen Dispens (Aussetzung) des kirchlichen Verbotes der Ämterhäufung. Dem Erzbischof musste nun ein erfolgreicher Verkauf der Ablässe besonders gelegen kommen, denn Leo X. hatte ihm die Hälfte der Einkünfte zur Tilgung seiner Schulden bei Fugger zugestanden. Als bekanntester Ablassprediger trat der Dominikaner *Johann Tetzel* auf, der marktschreierisch durch die Lande zog, wobei ein Vertreter der Fugger ihn als Kassierer begleitete.

---
[1]) Beschwerden

Wandlungen der frühen Neuzeit 77

„Der Garten der Lüste" nannte der niederländische Maler Hieronymus Bosch (1460–1516) seine Vision der Hölle. Derart drastisch stellten sich die Menschen um 1500 die Strafe für ihr sündiges Leben vor. Kein Wunder, dass sie noch zu Lebzeiten alles taten, um die befürchteten Qualen nach dem Tod zu verhindern.

Martin Luther

Martin Luther (1483–1546) wurde im thüringischen Eisleben geboren. Auf Wunsch seines Vaters, der es als Pächter einer Kupferhütte zu bescheidenem Wohlstand gebracht hatte, sollte er die zukunftsträchtige juristische Laufbahn einschlagen. Das 1501 begonnene Grundstudium der freien Künste (siehe Seite 55) beendete Luther 1505 mit der Promotion zum Magister Artium[1]). Doch kurz nachdem er das eigentliche Jurastudium aufgenommen hatte, brach er 1505 plötzlich seine Studien ab, um bei den Augustinern das Mönchsgelübde abzulegen. Aufgrund seiner großen Begabung und dank entsprechender universitärer Förderung in Erfurt und Wittenberg erhielt er bereits 1512 eine Professur für Bibelauslegung an der kursächsischen Universität in Wittenberg.

Luthers innere Biographie war seit seinem Abschied vom weltlichen Leben beherrscht von der Frage, wie er als unvollkommener Mensch und Sünder der Gnade Gottes teilhaftig werden könne. Weder strenge mönchische Askese noch die Heilsmittel (Sakramente) der Kirche konnten ihm die erstrebte Heilsgewissheit verschaffen. Erlösung aus dieser quälenden inneren Krise brachte ihm schließlich der Römerbrief des Apostels Paulus (Römer 1, Vers 16 ff.): Gerettet werde der Mensch allein dadurch, dass er an Gottes Gnade und Gerechtigkeit glaube, „denn die Gerechtigkeit Gottes besteht darin, dass wir durch Gott gerechtfertigt und erlöst werden" (◊ M 2). Die Erkenntnis der ausschließlichen Kraft des inneren Glaubens wurde der Kern der *„Rechtfertigungslehre"* Luthers und hatte weitreichende Auswirkungen: Es war also nicht möglich, die Heilsgewissheit zu erwerben durch Verrichtung guter Werke, wie z. B. durch Pilgerfahrten oder den Kauf von Ablassbriefen, wie es die Kirche bisher gelehrt hatte. Zudem bedurfte die Erlangung der Gnade Gottes nicht mehr der Vermittlung der Kirche oder ihrer Vertreter, sondern entstand ausschließlich aus der Beziehung zwischen dem einzelnen Menschen und Gott. Das *Evangelium* allein war für Luther die Quelle des Glaubens und des Heils, nicht aber die „heilige Überlieferung", also die theologischen Auslegungen und päpstlichen Dekrete.

Konflikt mit Rom

In Konflikt mit der römischen Kirche geriet Luther wegen der Praxis des Ablasshandels, als eine von ihm geforderte Sündenbuße mit dem Hinweis auf bereits erworbene Ablassbriefe verweigert wurde. Luther reagierte am 31. 10. 1517 mit 95 Thesen zum Ablass, die er brieflich Albrecht von Brandenburg und seinem zuständigen Ortsbischof mitteilte. Die Thesen waren nicht gedacht als Angriff gegen die Institution der Kirche, sondern sollten vielmehr Ausgangspunkt und Einladung zu einer gelehrten Disputation über die Prinzipienfrage des Ablasses sein. Erst als eine Antwort ausblieb, wurden ohne

---
[1]) lat.: Lehrer der Künste; heute Hochschulabschluss in geisteswissenschaftlichen Fächern

Wissen Luthers von seinen Freunden die in lateinischer Sprache verfassten Thesen ins Deutsche übersetzt. Dank der Buchdruckerkunst wurden sie schnell allgemein verbreitet und im ganzen Reich leidenschaftlich diskutiert.
Der Papst reagierte zunächst gleichgültig auf das „Mönchsgezänk" in Deutschland. Ein 1518 eröffneter Ketzerprozess verzögerte sich aus politisch-taktischen Überlegungen, denn Leo X. wollte Luthers Landesvater, den sächsischen Kurfürsten *Friedrich den Weisen* (1486–1525), bei der anstehenden Wahl des deutschen Kaisers für die Kandidatur des französischen Monarchen *Franz I.* (1515–1547) gewinnen.
Luther nutzte die entstandene „Atempause", um seine Theologie weiterzuentwickeln und allgemein bekanntzumachen. Wesentliches Ergebnis dieser Anstrengungen waren seine drei reformatorischen Schriften des Jahres 1520: *„Von der Freiheit eines Christenmenschen", „Über die babylonische Gefangenschaft der Kirche"* und *„An den christlichen Adel deutscher Nation"*. Luther war zu der Auffassung gelangt, dass er als Werkzeug Gottes beauftragt sei, dem unseligen Wirken des Papstes, den er nun offen als „Antichristen" bezeichnete, ein Ende zu bereiten und das Evangelium zu reinigen von den Flecken der unheilvollen kirchlichen Tradition. „Sola scriptura": Allein das in der Bibel Niedergeschriebene sollte für den christlichen Glauben verbindlich sein. „An den christlichen Adel deutscher Nation" richtete Luther die Aufforderung, zur Reform der deutschen Kirche ein Konzil einzuberufen und diese von der römischen Papstkirche zu lösen. Damit war der Bruch vollzogen. Die Kurie ihrerseits brauchte nach der Wahl *Karls V.*[1] keine weiteren taktischen Rücksichten zu nehmen. Anfang 1521 wurde Luther mit dem Kirchenbann, dem Ausschluss aus der Gemeinschaft der Gläubigen, belegt.

Glaubensspaltung im Reich?

Bevor der neue Kaiser als Schutzherr der Kirche – wie es das Reichsrecht vorsah – auch seinerseits über Luther die Reichsacht verhängte, erhielt dieser die Möglichkeit, sich auf dem Reichstag zu Worms von seinen Schriften zu distanzieren. Da Luther dies jedoch unter Berufung auf sein an Gottes Wort gebundenes Gewissen ablehnte, wurden er und seine Anhänger im *Wormser Edikt* von 1521 geächtet, d. h. für „vogelfrei" erklärt. Das *christliche Universalreich* Karls V. konnte eine Glaubensspaltung nicht tolerieren. Immerhin gab es auch nach dem Reichstag noch Bemühungen des Kaiserhofs, den Religionskonflikt durch eine Kirchenreform unter Berücksichtigung der lutherischen Auffassung beizulegen.
Luther selbst wurde auf der Rückreise von Worms im Auftrag des sächsischen Kurfürsten zum Schein überfallen und auf die Wartburg entführt. Dem politischen Tagesgeschehen entzogen, übersetzte Luther in zehn Monaten das

---

[1] Karl V. (1500–1558) war Sohn des habsburgischen Herzogs von Burgund und einer spanischen Königstochter. Als Sechsjähriger erbte er Burgund (mit den Niederlanden), 1516 erhielt er als Enkel des spanischen Königs die Krone Spaniens, drei Jahre später wurde er als Enkel Kaiser Maximilians zum Kaiser des Heiligen Römischen Reiches gewählt.

Neue Testament nach dem griechischen Text des Erasmus ins Deutsche. Seine erste vollständige Bibel erschien 1534. Bibelübersetzung, *Gesangbuch* (1524) und *Katechismus* (Lehrbuch mit den wichtigsten Grundsätzen des Glaubens) sicherten den Erfolg der *Reformation*[1]) in Deutschland. Begünstigt wurde die Popularität der reformatorischen Idee freilich auch durch die Hoffnung mancher Magistrate und Landesherren, dass ihnen in naher Zukunft das Vermögen der Kirchen und Klöster in ihren Territorien zufalle, da Luther den materiellen Besitz der Kirche als Unrecht verurteilt hatte.

Thomas Müntzer

Eine der schillerndsten und umstrittensten Gestalten der Reformationszeit war *Thomas Müntzer* (1489/90–1525). Der umtriebige, aus dem Harz stammende Theologe beschäftigte sich vor allem mit der Frage, welche Bedeutung das Reich Gottes für den Menschen habe. Anders als Luther ging es ihm dabei nicht um die Seligkeit des Menschen im himmlischen Jenseits, sondern bereits auf Erden. Müntzers Schriften und Kanzelpredigten zu dieser Frage radikalisierten sich zunehmend. Sein Sendungsbewusstsein und seine wortgewaltigen Auftritte gegen die Heillosigkeit der bestehenden irdischen Verhältnisse verschafften ihm eine beträchtliche Anhängerschaft bei Bauern, Handwerkern und Bergleuten (siehe Seiten 96 ff.). Gleichzeitig geriet er zunehmend in einen unversöhnlichen Gegensatz zu Martin Luther (◊ M 3).
Im Frühjahr 1525 stürzte Müntzer mit seiner breiten Anhängerschaft den alten Rat der Freien Reichsstadt Mühlhausen in Thüringen. Unter seiner Herrschaft sollte hier das Reich Gottes auf Erden verwirklicht werden. Nach knapp zweimonatigem Bestehen des Mühlhauser theokratischen Regimentes wurde Müntzers etwa 8000 Mann starkes Heer von vereinigten lutherischen und katholischen Truppen in der Schlacht von Frankenhausen geschlagen; die meisten Anhänger Müntzers fanden dabei den Tod, Müntzer selbst wurde wenige Tage später enthauptet.

Zur nebenstehenden Abbildung: Die politische Führung und die Historiker der DDR fühlten sich der Geschichte des Bauernkriegs besonders verbunden. Anlässlich des 450-jährigen Jubiläums ließ die SED in Frankenhausen einen monumentalen Rundbau von dem 1929 geborenen Künstler Werner Tübke errichten. Das beeindruckende realistische Rundbild wurde in zweijähriger Arbeit zwischen 1979 und 1981 fertiggestellt. Der Bildausschnitt zeigt den geschlagenen Thomas Müntzer mit gesenkter Bundschuhfahne. Abgeschirmt von der Schlacht stehen im Vordergrund an einem Brunnen einige der wichtigsten Künstler und Denker der beginnenden Neuzeit, von links nach rechts der Maler Jerg Ratgeb (1485–1526), der als Führer der Stuttgarter Bauerntruppen nach der Niederschlagung des Bauernkriegs geviertelt wurde, Albrecht Dürer, Martin Luther, der Maler Lucas Cranach (um 1475–1553), der Jurist Sebastian Brant (1457–1521), dessen Verssatire „Das Narrenschiff" eine der erfolgreichsten Dichtungen der frühen Neuzeit war, Philipp Melanchthon (siehe Seite 84), Erasmus von Rotterdam und Ulrich von Hutten.

---

[1]) lat.: Wiederherstellung; damit ist der Versuch Luthers gemeint, die religiöse Gemeinschaft der Gläubigen durch Rückgriff auf ihre Ursprünge zu erneuern.

Die Wiedertäufer von Münster

Zehn Jahre nach der Schlacht von Frankenhausen scheiterte mit der Niederlage der Münsteraner *Wiedertäufer* der letzte radikale Versuch des 16. Jahrhunderts, die gegebene Ordnung der Welt zu verändern. Die Wurzeln dieser Bewegung reichen in die Zeit des religiösen Aufbruchs Luthers, in der zahlreiche religiöse Gruppen entstanden, die von Luther selbst allerdings heftig bekämpft und als „Schwärmer" oder „Schwarmgeister" gebrandmarkt wurden.
Wie Thomas Müntzer lehnten die Wiedertäufer die Taufe unmündiger Kinder ab und führten stattdessen die Erwachsenentaufe ein – daher der Name „Wiedertäufer". Und ebenso wie Thomas Müntzer verbanden auch manche Richtungen innerhalb ihrer Bewegung religiöse Überzeugungen mit revolutionären gesellschaftlichen und politischen Ordnungsvorstellungen. Vom Kaiser als Ketzer verfolgt, erschien den in ganz Mitteleuropa verstreuten Wiedertäufern die westfälische Stadt Münster als ihr „Jerusalem", wo sie die Wiederkehr Christi erwarten wollten. Ab 1534 wollten sie hier dem kommenden Reich zum Durchbruch verhelfen, wenn nötig auch mit Gewalt. Wer sich mit der neuen Ordnung nicht abfinden wollte, wurde zwangsgetauft, ausgewiesen oder hingerichtet. Freilich konnten die Münsteraner nicht auf friedliche Koexistenz mit den bestehenden Mächten rechnen. Nach mehr als einjähriger Belagerung und Aushungerung wurde ihre Herrschaft schließlich durch katholische und protestantische Truppen gewaltsam beendet.

Rivalisierende reformatorische Bekenntnisse

Den sogenannten „Protestantismus der zweiten Generation" vertrat vor allem der Franzose *Jean Calvin* (1509–1564). Calvin, humanistisch und juristisch gebildet, bekannte sich um 1530 zur Reformation. Aufgrund der scharfen Verfolgung von Protestanten verließ er Frankreich. In Basel verfasste er sein berühmtes Werk *„Unterrichtung in der christlichen Religion"*. Der eigentliche Ort aber, mit dem sich Leben und Werk Calvins seit etwa 1536 verbanden, war die Stadt Genf.
Calvin hatte sich die Überwindung der „Halbheiten" der lutherischen Reformation zum Ziel gesetzt. Zwar sah Calvin wie Luther den von Grund auf verdorbenen Menschen allein durch den Glauben gerechtfertigt, doch unterschied sich Calvin von Luther durch die Lehre von der *doppelten Prädestination*. Der Mensch sei von Anfang an von Gott vorbestimmt – entweder zum ewigen Heil oder aber zur ewigen Verdammnis. Die Bestimmung des Menschen zum Heil sei zu seinen Lebzeiten erkennbar an seinem Willen, Gottes Wort in der Predigt zu hören und in der Gemeinschaft der Christen zu leben. Die Vorstellung, dass materieller und äußerer Erfolg im Leben als Zeichen für die Auserwählung Gottes verstanden werden dürfe, führte zur Entstehung eines fleißbetonten und genussfeindlichen Ethos, das möglicherweise nachhaltig die wirtschaftliche und gesellschaftliche Entwicklung der calvinistisch beeinflussten Länder bestimmte.

Der Niederländer Huyck Allardt vergleicht katholischen und reformierten Glauben: Die Bibel wiegt schwerer als Papsttum und Mönche. Der Vorgang wird betrachtet vom katholischen Klerus und von calvinistischen Theologen.

Zum praktischen Werk Calvins gehörten Reform und Organisation der christlichen Gemeinde, die er modellhaft in der Stadt Genf durchführte. Anders als Luther organisierte er die Kirche so, dass sie nicht in die Abhängigkeit der landesherrlichen Obrigkeit geriet (siehe Seiten 84 und 122), sondern aus eigener Kraft ohne oder sogar gegen die Obrigkeit bestehen konnte. Seine Kirchenordnung von 1541 bestimmte eine demokratische, von unten nach oben aufgebaute Gemeinde, die von einem Konsistorium[1]) geleitet wird. Von den Gläubigen verlangte Calvin eine vollständige „Verchristlichung" des Gemeindelebens und strenge Zucht. Mittels eines ausgeklügelten Systems von Kontrollen und Denunziationen wurden sämtliche als nichtchristlich geächteten Vergnügungen wie Spiel und Tanz verfolgt und unter Strafe gestellt.

1549 vereinigte sich die Reformationsbewegung Calvins mit den Züricher Protestanten. In Zürich hatte sich dank des Wirkens von *Ulrich Zwingli* (1484–1531) schon früh die Reformation durchgesetzt, wobei jedoch dogmatische Differenzen zur deutschen Reformation bestanden. Auch Zwinglis Reformation beruhte auf einer synodalen[2]) Kirchenverfassung, die sich nicht an die politische Obrigkeit band.

Der Calvinismus breitete sich rasch über Frankreich nach den Niederlanden, England und Schottland aus und konnte auch in Teilen Deutschlands (Niederrhein) und Ostmitteleuropas (Polen, Ungarn, Siebenbürgen) Einfluss gewinnen. Dabei lebten die Anhänger der Lehre Calvins häufig ohne den Schutz des Staates und waren Verfolgungen und Vertreibungen ausgesetzt, wie zum Beispiel die englischen Calvinisten, die unter dem Druck der *Anglikanischen Kirche* das Land verließen und nach Amerika auswanderten *(Puritaner)*.

---

[1]) lat.: Zusammenschluss; in der calvinistischen Kirche: Kirchenvorstand
[2]) Synode: Versammlung evangelischer Geistlicher und Laien als Trägerin der kirchlichen Selbstverwaltung

Behauptung der Reformation im Rahmen der territorialstaatlichen Ordnung

Bereits 1526 hatte es der Reichstag von Speyer Fürsten und Reichsstädten freigestellt, über konfessionelle Belange selbst zu befinden. In den lutherischen Gebieten begannen nun, zuerst in Kursachsen, die Arbeiten an einer neuen Kirchenorganisation. In Abstimmung mit den Reformatoren veranlassten die Fürsten – als „Notbischöfe" an der Spitze der *Landeskirchen* – die Visitationen (Überprüfungen) der oft darniederliegenden Pfarreien durch Theologen und eigene Beamte (◊ M 4). Sie richteten an ihren Höfen Konsistorien ein, die als staatliche Zentralbehörden für die Verwaltung der Kirchenangelegenheiten zuständig waren. Auch zogen sie das anfallende beträchtliche Vermögen der Kirchengemeinden und aufgelösten Klöster ein (Säkularisation), das allerdings häufig wieder kirchlichen oder schulischen Zwecken zufloss.

Im Gegenzug schützte das *landesherrliche Kirchenregiment* die junge Kirche vor Angriffen durch Papst oder Kaiser. Als 1529 ein neuerlicher Reichstag in Speyer den Kompromiss von 1526 rückgängig machen wollte, protestierte eine Minderheit von fünf Fürsten und 14 Reichsstädten gegen den Beschluss, da in Sachen der Religion „ein jeglicher Stand für sich selbst vor Gott stehen und Recht geben muss". Erstmals wurde damit das Prinzip der Mehrheitsentscheidung in Glaubensfragen von den *Protestanten* abgelehnt.

1530 scheiterte ein nochmaliger Versuch Karls V., auf dem Reichstag in Augsburg zu einem Ausgleich zu kommen. Das von Luthers Vertrautem *Philipp Melanchthon* (1497–1560) verfasste *Augsburger Bekenntnis (Confessio Augustana)* und die von katholischer Seite vorgelegte *Widerlegung (Confutatio)* ließen keinen Kompromiss zu. Aus Angst vor einer militärischen Auseinandersetzung schloss sich die protestantische Minderheit 1531 zum *Schmalkaldischen Bund* zusammen. Doch Kriegszüge gegen Türken und Franzosen fesselten den Kaiser bis auf weiteres außerhalb des Reiches. Erst 1546/47 gelang es ihm, das Schutzbündnis der lutherischen Stände und Reichsstädte zu besiegen. Bis dahin hatte sich die protestantische Bewegung allerdings bereits so weit ausgebreitet und gefestigt, dass die konfessionelle Spaltung des Reichs nicht mehr rückgängig zu machen war.

Auf dem Augsburger Reichstag von 1555 musste Reichsstatthalter *Ferdinand*[1]) im sogenannten *Augsburger Religionsfrieden* die Freiheit zum lutherischen Bekenntnis garantieren. Fortan galt der Grundsatz „Cuius regio eius religio" (Wes das Land, des der Glaube). Damit erhielten die Stände das Recht, ungeachtet der religiösen Überzeugungen ihrer Untertanen die Konfession für den Geltungsbereich ihres Territoriums zu bestimmen *(ius reformandi)*. Ein Ansatz zum Schutz der individuellen Glaubensfreiheit war die Garantie des *ius emigrandi*: Wer sich nicht zur Konfession seines Landesherren bekehren wollte, „durfte" in ein anderes Land auswandern. Die getroffenen Regelungen galten aber nur für die Lutheraner, nicht für die Calvinisten.

---

[1]) Ferdinand I. (1503–1564), jüngerer Bruder Karls V., vertrat den Kaiser bei Abwesenheit in Deutschland; König seit 1531, Kaiser seit 1558.

Ein minderjähriger Kardinal

M 1

Der junge Giovanni di Medici (1475–1521), der spätere Papst Leo X., wird 1488 zum Kardinal gewählt. Sein Vater Lorenzo, der mächtigste Mann in der Stadtrepublik Florenz, sendet ihm nach Rom folgenden Brief:

Du und wir alle, die wir uns für deine Wohlfahrt interessieren, müssen es fühlen, wie sehr die Vorsehung uns begünstigt hat, indem sie unserer Familie den höchsten Glanz erteilte, den sie jemals genoss. Das Erste, worauf ich dich also aufmerksam machen muss, besteht darin, dass du dankbar gegen Gott seist und beständig daran denkst, dass du weder durch dein Verdienst, noch durch deine Klugheit, noch durch deine Anstrengungen diese Stelle erhalten, sondern allein durch die göttliche Gnade, deren du dich nur durch ein nüchternes, frommes und exemplarisches Leben würdig machen kannst. Es würde für deine Familie ein großes Unglück sein, wenn du in reiferen Jahren deinen Pflichten zuwiderhandeln und die Grundsätze vernachlässigen wolltest, die dir in deiner Jugend eingeflößt worden. [...]
Überdies musst du dich jetzt als die Mittelsperson zwischen unserm Staat und dem Apostolischen Stuhl ansehen und daher das Interesse der Kirche zwar vor allen Dingen befördern, aber doch auch nie den Nutzen deines Vaterlandes außer Augen setzen. Du bist nicht allein der jüngste Kardinal im Kollegium, sondern du bist auch der Jüngste unter allen, die jemals zu dieser Würde gelangt sind: Du solltest daher billig auch der Wachsamste und Vorsichtigste sein. Unterhalte ja nicht einen zu genauen Umgang mit denen von deinen Kollegen, die einen weniger ehrwürdigen Charakter haben. Bei öffentlichen Gelegenheiten sei dein Anzug und deine Equipage[1] so einfach wie möglich; nicht einmal Seide und Juwelen schicken sich für Personen deines Standes. Weit besser kannst du deinen Geschmack dadurch zeigen, dass du dir Antiken und schöne Bilder sammelst und zu deiner Dienerschaft gelehrte und wohlerzogene Leute wählst. [...] Sollst du im heiligen Konsistorium[2] eine Meinung äußern, so wirst du sehr klug handeln, wenn du die Entscheidung Seiner Heiligkeit überlässt und deine Jugend und Unerfahrenheit als einen Grund zur Entschuldigung anführst. Wahrscheinlich wird man dich oft um deine Vermittlung bei dem Papst bitten: Hüte dich aber ja, ihm nicht zu oft zur Last zu fallen; denn er pflegt gerade gegen diejenigen am freigebigsten zu sein, die ihn am seltensten behelligen. Lebe wohl.

Will Durant, Die Renaissance: Eine Kulturgeschichte Italiens von 1305–1576, Bern 1955, S. 478

1. *Lorenzo Medici hatte seinen Sohn von Kindesbeinen an auf das Kardinalsamt vorbereitet. Welche Bedeutung hatte die kirchliche Laufbahn des Sohnes für den Vater?*
2. *Problematisieren Sie die beschriebenen Vorgänge aus der Sicht der damaligen Kirchenkritiker.*
3. *Beschreiben Sie die Bedeutung, die Lorenzo der Kunst und der Bildung beimisst.*

---
[1] Ausrüstung, Ausstattung
[2] Plenarversammlung der Kardinäle unter Vorsitz des Papstes

M 2 **Luthers „Rechtfertigungslehre"**

1545, ein Jahr vor seinem Tode, beschrieb Luther rückblickend in einem Vorwort seiner Schriften sein religiöses „Schlüsselerlebnis", das man heute auf das Jahr 1514 datiert.

Mit außerordentlicher Leidenschaft war ich davon besessen, Paulus im Brief an die Römer kennenzulernen. Nicht die Herzenskälte, sondern ein einziges Wort im ersten Kapitel war mir bisher dabei im Wege: „Die Gerechtigkeit Gottes wird darin [im Evangelium] offenbart." Ich hasste nämlich dieses Wort „Gerechtigkeit Gottes" [. . .].
Ich konnte den gerechten, die Sünden strafenden Gott nicht lieben, im Gegenteil, ich hasste ihn sogar. Wenn ich auch als Mönch untadelig lebte, fühlte ich mich vor Gott doch als Sünder, und mein Gewissen quälte mich sehr. Ich wagte nicht zu hoffen, dass ich Gott durch meine Genugtuung versöhnen könnte. Und wenn ich mich auch nicht in Lästerung gegen Gott empörte, so murrte ich doch heimlich gewaltig gegen ihn. [. . .]
Da erbarmte sich Gott meiner. Tag und Nacht war ich in tiefe Gedanken versunken, bis ich endlich den Zusammenhang der Worte beachtete: „Die Gerechtigkeit Gottes wird in ihm [Evangelium] offenbart, wie geschrieben steht: Der Gerechte lebt aus dem Glauben." Da fing ich an, die Gerechtigkeit Gottes als eine solche zu verstehen, durch welche der Gerechte als durch Gottes Gabe lebt, nämlich aus dem Glauben. Ich fing an zu begreifen, dass dies der Sinn sei: Durch das Evangelium wird die Gerechtigkeit Gottes offenbart, nämlich die passive, durch welche uns der barmherzige Gott durch den Glauben rechtfertigt, wie geschrieben steht: „Der Gerechte lebt aus dem Glauben." Da fühlte ich mich wie ganz und gar neu geboren, und durch offene Tore trat ich in das Paradies selbst ein. Da zeigte mir die ganze Schrift ein völlig anderes Gesicht. Ich ging die Schrift durch, soweit ich sie im Gedächtnis hatte, und fand auch bei anderen Worten das gleiche, z. B.: „Werk Gottes" bedeutet das Werk, welches Gott in uns wirkt; „Kraft Gottes" – durch welche er uns kräftig macht; „Weisheit Gottes" – durch welche er uns weise macht. Das gleiche gilt für „Stärke Gottes", „Heil Gottes", „Ehre Gottes".

Kurt Aland (Hrsg.), Luther deutsch. Die Werke Martin Luthers in neuer Auswahl für die Gegenwart, Band 2, Stuttgart 1962, S. 19 f.

1. Geben Sie die „Rechtfertigungslehre" Luthers mit eigenen Worten wieder.
2. Erörtern Sie die Folgen dieser Lehre für die Gläubigen und für die Kirche.

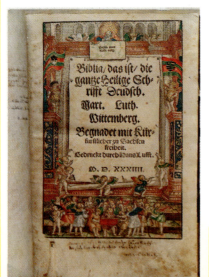

Titelblatt der ersten Lutherschen Gesamtausgabe der Bibel. Sie wurde in Wittenberg gedruckt. Die älteste Bibel in deutscher Sprache war bereits 1466 in Straßburg erschienen.

Thomas Müntzer contra Martin Luther

Im August 1524 polemisiert der Theologe und einstige Anhänger Luthers Thomas Müntzer gegen den Wittenberger Reformator, den er als „Bruder Sanftleben und Vater Leisetritt" lächerlich macht.

Sie tun das dünne Zünglein hervor, mit zarter Weis sprechen sie: „Erforschet die Schrift, denn ihr wähnet, ihr lasset euch dünken, ihr wollet eure Seligkeit daselbst bekommen." Da werden denn die armen dürftigen Leut also hoch betrogen, dass es keine Zung genug erzählen kann. Mit allen Worten und Werken machen sie es ja also, dass der arme Mann nicht lesen lerne vor Bekümmernis der Nahrung. Und sie predigen unverschämt, der arme Mann solle sich von den Tyrannen lassen schinden und schaben. Wann wird er denn lernen die Schrift lesen? [...] Die Schriftgelehrten sollen schöne Bücher lesen, und der Bauer soll ihnen zuhören, denn der Glaub kommt durchs Gehör. Ach ja, da haben sie einen feinen Griff funden. Der würde viel ärgre Buben an die Stell der Pfaffen und Mönch setzen, denn vom Anbeginn der Welt geschehen ist. [...]
Daneben ist auch eine Unmöglichkeit im Matthaeo 6 [Vers 24] dargestellt, den ungläubigen Wollüstigen sagend: „Ihr könnet nit Gott und den Reichtümern dienen." Wer dieselbigen Ehr und Güter zum Besitzer nimmt, der muss zuletzt ewig von Gott leer gelassen werden, wie im 5. Psalm [Ps. 6,3 ff.] Gott sagt. Ihr Herz ist eitel, und darum müssen die gewaltigen, eigensinnigen, ungläubigen Menschen vom Stuhl gestoßen werden, darum dass sie den heiligen wahrhaftigen Christenglauben in sich und in der ganzen Welt verhindern. [...]
Die ganze unsinnige phantastische Welt bringt hervor einen falschen glossierten¹) Weg und saget mit einem spitzen Zünglein: „Ei, man kann wohl das Evangelion predigen, Gott allein fürchten und auch die unvernünftigen Regenten in Ehren halten, wiewohl sie wider alle Billigkeit streben und Gottes Wort nit annehmen. Ach, um Gottes willen, man soll ihnen in allen Sachen, den guten Junkern, gehorsam sein." Ei, willkommen du Verteidiger der Gottlosen! Wie fein, fein muss das stehen, dass man solle löblich zween Herrn, die wider einander streben, dienen könnte, wie der Regenten Rat tun! [...]
So die heilige Kirch soll durch die bittre Wahrheit erneut werden, so muss ein gnadenreicher Knecht Gottes hervortreten im Geist Eliae, und muss alle Ding in den rechten Schwang bringen. Wahrlich, ihrer werden viel müssen erweckt werden, auf dass sie mit dem allerhöchsten Eifer durch brünstigen Ernst die Christenheit fegen von den gottlosen Regenten.

Fritz Dickmann, Geschichte in Quellen. Renaissance – Glaubenskämpfe – Absolutismus, München, 2. Auflage 1976, S. 143 f.

1. *Welche grundsätzlichen weltanschaulichen Differenzen werden erkennbar?*
2. *Untersuchen und vergleichen Sie die Einstellungen Luthers und Müntzers zur weltlichen Obrigkeit (siehe M 4 und Seite 104, M 4).*
3. *Welche sozialpolitischen Vorstellungen Müntzers sind erkennbar?*

---
¹) ausgedachten, erfundenen

Dank der neuentwickelten Buchdruckerkunst wurden im Zeitalter der Reformation erstmals Flugblätter zur Beeinflussung des öffentlichen Meinungsstreits eingesetzt. Die Allegorie auf den Sieg Luthers stammt von dem Künstler Peter Vischer (iustitia: Gerechtigkeit; fides: Glaube; spes: Hoffnung; charitas: Liebe; sedes apostolica Romana: Sitz des Papstes; luxuria: Wollust; superbia: Hoffart; avaritia: Habsucht; decreta pontificium: päpstliche Dekrete; confessio: Beichte; ceremonie: Bräuche; consciencia: Gewissen; plebes: Volk; iuventus: Jugend).

Die Darstellung des „Martinus Luther Siebenkopff" von Hans Brosamer entstand als Titelbild einer Schmähschrift gegen Luther. Dem Reformator sind sieben Gesichter zugeordnet: der *Doktor* mit Hut; *Martinus* in Mönchskutte (in satirischer Abweichung von dem altkirchlichen Heiligen, einem Bischof); *Luther*: ein Türkenkopf, zur Verspottung der „Ungläubigen"; *Ecclesiast*: mit Priesterbarett; *Schwirmer*: ein aufgewühlter, von Wespen umschwärmter Kopf; *Visitirer*: als Hohn auf den gegenpäpstlichen Kirchenführer; *Barrabas*: der Vergleich mit dem Räuber, den Pilatus auf den Wunsch des Volkes an Stelle Christi begnadigte; als Faun-Typus mit Keule, im Sinne der verbreiteten Beschuldigung Luthers als Anstifter der Bauernerhebung.

Aus Luthers Schrift „Von weltlicher Obrigkeit", 1523

Nachdem Luther sich vollständig von der römischen Kirche gelöst hatte, bemühte er sich um eine Bestimmung des Verhältnisses eines Christen zur weltlichen Obrigkeit.

Wenn nun jemand wollte die Welt nach dem Evangelio regieren und alles weltliche Recht und Schwert aufheben und vorgeben, sie wären alle getauft und Christen, unter welchen das Evangelium will kein Recht noch Schwert haben, auch nicht Not ist: Lieber, rate, was würde derselbe machen? Er würde
5 den wilden bösen Tieren die Bande und Ketten auflösen, dass sie jedermann zerrissen und zerbissen, und daneben vorgeben, es wären seine zahmen, kirren Tierlein. Ich würde es aber an meinen Wunden wohl fühlen. Also würden die Bösen unter dem christlichen Namen der evangelischen Freiheit missbrauchen, ihre Büberei treiben und sagen, sie seien Christen und keinem Gesetz
10 noch Schwert unterworfen, wie jetzt schon etliche toben und narren.
Denselben müsste man sagen: Ja, freilich ist's wahr, dass Christen um ihrer selber willen keinem Recht noch Schwert untertan sind, noch seiner bedürfen; aber siehe zu und gib die Welt zuvor voll rechter Christen, ehe du sie christlich und evangelisch regierst. Das wirst du aber nimmermehr tun, denn
15 die Welt und die Menge ist und bleibt Unchristen, ob sie gleich alle getauft und Christen heißen. Aber die Christen wohnen, wie man spricht, fern voneinander. Darum leidet sich's in der Welt nicht, dass ein christliches Regiment gemein werde über alle Welt, ja, nicht einmal über ein Land oder große Mengen. Denn die Bösen sind immer viel mehr denn die Frommen. [...]
20 Darum muss man diese beiden Regimente mit Fleiß scheiden, und beides bleiben lassen, eines, das fromm macht, das andere, das äußerlich Frieden schaffe und bösen Werken wehret. Keines ist ohne das andere genug in der Welt. Denn ohne Christi geistlich Regiment kann niemand fromm werden vor Gott durchs weltlich Regiment. [...] Wo aber das geistlich Regiment allein
25 regiert über Land und Leut, da wird der Bosheit der Zaum los und Raum gegeben aller Büberei, denn die gemeine Welt kann's nicht annehmen noch verstehen.

Karl Gerhard Steck (Hrsg.), Martin Luther – Studienausgabe, Frankfurt/Main 1970, S. 169 f.

1. Welche Grundauffassung von der Natur des Menschen bringt Luthers Schrift zum Ausdruck?
2. Wie steht Luther zur Idee eines christlichen Regiments?
3. Welche Rolle weist Luther der weltlichen Obrigkeit zu?

Wirtschaftliche und soziale Veränderungen in der frühen Neuzeit

Familienbetrieb eines Holzschnitzmeisters. Die Miniatur von Jean Bourdichon (um 1457–1521) aus dem 15. Jahrhundert ist noch ganz der mittelalterlichen Tradition verhaftet.

Das Gemälde „Bankiers" von Marinus van Roymerswaele (1493–nach 1567) atmet einen anderen Geist. Eine genaue Buchführung zeigt die Kommerzialisierung der Geschäftsbeziehungen.

1459–1525	Jakob Fugger „Der Reiche"
1524/25	Der Bauernkrieg wird niedergeschlagen

Der Frühkapitalismus

Der tiefgreifende Wandel der menschlichen Arbeitswelt seit dem Hochmittelalter (siehe Seite 39 f.) verdichtete sich an der Wende vom 15. zum 16. Jahrhundert. Die meisten Historiker umschreiben die eingetretenen Veränderungen des Wirtschaftslebens mit dem Begriff „Frühkapitalismus". Von nachhaltiger Bedeutung für diese Epoche waren vier Sektoren: der technisch revolutionierte Bergbau, der Fernhandel, das Verlagswesen und das Bankenwesen.
1. *Bergbau und Hüttengewerbe* waren längst bekannte Produktionszweige. Doch erst mechanische Entwässerungsanlagen und neue technologische Verfahren zur Trennung von Silber, Kupfer und Blei ermöglichten seit der zweiten Hälfte des 15. Jahrhunderts eine systematische Ausbeutung der Gruben in größerem Stil.
Die eine Folge war, dass die Hüttenbetriebe wegen der hohen Investitionskosten nicht mehr von einzelnen Handwerksmeistern betrieben werden konnten; es mussten die ersten *Kapitalgesellschaften* gegründet werden, deren Anteile man auf Messen handeln konnte. Die Trennung von Arbeit und Kapital seit dem 14. Jahrhundert bedeutete einen wichtigen Schritt zu frühkapitalistischen Produktionsverhältnissen.
Die andere Folge war, dass Deutschland wegen seines Erzreichtums zunächst besonderer Nutznießer des modernen Bergbaus wurde. Nicht mehr die Florentiner Goldmünze galt als das wichtigste internationale Währungsmittel, sondern der silberne „Joachimsthaler" aus dem Erzgebirge. Als in der zweiten Hälfte des 16. Jahrhunderts nur noch schwer zugängliche Erzvorkommen gefördert werden konnten und billigere Edelmetalle aus Amerika importiert wurden, endete der Höhenflug des deutschen Montanbaus.
2. Der *Fernhandel* hatte seinen größten Umschlagplatz, vor allem für Waren aus dem östlichen Mittelmeerraum, für lange Zeit in Venedig. Von hier aus gingen die wichtigsten Handelswege nach Augsburg, Ulm und Nürnberg, freie Reichsstädte, die durch den weiteren Warenaustausch mit dem östlichen Europa zentrale Bedeutung an der Wende zum 16. Jahrhundert erlangten. Die venezianische Blütezeit endete, als die Türken nach und nach die Vorherrschaft im östlichen Mittelmeer übernahmen.
Neue Handels- und Gewerbezentren entstanden. Das europäische Vordringen in andere Kontinente leitete die Zeit der „Weltwirtschaft" ein. Spanien und die Hafenstädte am Atlantik rückten in den Mittelpunkt, in Deutschland nahm Hamburg seinen großen Aufschwung. Wesentlich umfangreicher als der Überseehandel war aber nach wie vor der innereuropäische Warenverkehr. Gegen Ende des 16. Jahrhunderts segelten jährlich etwa 300 Schiffe nach Amerika und Ostasien, während über 6000 Schiffe zwischen Nord- und Ostsee verkehrten (siehe Seite 95). Die traditionelle Nord-Süd-Achse der Warenströme in Europa drehte sich in Ost-West-Richtung. Binnen weniger Jahrzehnte stiegen erst Antwerpen, später Amsterdam zu großen Handelsmetropolen auf. Die ihrer Konkurrenz weit überlegene niederländische Seefahrt trug das Ihre dazu bei.

Wandlungen der frühen Neuzeit

Wirtschaft und Verkehr um 1500.

3. Das *Verlagswesen*, das sich seit dem Spätmittelalter entwickelt hatte, war ein weiteres Element der frühkapitalistischen Wirtschaftsordnung, vor allem im Textilgewerbe. Zum Beispiel produzierten die Augsburger Webermeister aus der Familie der *Fugger* ihre Waren nicht mehr selber, sondern kauften Rohmaterial ein, das sie Heimarbeitern zur Bearbeitung „vorlegten". Mit der Zeit besorgten sie dann sogar die Webstühle der Handwerker, die damit – obwohl formal selbständig – in immer größere Abhängigkeit gerieten. Wegen der Vorleistungen der Verleger waren die Löhne in der Regel niedrig, zumal die ländlichen Heimarbeiter als Haupterwerbsquelle meist über kleine Einkünfte aus ihrer Landwirtschaft verfügten. Hinzu kam, dass sie nicht von den städtischen Zünften geschützt wurden. Obwohl die Verlagsunternehmen für einen überregionalen Markt produzieren ließen, hatten sie vorerst nicht annähernd die wirtschaftliche Bedeutung des städtischen Handwerks.
4. Das *Bankenwesen* war eine notwendige Antwort auf den expandierenden Wirtschaftsverkehr. Vor allem im Fernhandel gingen die Kaufleute ein erhebliches Risiko ein, wenn sie Bargeld mit sich führten. Deshalb setzten sich in Italien seit dem 13. Jahrhundert Wechsel und Scheck als bargeldlose Zahlungsmittel durch. Die Ablösung der römischen Ziffern durch das arabische System und die Einführung der doppelten Buchführung waren weitere Schritte auf dem Weg zu einem rational geplanten Geschäftsleben.
Im selben Maße, in dem das Bankenwesen florierte, wuchs die Nachfrage nach Krediten. Könige, Adelige, Bürger oder Bauern – sie alle benötigten mit einem Mal zusätzliche Geldmittel zum Aufbau ihrer Territorien oder Geschäfte. Die Landesherren waren häufig genug nicht in der Lage, ihre Schulden zurückzuzahlen. Aus diesem Grund musste beispielsweise Kaiser Karl V. an die Fugger Schürfrechte, Minen und Handelsmonopole übertragen. Mithilfe Karls V. engagierten sich die Fugger und *Welser* auch in den südamerikanischen Kolonien der spanischen Krone. Venezuela war von 1529 bis 1546 als Gegenleistung für einen Kredit an die Welser übergeben. Als aber die erwachenden Nationalstaaten England, Frankreich und Niederlande als Kolonialmächte auftraten, waren private Unternehmer überfordert und mussten sich aus dem einträglichen Geschäft zurückziehen.

Neue Eliten

Besonders erfolgreiche Unternehmungen entstanden dort, wo die vier Sektoren des Frühkapitalismus eng miteinander verbunden waren. Nach dem Vorbild der genuesischen und florentinischen Handels- und Bankgesellschaften, die in ganz Europa ein Netz firmeneigener Niederlassungen gegründet hatten, etablierten sich vor allem im süddeutschen Raum einige bedeutende Firmen. Begünstigt wurden sie durch die ansässige, stark expandierende Textilherstellung, die räumliche Nähe zu den Erzvorkommen und die zentrale Lage im Fernhandel. Zu den bekanntesten Handelshäusern zählten die von Kaufleuten der Bodenseestädte gegründete *Ravensburger Gesellschaft* sowie die Familienunternehmen der *Tucher* (Nürnberg), Fugger und Welser (Augsburg).

Weltgeltung besaß vor allem *Jakob Fugger "Der Reiche"* (1459–1525). Er stand in engen Geschäftsbeziehungen mit den Habsburger Kaisern und nutzte die ihm eingeräumten Rechte und Monopole zu sagenhaften Gewinnen (◊ M 1). Mit den Kaufherren aus der Hochfinanz war eine reiche Elite an die Spitze des Bürgertums gelangt, die allerdings ein riskantes Spiel spielte. Staatsbankrotte in Spanien und Frankreich Mitte des 16. Jahrhunderts deckten die Abhängigkeit von den europäischen Monarchen auf und zogen zahlreiche Handelshäuser in den Abgrund. Andere Familien wie die Fugger wurden in den Adelsstand erhoben, zogen sich nach und nach aus dem Geschäftsleben zurück und führten schließlich ein mehr auf Sicherheit bedachtes Leben im Stile von Grundherren.

Eine weitere Gruppe aus dem Bürgertum, die zu Beginn der Neuzeit ihren gesellschaftlichen Aufstieg nahm, waren die Juristen, denn die sich formierende Staatlichkeit in den Territorien war auf einen qualifizierten Beamtenapparat angewiesen. Die Zahl der Ausgebildeten war regelmäßig niedriger als der Bedarf, sodass die bürgerlichen Räte von ihren Landesherren gut besoldet wurden und hohes Ansehen genossen.

Wirtschaftsethik und Wirtschaftspolitik im Frühkapitalismus

Wie schon dargestellt, hatte in der spätmittelalterlichen Stadt ein neues Arbeitsethos Platz gegriffen. Die Geldwirtschaft erlaubte auch dem kleinen Bürger, der nicht über Grundbesitz verfügte, das Anhäufen eines bescheidenen Vermögens. Unternehmerisches Handeln diente nicht mehr der bloßen Sicherung eines angemessenen Lebensunterhalts, sondern zielte auf Gewinnmaximierung. „Gewinnen so lange man kann und so viel man kann" lautete das Motto Jakob Fuggers. Zwar hatten die Kaufleute des Mittelalters wahrscheinlich nicht anders gedacht, doch der moderne Renaissancemensch konnte sich öffentlich zu seinem Erwerbsgeist bekennen. Mit dem christlichen Armutsideal lag nunmehr ein neues Ideal der menschlichen Selbstentfaltung im Widerstreit (◊ M 2).

Zu Beginn der zwanziger Jahre des 16. Jahrhunderts bildete sich in der öffentlichen Meinung eine breite Front der Kritik am erfolgreichen frühkapitalistischen Geschäftsgebaren. Zum einen verstieß es gegen eine nach wie vor populäre naturalwirtschaftliche Wirtschaftsethik; diese verbot es Christen, Geld gegen Zinsen auszuleihen und beharrte auf der Festsetzung eines „gerechten" Preises. Zum anderen stellten sich zünftische kleine Unternehmer, kleine Fürsten und niederer Adel gegen die als bedrohlich empfundene Entwicklung. Die Reichsstände setzten dann auch eine Gesetzgebung durch, die den Missbrauch der Monopole durch die oberdeutschen Handelskonzerne einschränkte. Größere Eingriffe verhinderte aber Karl V., der seine schützende Hand über die dringend benötigten Kreditgeber hielt. Noch waren punktuelles Reagieren auf einzelne Missstände und insbesondere das Bemühen um höhere eigene Einkünfte die einzigen Ziele der landesherrlichen Finanzwirtschaft. Für eine systematische Wirtschaftspolitik waren die Voraussetzungen noch nicht gegeben.

Wirtschaftliche Auswirkungen des Bevölkerungswachstums

Eine Beschränkung der Geburtenzahl wurde im Mittelalter erreicht durch ein streng eingeschränktes Eherecht. Heiraten durfte nur, wer einen eigenen Haushalt unterhalten konnte. Im Wesentlichen waren dies alle Selbstständigen, seit dem 15. Jahrhundert auch die neue, aber zahlenmäßig noch unbedeutende Schicht gewerblicher Lohnarbeiter. Alle anderen, wie Gesellen, Knechte und Mägde, mussten ehelos bleiben. Im Zusammenhang mit der Umstrukturierung der Landwirtschaft im Spätmittelalter (siehe Seite 10) verbesserte sich die allgemeine Versorgungslage. Dieser Vorgang mündete trotz anhaltender Heiratsbeschränkungen Ende des 15. Jahrhunderts in einen stetigen Bevölkerungsanstieg.
In der Landwirtschaft wurde wieder neues Ackerland unter den Pflug genommen, um die zusätzliche Nachfrage zu befriedigen. Doch mit Ausnahme weniger Regionen, in denen sich spezialisierte Anbaumethoden durchsetzten (Niederlande, Norddeutschland, Niederrhein), wurde die Produktivität kaum gesteigert. Deshalb hielt die mengenmäßige Steigerung der Produktion nicht mit dem Bevölkerungszuwachs Schritt. Ein Ausgleich wurde teilweise hergestellt durch Lieferungen aus den riesigen Gutsherrschaften in den dünn besiedelten Regionen Polens und des Baltikums. Sie versorgten die Ballungszentren in Westeuropa mit Korn. Danzig stieg so zu einer der wichtigsten Hafenstädte auf. Doch insgesamt entwickelten sich der landwirtschaftlich geprägte, in überkommenen Gesellschaftsstrukturen verharrende Osten und der sich gewerblich-städtisch ausbildende Westen immer weiter auseinander.
Alle Importe konnten nicht verhindern, dass Nahrungsmittel knapp blieben. Damit stiegen die Preise, zusätzlich angeheizt durch das südamerikanische Silber, das über Spanien in den europäischen Wirtschaftskreislauf gelangte. Von dem Nachfrage- und Preisschub profitierten in erster Linie die adeligen Grundherren sowie die großen selbständigen Bauernhöfe, wie es sie in Norddeutschland gab.
In den Städten war der Wirtschaftsaufschwung ebenfalls deutlich spürbar. Hier paarte sich die vom Bevölkerungswachstum getragene Nachfrage nach gewerblichen Waren mit den Fortschritten der frühkapitalistischen Wirtschaftsweise. Das Ergebnis schlug sich in einem teilweise ungezügelten Bauboom nieder. Auf der anderen Seite drückte das größer gewordene Angebot an Arbeitskräften auf die Löhne. Angesichts der allgemein steigenden Lebenshaltungskosten tat sich damit eine Lohn-Preis-Schere auf, die im Verlauf des 16. Jahrhunderts die Reallöhne der Unselbständigen immer schneller sinken ließ.

Gesellschaftliche Auswirkungen des Bevölkerungswachstums

Das Bevölkerungswachstum führte auf dem Lande dazu, dass nicht mehr genügend große Bauernstellen zur Verfügung standen. Nur zum Teil wurde durch die anhaltende Abwanderung in die Städte Abhilfe geschaffen. Besonders in Süd- und Mitteldeutschland, wo nach dem Erbrecht die Höfe geteilt wurden, reichten die verkleinerten Betriebsgrößen nicht mehr zum Lebensunterhalt der Bauernfamilien. Viele fanden einen Ausweg im gewerblichen Nebenerwerb, etwa dem Weben für einen Verleger, um wenigstens unter bescheidenen Verhältnissen (einfache Kleidung, eintönige Ernährung) zu überleben. Noch schlechter ging es den dörflichen Unterschichten, die aufgrund der gestiegenen Geburtenzahlen deutlich zunahmen. Da andererseits manche Großbauern durch die Agrarkonjunktur zu Wohlstand gelangten, differenzierten sich die Lebensverhältnisse des Bauernstands weit auseinander.
Vergleichbares galt für die Städte. Das Wirtschaftswachstum ließ die Einkommensunterschiede in die Höhe schnellen und schuf neue gesellschaftliche Schranken innerhalb des bürgerlichen Standes. Die Dynamik der gleichzeitig ablaufenden Prozesse von Auf- und Abstieg in den Städten und Dörfern erzeugte zusehends soziale Spannungen.

Vorläufer und Ursachen des Bauernkriegs

Bereits nach 1490 hatten sich am Oberrhein zahlreiche Bauern zu der Geheimorganisation des *Bundschuh* zusammengeschlossen. (Der mit Riemen gebundene Schuh war das Erkennungszeichen der Landbevölkerung – Adelige trugen meist Lederstiefel.) Einer der wichtigsten Bundschuhführer war *Jos Fritz*, Leibeigener des Bischofs von Speyer. Er wollte mit einem Bündnis zwischen Bauern und städtischen Unterschichten die schmarotzende adelige Zwischenschicht des Reiches entmachten und ein „Reich der Gerechtigkeit" mit einem Volkskaiser an der Spitze errichten. Die Aufstände des Bundschuh scheiterten ebenso wie 1514 eine Erhebung der Bevölkerung Württembergs gegen den Herzog des Landes. Der wenig organisierte Aufstand des *Armen Konrad* – was soviel bedeutete wie des „kleinen Mannes" – richtete sich gegen die Einführung von Lebensmittelsteuern.
Anstoß für die in den Dörfern aufkeimenden Unruhen waren mehrere Entwicklungen, welche – von Region zu Region unterschiedlich stark – die Landbevölkerung bedrängten. Beispielsweise nutzten die Grundherren die Agrarkonjunktur zu einer Steigerung der Natural- oder Geldleistungen von der abhängigen Bauernschaft. Darüber hinaus schufen sie neue Pflichten und Abgaben (z. B. bei Übergabe des Hofes, beim Tod des Bauern), die als besonders ungerecht empfunden wurden. Betroffen waren vor allem Kleinbauern, die häufig ums bloße Überleben kämpften. Aus vielen Quellen lässt sich zudem erkennen, wie systematisch manche, vor allem geistliche Grundherren versuchten, ihre abhängigen Bauern in den rechtlosen Status der Leibeigenschaft herabzudrängen.

Wandlungen der frühen Neuzeit

Von wesentlicher Bedeutung war außerdem, dass sich seit dem ausgehenden Mittelalter die Territorialherrschaften um die Ausbildung eigener Staatlichkeit bemühten. Dazu gehörten die Normierung einheitlichen Landesrechts und die Schaffung zentraler Verwaltungen. Dieser „Modernisierungswelle" musste das alte ländliche (Gewohnheits-)Recht weichen. Selbst ein bescheidenes Maß an dörflicher Selbstverwaltung fiel diesem Prozess zum Opfer, und gerade wohlhabende Bauern befürchteten ihre gesellschaftliche Herabstufung. So war häufig die „Dorfehrbarkeit", also die Schicht der größeren Bauern, die treibende Kraft in der beginnenden Auseinandersetzung.

Wenn der lange angestaute Unmut sich erst um die Mitte der zwanziger Jahre des 16. Jahrhunderts Luft machte, so ist dies in unmittelbarem Zusammenhang mit der Lehre Luthers zu sehen. Luthers Kritik an der Verweltlichung der Kirche mag vielen als Signal zum Kampf gegen ihre kirchlichen Feudalherren erschienen sein. Vor allem aber der direkte Rückgriff des Reformators auf das Evangelium eröffnete erstmals eine religiöse Rechtfertigung des bäuerlichen Kampfes. Jetzt konnten die Aufständischen zur Legitimierung ihrer Ansprüche „göttliches Recht" gegen die empfundene Ungerechtigkeit der bestehenden Verhältnisse ins Feld führen. Damit erhielt ihre Bewegung eine ungeheure Durchschlagskraft.

Bauern plündern das Kloster Weißenau in Oberschwaben. Federzeichnung aus einer Handschrift des Abtes Jakob Murer, um 1525.

Verlauf des Bauernkriegs

Im Sommer 1524 schlossen sich einige Dorfgemeinschaften der schwarzwäldischen Landschaft Stühlingen nahe der Schweizer Grenze zu friedlichen Demonstrationszügen gegen Übergriffe ihres Landesherrn zusammen. Ungünstige Umstände zwangen die adeligen Grundherren, von militärischen Schritten gegen die Bauern abzusehen und ihnen vertraglich begrenzte Freiheiten und Rechte einzuräumen. Um die Jahreswende 1524/25 formierten sich nach dem Vorbild der Stühlinger Bauern auch die Bauern in anderen Gegenden Süddeutschlands zu *Haufen*, häufig verbündet mit Bürgern protestantischer Städte und kampferfahrenen adeligen Rittern oder Landsknechten. Bereits in den ersten Märztagen des Jahres 1525 standen mehr als 40 000 Mann unter Waffen.

Dass sich zahlreiche Ritter der Bewegung anschlossen, hing mit der tiefen Krise des Ritterstandes zusammen, der seine ursprüngliche Berechtigung fast vollständig verloren hatte. Neue Kriegstechniken hatten die mittelalterlichen Ritterheere überflüssig gemacht. Auch war das alte Fehderecht im Zeichen des zunehmenden Gewaltmonopols erstarkender Territorialherrschaften anachronistisch geworden. Zu dieser Funktions- und Legitimationskrise kamen wirtschaftliche Schwierigkeiten hinzu. Für viele Ritter bot die Vereinigung mit den Bauern deshalb noch einmal Gelegenheit, gegen den Verlust alter Rechte zu kämpfen.

Als Quintessenz aus den in vielen Bauernhaufen verfassten Beschwerden und Klagen formulierte der Memminger Kürschner *Sebastian Lotzer* die *Zwölf Artikel der Bauern*, die fortan den Forderungskatalog der Bauern im ganzen Reich bildeten. Allein aus dem Jahr 1525 sind 24 Nachdrucke bekannt, die in alle Teile des Reiches gelangten (⇨ M 3, M 4).

Im März schlossen sich alle bestehenden Bauernbünde zur *Christlichen Vereinigung* zusammen. Verhandlungspartner der Christlichen Vereinigung war der *Schwäbische Bund*, ein loser Zusammenschluss unterschiedlicher süddeutscher Reichsstände. Die Verhandlungen mit den Bauern wurden seitens des Schwäbischen Bundes zunächst hinhaltend geführt. Als Anfang April das Heer des Bundes endlich einsatzbereit war, bestanden keine Aussichten mehr auf eine friedliche Lösung des Konflikts. Innerhalb von drei Monaten war der Aufstand der Bauern, der sich inzwischen auch auf Thüringen, Franken, Tirol und andere Gegenden ausgedehnt hatte, überall niedergeschlagen. Historiker geben heute die Zahl der in Schlachten niedergemetzelten oder auf dem Schafott hingerichteten Bauern mit mindestens 70 000 an.

Obwohl der Aufstand fehlgeschlagen war, hatte er in einigen Fällen durchaus begrenzte Verbesserungen zum Ergebnis. Vor allem schuf mancherorts die schriftliche Fixierung von Rechten und Pflichten Rechtssicherheit. Allerdings ließ die rechtliche Gleichstellung der Bauern noch Jahrhunderte auf sich warten. Erst in den Bauernbefreiungen des 19. Jahrhunderts wurden die Bauern aus der Leibeigenschaft und der grund- oder gutsherrlichen Bevormundung befreit.

Wandlungen der frühen Neuzeit

Brief Jakob Fuggers an Karl V.

M 1

Am 24. 4. 1524 erhielt Karl V. in Valladolid folgenden Brief Jakob Fuggers:

Allerdurchlauchtigster, großmächtigster römischer Kaiser, allergnädigster Herr!
Ew. kais. Majestät werden ohne Zweifel wissen, wie ich und meine Vettern bisher dem Haus Österreich zu dessen Nutzen und Wohlfahrt in aller Untertänigkeit zu dienen geneigt sind. Deshalb haben wir uns auch mit dem verstorbenen Kaiser Maximilian, Ew. kais. Majestät Ahnherrn, eingelassen und uns – Seiner Majestät zu untertänigem Gefallen – verpflichtet, für Ew. kais. Majestät die römische Krone zu erlangen, weil eine ganze Anzahl von Fürsten ihr Zutrauen auf mich und sonst niemand setzen wollten. Wir haben dann den von Ew. kais. Majestät eingesetzten Kommissaren, um den genannten Zweck zu erreichen, eine beachtliche Summe Geldes vorgestreckt. Diese Summe habe ich nicht allein bei mir und meinen Vettern aufgebracht, sondern auch bei andern mir gut gesinnten Herren und Freunden, und zwar mit großen Nachteilen, damit das Vorhaben Ew. kais. Majestät nur ja in Erfüllung ginge. Es ist allgemein bekannt und liegt offen zutage, dass Ew. Majestät die römische Krone ohne mich nicht erlangt hätten, wie das auch aus allen Schreiben von Ew. kais. Majestät Kommissaren hervorgeht. Ich habe in dieser Sache nicht an meinen eigenen Nutzen gedacht; denn wäre ich vom Hause Österreich zu Frankreich übergegangen, hätte ich bedeutende Vorteile an Gut und Geld, die man mir anbot, gehabt. Was aber Ew. kais. Majestät und dem Haus Österreich daraus für Nachteil entstanden wäre, das wird Ew. kais. Majestät Klugheit nicht verborgen geblieben sein.
Inzwischen sind Ew. kais. Majestät mir die Summe, die Ew. kais. Majestät mit mir auf dem Wormser Reichstag verrechnet haben, schuldig geblieben. Ich wurde auf Tirol verwiesen, von dem ich noch nicht zu Ende entschädigt bin. Jedenfalls war mit Herrn Vargas, dem Schatzmeister, verrechnet, dass ich seit Ausgang August 1521 gemäß zwei Kontrakten ausdrücklich 152 000 Dukaten mit Zinsen zu bekommen hätte. Ich selbst muss von diesem, damals anderweitig aufgebrachtem Gelde Zinsen zahlen, [...] doch habe ich bisher nichts erhalten. Als Grund geben sie an, sie hätten keinerlei Einkünfte aus ihren Landen.
Demnach ist meine untertänige Bitte an Ew. kais. Majestät, Sie möge meine untertänigen Dienste, die Ew. kaiserliche Majestät zu hohem Nutzen gediehen sind, gnädig bedenken und [...] veranlassen, dass mir meine ausstehende Summe Geld samt den Zinsen ohne längeren Verzug entrichtet und bezahlt wird. Das um Ew. kais. Majestät zu verdienen, will ich in aller Untertänigkeit erfunden werden und empfehle mich hiermit Ew. kais. Majestät untertänig.

Euer kaiserlicher Majestät
untertänigster Jakob Fugger

Eugen Ortner, Glück und Macht der Fugger, Bergisch Gladbach 1979, S. 277 ff.

1. Beschreiben Sie das vordergründige Anliegen dieses Briefes.
2. Ordnen Sie diesen Brief mithilfe der Darstellung in seinen Entstehungskontext ein, und machen Sie weitere Aussagen zur Intention des Briefes.
3. Charakterisieren Sie mittels dieses Briefes das Verhältnis von Wirtschaft/Finanzen und Politik zueinander.

M 2 Plädoyer für eine moderne Wirtschaft

Die Reformatoren wie Luther, Melanchthon, Calvin und Zwingli sprachen sich zusammen mit vielen anderen gegen das übersteigerte Gewinnstreben der frühkapitalistischen Kaufleute aus oder kritisierten den Fernhandel ganz allgemein. Als der Reichstag einschränkende Gesetze erlassen sollte, gab Jakob Fugger bei dem Augsburger Humanisten Konrad Peutinger (1465–1547) ein Gutachten für Kaiser Karl V. in Auftrag. Darin heißt es:

Der erste öffentliche Ratschlag [der Gegner der freien Wirtschaft] ist es ja, dass es weder einer Gesellschaft noch irgendeinem einzelnen Kaufmann erlaubt sein soll, mehr als ... höchstens 50 000 Gulden Geschäftskapital zu haben, ... und außerhalb seines eigenen Wohnsitzes mehr als drei Filialen zu besitzen, dass jeder einzelne Kaufmann zu jährlicher Rechenschaft gezwungen sein und dass es ihm nicht erlaubt sein soll, Kapital mit Zinsen ... oder auf andere Weise zu vermehren usw. Es muss gewissenhaft vermerkt werden ..., dass, wenn nur in dieser einen, sehr strengen Art mit dem Kapital umgegangen werden darf, nicht nur die großen deutschen Handelsgesellschaften mit ihren Geschäften aus allen ausländischen Ländern und Provinzen vertrieben werden, sondern auch Reichtümer und Annehmlichkeiten, die etwa unserem deutschen Land und vielen Leuten hohen und niederen Stands zugefallen sind, verlorengehen würden ...
Es dürfte niemandem unbekannt sein, dass, je mehr und besser in Geld und Waren Geschäfte gemacht werden (von Monopolen und unerlaubten Verträgen abgesehen), desto größerer Nutzen daraus folgt. Nicht nur für den Kaufmann wegen der reichen Güter, die aufgrund von Geschäften nach Deutschland eingeführt werden ..., sondern auch für die Heiligen Kaiser und Könige, alle Fürsten und Herren wächst der Gewinn. Deshalb können sie auch derartige Beschränkungen am wenigsten dulden. [...]
Der dritte Vorschlag ist, dass allen Kaufleuten für alle Waren ein bestimmter Höchstpreis taxiert und auferlegt werden müsse und dass der Verkaufspreis der Waren etc. nicht darüber, sondern darunter liegen solle. Dies verstößt auch nicht nur gegen das gemeine Recht, sondern zeugt auch von schlechtem Urteil in allgemeinen Geschäften [...].
Und wenn man anordnen muss, dass es so beschlossen und beachtet werden soll, wird man auch zuerst und vor allem mit jenen Ausländern verhandeln müssen, ob sie ihre Gewürze und andere Waren immer zu einem festen Preis verkaufen wollen ...
Dies zu befehlen und einrichten zu wollen, wäre nicht nur schwierig, sondern sogar unmöglich, da ja die Ausländer nicht der deutschen Nation untertan sein und auch nicht auf ihren Wink handeln wollen ...
Und wer wollte wohl Geschäfte aushandeln, Anstrengungen aufwenden, sich und seine Habe Risiken aussetzen, wenn er seine Waren und Gewürze nicht, wie es ihm bequem ist, auf gebührende Art verkaufen könnte und auch nicht wagte, mehr einzukaufen als den auferlegten Gesamtwert?

Ernst W. Zeeden, Europa vom Ausgang des Mittelalters bis zum Westfälischen Frieden 1648, Stuttgart 1981, S. 172 f.

1. Benennen Sie die zentralen Argumente Peutingers. Welches Selbstverständnis spricht aus ihnen?
2. Vergleichen Sie die vorgetragenen Punkte mit aktuellen Diskussionen über die Wirtschaftsgesetzgebung. Gibt es Parallelen?

In einer Zeit des Bevölkerungswachstums bei gleichzeitigem Anstieg der Preise für Grundnahrungsmittel musste die gezielte Zurückhaltung und Verteuerung von Waren als besonders schändlich gelten (Kupferstich von Daniel Hopfer, 1534).

Die zwölf Artikel der Bauern

M 3

Zentrum der bäuerlichen Bewegung war die Freie Reichsstadt Memmingen, wo unter dem Einfluss des reformatorischen Stadtpfarrers Christoph Schappeler der Kürschner Sebastian Lotzer im Februar 1525 die „Hauptartikel aller Bauernschaft und Hintersassen" formulierte. Die ursprüngliche Fassung enthielt am Rand zahlreiche Bibelzitate.

Der erste Artikel

Zum Ersten ist unser demütig Bitt und Begehr, auch unser aller Wille und Meinung, dass wir nun fürderhin Gewalt und Macht haben wollen, dass die ganze Gemeinde ihren Pfarrer selbst erwählen und kiesen[1]) soll; auch Gewalt
5 haben, denselbigen wieder abzusetzen, wenn er sich ungebührlich verhalten sollte.
Der selbige erwählte Pfarrer soll uns das heilige Evangelium lauter und klar predigen, ohne allen menschlichen Zusatz, Lehre und Gebot [...].

Der andere Artikel

10 Zum Andern, nachdem der rechte Zehnt[2]) auferlegt ist im Alten Testament und im Neuen vollkommen erfüllt: nichtsdestoweniger wollen wir den rechten Korn-Zehnt gern geben, doch wie sich's gebührt. Soll man ihn nun – seiner Bestimmung entsprechend – Gott und den Seinen zuteil werden lassen, so gebührt er einem Pfarrer, der klar das Wort Gottes verkündet. [...]

[1]) kiesen: veraltet für wählen, küren
[2]) Der rechte Zehnt ist der große Zehnt, der vom Getreide entrichtet wird.

Der dritte Artikel

Zum Dritten ist der Brauch gewesen, dass man bisher behauptet hat, wir seien Eigenleute, was zum Erbarmen ist, in Anbetracht dessen, dass uns Christus alle mit seinem kostbaren Blutvergießen erlöst und loskauft hat – den Hirten ebenso wie den Höchsten, keinen ausgenommen. Darum ergibt sich aus der Schrift, dass wir frei sind, und deshalb wollen wir's sein.
Nicht, dass wir völlig frei sein und keine Obrigkeit haben wollen: Das lehrt uns Gott nicht. [...] Vielmehr sollen wir nicht allein der Obrigkeit gehorsam, sondern wir sollen demütig gegen jedermann sein, auch gegen unsere erwählte und gesetzte Obrigkeit (so uns von Gott gesetzt ist) in allen gebührenden und christlichen Dingen freiwillig Gehorsam üben. Wir bezweifeln auch nicht, ihr werdet als wahre und rechte Christen uns aus der Leibeigenschaft gern entlassen oder uns aus dem Evangelium belehren, dass wir leibeigen seien.

Der vierte Artikel

Zum Vierten ist bisher im Brauch gewesen, dass kein Untertan die Befugnisse gehabt hat, das Wildbret, Geflügel oder Fische in fließendem Wasser zu fangen – was uns gar nicht ziemlich und brüderlich dünkt, vielmehr eigennützig und dem Wort Gottes nicht gemäß. [...] So ist denn unser Begehren: Wenn ein Herr einen Wasserlauf derart innehat, dass er das Wasser mit Wissen und Willen der Bauern gekauft habe: Dann begehren wir es nicht ihm mit Gewalt zu nehmen, sondern man müsste ein christliches Einsehen darin haben von wegen brüderlicher Liebe. Aber wer dafür nicht genugsame Beweise bringen kann, soll es [das Wasser] einer Gemeinde, wie sichs gebührt, zuteil werden lassen.

Der fünfte Artikel

Zum Fünften sind wir auch beschwert der Holznutzung halber. Denn unsere Herrschaften haben sich die Wälder alle allein zugeeignet, und wenn der Bauer etwas bedarf, muss er's ums doppelte Geld kaufen. Hier ist unsere Meinung: Was es an Waldungen gibt – mögen sie Geistliche oder Weltliche innehaben –, das soll, wenn jene sie nicht gekauft haben, der ganzen Gemeinde wieder anheimfallen. [...]

Der sechste Artikel

Zum Sechsten fühlen wir uns hart beschwert der Dienste halben, welche von Tag zu Tag gemehrt werden und täglich zunehmen. Hier begehren wir, dass man ein geziemendes Einsehen darein habe und uns in dieser Hinsicht nicht so hart beschwere, sondern uns gegenüber gnädig berücksichtige, wie unsere Eltern gedient haben, doch alles rein nach dem Wortlaut des Wortes Gottes.

Der siebente Artikel

Zum Siebenten wollen wir uns künftig von der Herrschaft keine weiteren Lasten auflegen lassen [...].
Wenn aber dem Herrn Dienste vonnöten wären, soll sich ihm der Bauer willig und gehorsam vor anderen erzeigen, doch zu einer Stunde und Zeit, da es dem Bauern nicht zum Nachteil gereicht; und er soll ihm nur gegen eine angemessene Bezahlung Dienste tun.

Der achte Artikel

Zum Achten sind wir beschwert – und deren viele, die Güter innehaben –, dass diese Güter die Pachtzinse nicht aufbringen können und die Bauern das Ihre darauf einbüßen und zugrunde gehen sehen. Wir begehren, dass die Herrschaft diese Güter ehrbare Leute besichtigen lassen und nach Recht und Billigkeit einen Pachtzins genau festsetzen soll, damit der Bauer seine Arbeit nicht umsonst tue. Denn ein jeglicher Tagewerker ist seines Lohnes wert.

Der neunte Artikel

Zum Neunten sind wir beschwert der großen Frevel halben[1]. Denn man stellt für sie fortgesetzt neue Strafsätze auf; und man straft uns nicht aufgrund des Tatbestandes, sondern setzt die Strafen fest zeitweilig mit großer Gehässigkeit, zeitweilig ganz nach Gunst. Wir wünschen, man möge uns aufgrund alter geschriebener Strafsatzung strafen, je nachdem wie die Strafsache beschaffen ist, und nicht nach Gunst.

Der zehnte Artikel

Zum Zehnten sind wir damit beschwert, dass etliche Herren sich zugeeignet haben Wiesen, desgleichen Äcker, die der Gemeinde zugehören. Dieselbigen werden wir wieder zu unseren gemeinen Handen nehmen – es sei denn, dass man sie redlich erworben hätte. Wenn man sie aber unbillig erworben hat, soll man sich gütlich und brüderlich miteinander vergleichen nach Lage der Sache.

Der elfte Artikel

Zum Elften wollen wir den Brauch, genannt den Todfall[2], ganz und gar abgetan haben, ihn nimmer leiden, noch gestatten, dass man Witwen und Waisen das Ihre wider Gott und Ehre also schändlich nehmen und rauben soll [...].

Beschluss

Zum Zwölften ist unser Beschluss und unsere endgültige Meinung: Wenn einer oder mehr Artikel allhier aufgestellt sein sollten, die dem Worte Gottes nicht gemäß [...], so wollten wir davon abstehen, wenn man uns den Nachweis mit Begründung aus der Schrift führt.

Fritz Dickmann, Geschichte in Quellen. Renaissance – Glaubenskämpfe – Absolutismus, München, 2. Auflage 1976, S. 144 ff.

1. Versuchen Sie, die Forderungen nach bestimmten Gruppen zu ordnen (politisch, sozial, wirtschaftlich, religiös, rechtlich).
2. Schließen Sie aus den Forderungen auf die Ursachen der Bauernaufstände.
3. Stellen Sie Bezüge her zur religiösen Bewegung der Zeit.
4. Charakterisieren Sie den „Ton" der Artikel im Hinblick darauf, ob sie als Basis für Verhandlungen mit dem Schwäbischen Bund geeignet waren.

---

[1] Die „großen Frevel" sind „mittelschwere Vergehen", die teils mit Körperstrafen (Auspeitschen, Haarscheren), teils mit Geldbußen bestraft wurden.
[2] Abgabe an den Grundherrn beim Tode eines Erbbauern

M 4 „Wider die räuberischen Rotten der Bauern"

Obwohl Luther noch im April 1525 sowohl Bauern als auch Herren zur friedlichen Lösung des Konflikts aufrief, stellte er sich Anfang Mai entschieden auf die Seite der Fürsten und richtete an sie den Aufruf „Wider die räuberischen und mörderischen Rotten der Bauern".

Dreierlei gräuliche Sünden wider Gott und Menschen laden diese Bauern auf sich, daran sie den Tod verdient haben an Leib und Seele mannigfältiglich.
Zum Ersten, dass sie ihrer Obrigkeit Treu und Huld geschworen haben, untertänig und gehorsam zu sein, wie solchs Gott gebeut, da er spricht: „Gebt dem Kaiser, was des Kaisers ist"; und Röm. 13, 1: „Jedermann sei der Obrigkeit untertan" etc. Weil sie aber diesen Gehorsam brechen mutwilliglich und mit Frevel, und dazu sich wider ihre Herren setzen, haben sie damit verwirkt Leib und Seel, wie die treulosen, meineidigen, lügenhaften, ungehorsamen Buben und Bösewichte pflegen zu tun. [...]
Zum Andern, dass sie Aufruhr anrichten, rauben und plündern mit Frevel Klöster und Schlösser, die nicht ihr sind, womit sie, als die öffentlichen Straßenräuber und Mörder, alleine wohl zwiefältig den Tod an Leib und Seele verschulden [...]. Denn Aufruhr ist nicht ein schlichter Mord, sondern wie ein großes Feuer, das ein Land anzündet und verwüstet; also bringt Aufruhr mit sich ein Land voll Mords, Blutvergießen und macht Witwen und Waisen und verstöret alles, wie das allergrößte Unglück. Drum soll hie zuschmeißen, würgen und stechen, heimlich oder öffentlich, wer da kann, und gedenken, dass nichts Giftigeres, Schädlicheres, Teuflischeres sein kann, denn ein aufrührerischer Mensch. Gleich als wenn man einen tollen Hund totschlagen muss; schlägst du nicht, so schlägt er dich, und ein ganz Land mit dir.
Zum Dritten, dass sie solche schreckliche, gräuliche Sünde mit dem Evangelio decken, nennen sich christliche Brüder, nehmen Eid und Huld und zwingen die Leute, zu solchen Gräueln mit ihnen zu halten. Womit sie die allergrößten Gotteslästerer und Schänder seines heiligen Namen werden und ehren und dienen also dem Teufel unter dem Schein des Evangelii, daran sie wohl zehnmal den Tod verdienen an Leib und Seele, dass ich hässlichere Sünde nie gehöret habe. [...]
Denn ein Fürst und Herr muss hie denken, wie er Gottes Amtmann und seines Zorns Diener ist, Röm. 13, 4, dem das Schwert über solche Buben befohlen ist, und sich ebenso hoch vor Gott versündigt, wo er nicht straft und wehret und sein Amt nicht vollführet, als wenn einer mordet, dem das Schwert nicht befohlen ist. Denn wo er kann und straft nicht, es sei durch Mord und Blutvergießen, so ist er schuldig an allem Mord und Übel, das solche Buben begehen, als er da mutwilliglich durch Nachlassen seines göttlichen Befehls zulässt, solchen Buben ihre Bosheit zu üben, so er's wohl wehren kann und schuldig ist.

Fritz Dickmann, Geschichte in Quellen, a. a. O., S. 154 f.

1. Untersuchen Sie Luthers Haltung gegenüber dem Anliegen der Bauern.
2. Mit welchen Argumenten und Versprechungen versucht Luther, die Obrigkeiten zum Eingreifen zu bewegen?
3. Welche Wirkung wird Luthers Schrift auf die aufständischen Bauern gehabt haben?
4. Problematisieren Sie Luthers Haltung zum Widerstand der Bauern angesichts seines eigenen Widerstands gegen die römische Kurie.

Wandlungen der frühen Neuzeit 105

Die überseeische Expansion der europäischen Mächte

Der Kupferstich stammt aus dem 1594 erschienenen 4. Buch der „Sammlung von Reisen in das westliche Indien (Amerika)" des Frankfurter Verlegers Theodore de Bry (1528–1589). Er soll die Landung des Kolumbus auf der Insel San Salvador am 12. Oktober 1492 darstellen.

1492	Der in spanischem Auftrag segelnde Christoph Kolumbus landet auf der mittelamerikanischen Insel San Salvador
1494/1529	Die Verträge von Tordesillas und Zaragossa teilen die „Neue Welt" zwischen Spanien und Portugal auf
1542	Die Indiosklaverei wird offiziell verboten
1607/8	In Nordamerika entstehen die ersten dauerhaften Siedlungskolonien

Die ersten Schritte

Entdeckungsfahrten der Portugiesen und Spanier leiteten im 15. Jahrhundert die Expansion der europäischen Mächte nach Übersee ein. Sowohl wirtschaftliche Motive (Gewürzhandel, Suche nach Edelmetallen) als auch missionarische Kreuzzugspläne und Abenteuerlust standen am Beginn der ersten Entdeckungsfahrten. Voraussetzungen für das Ausgreifen nach Übersee waren dabei notwendigerweise die schrittweise Verbesserung der Navigationsinstrumente (Kompass, Astrolabium[1])), die Konstruktion der hochseetüchtigen Karavelle[2]), die Verbesserung der Seekarten durch genauere Beobachtungen und die Anlage von Küstenstützpunkten.

Den Anfang machten die Portugiesen. Unter dem Königssohn *Heinrich dem Seefahrer* (1394–1460) begannen sie, planmäßig entlang der Westküste Afrikas nach Süden vorzudringen, ohne jedoch das Landesinnere zu erschließen. Im Jahre 1487 umsegelte *Bartolomeu Diaz* (um 1450–1500) die Südspitze Afrikas – das Kap der Guten Hoffnung – und erreichte den Indischen Ozean. Die nächste große Expedition unter dem Kommando *Vasco da Gamas (1468/ 69–1524)* gelangte bis an die indische Küste.

Spanische Unternehmungen und die Aufteilung der Welt

Während in Portugal der Staat die Entdeckungsunternehmungen vorantrieb, waren die spanischen Könige noch mit der Vertreibung der mohammedanischen Mauren beschäftigt. Mit der Eroberung Granadas war die *Reconquista* Anfang 1492 abgeschlossen.

Den Anstoß zu ozeanischen Expeditionen gab ein Privatmann, *Christoph Kolumbus* (1451–1506), ein Tuchmachersohn aus Genua. Im Nachlass seines Schwiegervaters war Kolumbus auf die Briefe des toskanischen Kartographen *Toscanelli* (1397–1482) gestoßen. Toscanelli hatte die These aufgestellt, dass die Route nach Westen, um die Erdkugel herum, zwangsläufig nach Indien führen müsse. Ob die Erde tatsächlich eine Kugel sei, schien zu dieser Zeit jedoch nach wie vor zweifelhaft. Als der König von Portugal das Projekt der Erreichung Indiens auf dem Seeweg nicht unterstützte, wandte sich Kolumbus an das spanische Königspaar *Isabella von Kastilien* (1474–1504) und *Ferdinand von Aragon* (1479–1516). 1492 stellte Isabella – gegen den heftigen Widerstand ihrer Berater – drei Karavellen zur Verfügung. In einem Vertrag mit der spanischen Krone ließ sich Kolumbus den Admiralstitel verleihen und zum Vizekönig der von ihm künftig entdeckten Gebiete ernennen; außerdem ließ er sich einen zehnprozentigen Gewinnanteil vom Reinertrag aller mit diesen Gebieten gehandelten Waren zusichern.

Nach einer Fahrt von über zwei Monaten erreichte Kolumbus am 12. Oktober 1492 die Insel Guanahani (San Salvador) in der Bahama-Gruppe (◊ M 1).

---
[1]) astronomisches Instrument zur Bestimmung von Gestirnen
[2]) Segelschiff im 15./16. Jahrhundert mit hohen Heckaufbauten

Wandlungen der frühen Neuzeit

Anschließend segelte er die Küsten der Inseln Kuba und Haiti entlang, wobei er alle Entdeckungen feierlich für die spanische Krone in Besitz nahm. Nach insgesamt vier überseeischen Expeditionen starb er, noch in dem Glauben, Asien auf dem Seewege erreicht zu haben.

Erst der Florentiner *Amerigo Vespucci* (1454?–1512) erkannte, dass der entdeckte Kontinent nicht Asien war, sondern ein neuer Erdteil, den er die „Neue Welt" nannte. Später bezeichnete man die Neue Welt auf Anregung des Freiburger Kartographen *Martin Waldseemüller* (1470–um 1521) zu Ehren Vespuccis als *Amerika*.

Schon nach der ersten Reise von Kolumbus versuchten die spanischen Könige, das Unternehmen gegen die rivalisierenden Portugiesen abzusichern. Sie erwirkten von Papst *Alexander VI.* (1492–1503) eine Bulle, die ihnen das Besitz- und Herrschaftsrecht über alles Land westlich der Azoren zusprach. Nach Einspruch der Portugiesen wurde diese Linie schließlich im *Vertrag von Tordesillas* 1494 auf 300 Meilen westlich der Kapverdischen Inseln verschoben. Das 1500 entdeckte Brasilien wurde deshalb dem portugiesischen Einflussbereich zugeordnet. Nach der Weltumseglung *Magellans* (um 1480–1521) in den Jahren 1519–1522 und der Entdeckung der Philippinen und Molukken für die Spanier wurden die Einflussgebiete in der Südsee im *Vertrag von Zaragossa* 1529 neu abgegrenzt.

Die wichtigsten Entdeckungsfahrten bis 1522.
Die gestrichelte schwarze Linie gibt die Regelung von Tordesillas wieder.

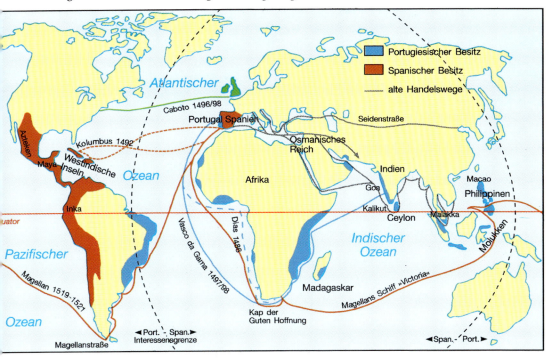

Die spanische Kolonialherrschaft[1]): Begründung – Formen – Folgen

Zur dauerhaften Absicherung ihrer Herrschaft in der Neuen Welt brachten die Spanier Soldaten, Beamte, Missionare und Siedler nach Süd- und Mittelamerika. Ein königlicher Erlass sicherte jedem Ankömmling kostenloses und steuerfreies Land zu. Besonders die Aussicht auf Gold bewegte viele spanische Abenteurer, immer weiter ins Landesinnere vorzudringen. Die *Konquistadoren* (Eroberer) gingen mit größter Brutalität gegen die Indios vor. Unter der Führung von *Hernán Cortés* (1485–1547) wurde 1519–1521 das kulturell hoch stehende Reich der *Azteken* in Mexiko blutig unterworfen. Unter der Führung *Francisco Pizarros* (um 1475–1541) zerstörten spanische Hidalgos (Adlige) 1531–1534 die Hochkultur der *Inka* in Peru und raubten – nach Entführung und Ermordung des Inkakönigs *Atahualpa* – die immensen Goldschätze des Landes. Auf der Suche nach dem Goldland „El Dorado" durchkämmten spanische Abenteurer unkontrolliert das gesamte Land.

Der spanische Kolonialismus veränderte die gesellschaftliche und wirtschaftliche Struktur der überseeischen Gebiete grundlegend und nachhaltig. Nachdem sich bald absehen ließ, dass die Goldschätze des Landes weit geringer waren als erhofft, wurden Plantagenwirtschaften errichtet, wo in einer den Indios bisher unbekannten Massenproduktion gewinnträchtige tropische Pflanzen kultiviert wurden (◊ M 2).

Wegen der ungewohnten Zwangsarbeit und der mangelnden Resistenz gegen die mitgebrachten europäischen Krankheiten ging die Zahl der ursprünglichen Bevölkerung – und damit auch der Arbeitskräfte – katastrophal zurück. Der Mangel an Arbeitskräften wurde letztlich ausgeglichen durch die Einfuhr afrikanischer Sklaven. Das Privileg dazu vergab der spanische König Karl V. 1518 zuerst an die Genuesen, später auch an Portugiesen, Franzosen, Holländer und Deutsche; zuletzt erhielten es die Engländer (1713). Die Indiosklaverei wurde hingegen vor allem dank des Engagements *Bartolomé de las Casas'* (1474–1566), eines Dominikanermönchs, 1542 offiziell abgeschafft (◊ M 3).

Die Einführung des *encomienda-Systems* unterwarf die Indios jedoch einer neuen Form der Zwangsarbeit. Sobald sie von der Krone zu freien Untertanen erklärt worden waren, wurden sie zu einer Art Steuer veranlagt (encomienda = Schutzgebühr). Die spanische Krone belohnte die Konquistadoren für ihre Dienste, indem sie ihnen Gruppen von Indianern zuteilte, die ihre Steuern durch Arbeit abzuleisten hatten. Dafür sollten die Indios geschützt und zum christlichen Glauben bekehrt werden.

Tatsächlich muss man anerkennen, dass die kirchlichen Missionsbemühungen durchaus ernst gemeint waren. Die Spanier bauten Kirchen, Klöster und (höhere) Schulen für die Indios. Damit legten sie den Grundstein für eine heute noch spürbare spezifische christliche Volkskultur, doch ließen sich die verheerenden Eingriffe in das soziale Gefüge so keineswegs ausgleichen (◊ M 4).

---

[1]) Als Kolonien bezeichnet man auswärtige, in der Regel überseeische Besitzungen, die ein Staat sich militärisch oder zumindest wirtschaftlich unterwirft.

Die Kolonienbildung anderer europäischer Nationen

Portugal, das zweite iberische Königreich, ging einen anderen Weg als Spanien. Die Portugiesen begnügten sich mit der Anlage eines Systems von Handels- und Versorgungsstützpunkten entlang der afrikanischen Küste bis nach Indien. Zum Teil übernahmen sie Hafenstädte gewaltsam von den Arabern, die bisher den Gewürz- und Seidenhandel beherrscht hatten. Zwar konnten sie die arabischen Kaufherren nicht ganz ausschalten, doch da sie mit ihnen und der einheimischen Bevölkerung zusammenarbeiteten, blieb das portugiesische Handelsimperium rund 100 Jahre lang unangefochten.

Die Aufteilung der Welt in den portugiesisch-spanischen Verträgen von 1494/1529 konnten die seefahrenden Nationen Westeuropas auf Dauer nicht akzeptieren. Engländer, Niederländer und Franzosen traten im Verlauf des 16. Jahrhunderts zunehmend als Konkurrenten der iberischen Seefahrer auf. Entscheidend war 1588 die Niederlage der spanischen *Armada* gegen die Engländer im Ärmelkanal. Seither galten die Ozeane als frei und sollten dem Handelsverkehr aller Nationen offenstehen. Staatlich lizenzierte Kapitalgesellschaften wie die englische *Ostindienkompagnie* und die *Vereinigte Ostindische Kompagnie (VOC)* der Niederländer (gegründet 1599/1602) übernahmen mit eigenen Streitkräften die Vorherrschaft im lukrativen Asienhandel.

Hendrick van Schuylenburg (1620?–1689?) malte 1665 die Hauptniederlassung der Vereinigten Ostindischen Handelskompagnie in Hugli-Chinsurah. Hier saß das Direktorium für Bengalen, das drei Dörfer gepachtet hatte. Die Niederlassung diente auch als Unterkunft für indische Kaufleute und Weber, mit denen die VOC in Vertragsbeziehungen stand. Tuche waren der Hauptexportartikel Bengalens.

Zunächst weniger attraktiv erschien die koloniale Durchdringung Nordamerikas. Erst 1607 entstand die erste dauerhafte englische Siedlung in Jamestown; 1608 eröffneten die Franzosen Québec als Umschlagplatz für Pelze und Fische. Nicht mehr Gold und Missionierung trieben jetzt den europäischen Kolonialismus an, sondern der Wunsch von Auswanderern nach einem Leben unter besseren Bedingungen und die wirtschaftspolitischen Interessen der Nationalstaaten. Bald sollten die Kolonien auch zu einem Austragungsort von Konflikten zwischen den europäischen Regierungen werden.

Wirtschaftliche Folgen für Europa

Der Kolonialismus schuf im 16. Jahrhundert mit dem *Dreieckshandel* zwischen Europa, Afrika und Amerika eine neue Form des Welthandels. Die Folgen von Kolonialismus und Dreieckshandel für die weitere Geschichte Amerikas und ihre Rückwirkungen auf Europa werden heute sehr unterschiedlich beurteilt. Die Vorgänge in Südamerika hatten natürlich Rückwirkungen auf das spanische Mutterland. Vor allem die Silberminen von Potosi (Peru) waren überaus ertragreich und vermehrten die Geldschöpfung in Spanien. Von dort aus verstärkten sie die inflationären Tendenzen im europäischen Wirtschaftsleben. Noch nicht geklärt ist allerdings die Frage, inwieweit das südamerikanische Silber für den Kauf asiatischer Luxusgüter verwendet wurde und somit gar nicht preistreibend in den europäischen Wirtschaftskreislauf gelangte.
Man weiß heute, dass der Warenaustausch zwischen den anderen Kontinenten und Europa summenmäßig nicht annähernd an den europäischen Binnenverkehr heranreichte. Doch das öffentliche Interesse, das er fand, weckte die Phantasie der Menschen und wirkte dadurch als Antriebsrad für die nationalen Volkswirtschaften. Die eingeführten Waren (Stoffe, Möbel, Porzellan) beeinflussten die Mode, und bislang unbekannte Lebensmittel (Kaffee, Tee, Pfeffer, Kartoffel) veränderten die Ernährungsgewohnheiten. Der europäische Horizont hatte sich erweitert.

Der atlantische Dreieckshandel.

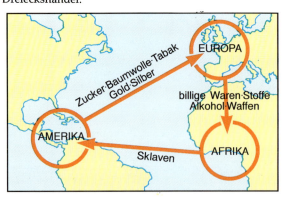

Christoph Kolumbus: Aus dem Tagebuch der ersten Entdeckungsfahrt

M 1

Im Bordbuch seiner ersten Entdeckungsfahrt hielt Kolumbus Eindrücke, Vorkommnisse und Beobachtungen fest, gab aber auch seinen Auftraggebern Anregungen zur praktischen Verwertung seiner Entdeckungen.

Freitag, den 12. Oktober 1492

[...] Ich rief die beiden Kapitäne und auch all die anderen, die an Land gegangen waren, ferner [...] den Notar [...] und sagte ihnen, durch ihre persönliche Gegenwart als Augenzeugen davon Kenntnis zu nehmen, dass ich im Namen des Königs und der Königin, meiner Herren, von der genannten Insel Besitz ergreife, und die rechtlichen Unterlagen zu schaffen, wie es sich aus den Urkunden ergibt, die dort schriftlich niedergelegt wurden.
Sofort sammelten sich an jener Stelle zahlreiche Eingeborene der Insel an. In der Erkenntnis, dass es sich um Leute handle, die man weit besser durch Liebe als mit dem Schwerte retten und zu unserem Heiligen Glauben bekehren könne, gedachte ich sie mir zu Freunden zu machen und schenkte also einigen unter ihnen rote Kappen und Halsketten aus Glas und noch andere Kleinigkeiten von geringem Werte, worüber sie sich ungemein erfreut zeigten. Sie wurden so gute Freunde, dass es eine helle Freude war. Sie erreichten schwimmend unsere Schiffe und brachten uns Papageien, Knäuel von Baumwollfaden, lange Wurfspieße und viele andere Dinge noch, die sie mit dem eintauschten, was wir ihnen gaben, wie Glasperlen und Glöckchen. [...]
Sie müssen gewiss treue und kluge Diener sein, da ich die Erfahrung machte, dass sie in Kürze alles, was ich sagte, zu wiederholen verstanden; überdies glaube ich, dass sie leicht zum Christentum übertreten können, da sie allem Anschein nach keiner Sekte angehören. [...]

Samstag, den 13. Oktober

Ich beachtete alles mit größter Aufmerksamkeit und trachtete, herauszubekommen, ob in dieser Gegend Gold vorkomme. Dabei bemerkte ich, dass einige von diesen Männern die Nase durchlöchert und durch die Öffnung ein Stück Gold geschoben hatten. Mithilfe der Zeichensprache erfuhr ich, dass man gegen Süden fahren müsse, um zu einem König zu gelangen, der große, goldene Gefäße und viele Goldstücke besaß. [...]

Sonntag, den 14. Oktober

[...] Doch halte ich eine derartige Umgestaltung [zu einer Festung] nicht für erforderlich, da ja die Bewohner keine besonderen Kenntnisse von Waffen besitzen, wovon Eure Hoheiten sich bei den sieben Leuten persönlich überzeugen können, die ich ergreifen ließ, um sie nach Spanien mitzubringen, wo sie unsre Sprache erlernen sollen, ehe wir sie wieder zurückbringen. Sollten Eure Hoheiten den Befehl erteilen, alle Inselbewohner nach Kastilien zu schaffen oder aber sie auf ihrer eigenen Insel als Sklaven zu halten, so wäre dieser Befehl leicht durchführbar, da man mit einigen fünfzig Mann alle anderen niederhalten und zu allem zwingen könnte.

Fritz Dickmann, Geschichte in Quellen, Renaissance – Glaubenskämpfe – Absolutismus, München, 2. Auflage 1976, S. 45 f.

1. Beschreiben Sie die erste Begegnung von Indianern und Europäern. Ziehen Sie dazu auch vergleichend die Abbildung auf Seite 105 heran.
2. Untersuchen Sie die aus dem Tagebuch hervorgehenden Motive der Entdecker und stellen Sie eine Rangordnung der Motive auf.

M 2 Eduardo Galeano: König Zucker und andere Landwirtschaftsmonarchen

In einem 1971 veröffentlichten Buch beschrieb der uruguayanische Journalist Eduardo Galeano die Geschichte des lateinamerikanischen Kontinents als eine Geschichte der Ausbeutung.

Die Gold- und Silbersuche bildete zweifellos den Hauptantrieb der „Conquista". Aber bei seiner zweiten Reise brachte Kolumbus die ersten Zuckerrohrwurzeln von den Kanarischen Inseln mit und pflanzte sie auf dem Boden, den heute die Dominikanische Republik einnimmt. Sobald sie ausgesät waren, keimten sie schnell, zur großen Freude des Admirals. Der Zucker, der in kleinem Maßstab in Sizilien, auf Madeira und den Kapverdischen Inseln angebaut wurde und den man zu hohen Preisen verkaufte, war in Europa ein so begehrter Artikel, dass er zuweilen sogar im Brautschatz von Königinnen als Teil der Mitgift angeführt wurde. Er wurde in den Apotheken verkauft; man wog ihn grammweise. Fast drei Jahrhunderte hindurch von der Entdeckung Amerikas an gab es für den europäischen Handel kein Agrarprodukt, das wichtiger gewesen wäre als der in diesen Ländern angebaute Zucker. [...] Legionen von Sklaven kamen aus Afrika, um König Zucker die reichliche und kostenlose Arbeitskraft zu verschaffen, die er verlangte: zur Verbrennung bestimmten menschlichen Betriebsstoff. Die Ländereien wurden von dieser selbstsüchtigen Pflanze verwüstet, die in die Neue Welt einfiel, indem sie die Wälder verheerte, die naturgegebene Fruchtbarkeit verschwenderisch missbrauchte und die auf dem Boden angehäufte Humuserde auslaugte. Der lange Zuckerzyklus brachte in Lateinamerika einen ebenso tödlichen Wohlstand hervor, wie ihn in Potosi, Ouro Preto, Zacatecas oder Guanojato der Gold- oder Silberfuror verursacht haben. Gleichzeitig trieb er in entscheidendem Maß auf direktem oder indirektem Wege die industrielle Entwicklung Hollands, Frankreichs, Englands und der Vereinigten Staaten voran. [...]
Im Moment des Eintritts in den Weltmarkt erlebte jede Zone einen dynamischen Zyklus; später jedoch, sei es infolge der von Ersatzprodukten ausgeübten Konkurrenz, der Erschöpfung des Bodens oder dem Aufkommen anderer, besser geeigneter Zonen, kam der Verfall. Die Kultur der Armut, die auf bloßes Fortbestehen orientierte Wirtschaft, die Lethargie, das sind die Preise, die im Verlauf der Jahre für den anfänglichen Impuls der Produktion zu bezahlen sind. Der Nordosten war die reichste Zone Brasiliens und ist heute die ärmste; in Barbados und in Haiti sind menschliche Ameisenhaufen anzutreffen, die zum Elend verurteilt sind; der Zucker wurde zum Hauptschlüssel für die Beherrschung Cubas durch die Vereinigten Staaten; ihr Preis war die Monokultur und der erbarmungslose Raubbau. Aber es war nicht nur der Zucker. Dies ist auch die Geschichte des Kakaos, dem das Vermögen der Oligarchie in Caracas seinen Ursprung verdankt [...]. Es ist ebenso die Geschichte des Kaffees, der bei seinem Vorrücken Wüsten hinter sich lässt, und die der Obstpflanzungen in Brasilien, Kolumbien, Ecuador und den unglücklichen Ländern Mittelamerikas.
Den gleichen Weg gingen auch die Zonen, die Mineralschätze hervorbrachten. Je begehrter ein Produkt auf dem Weltmarkt ist, umso größer ist das Unglück des lateinamerikanischen Volkes, das sich opfern muss, um es zu erzeugen.

Eduardo Galeano, Die offenen Adern Lateinamerikas. Die Geschichte eines Kontinents von der Entdeckung bis zur Gegenwart, Wuppertal 1979, S. 72 ff.

1. Stellen Sie dar, aus welchem Grunde die Zuckerplantagen in Lateinamerika entstanden.
2. Welcher Zusammenhang besteht zwischen den Luxusbedürfnissen Europas und dem Elend der Erzeugerländer?
3. Beschreiben Sie die sozialen, ökonomischen, politischen und ökologischen Folgen der Monokulturen.
4. Welchen Zusammenhang sieht Galeano zwischen der Geschichte und der Gegenwart?

Indianer und „Entdecker"

Bartolomé de las Casas über Ursachen und Auswirkungen der spanischen Eroberung (1541/42). De las Casas war zunächst selbst ein Konquistador, ehe er sich als Bischof von Chiapas für die Indios engagierte:

Wir können hier als eine gewisse und wahrhaftige Tatsache anführen, daß in obgedachten vierzig Jahren durch das erwähnte tyrannische und teuflische Verfahren der Christen, mehr als zwölf Millionen Männer, Weiber und Kinder auf die ruchloseste und grausamste Art zur Schlachtbank geführt wurden, und wir würden in der Tat nicht irren, wenn wir die Anzahl derselben auf fünfzehn Millionen angäben. [...] Die einzige und wahre Grundursache, warum die Christen eine so ungeheure Menge schuldloser Menschen ermordeten und zugrunde richteten, war bloß diese, daß sie ihr Gold in ihre Gewalt zu bekommen suchten. [...] Es geschah, ich muß es sagen, weil sie einen so unersättlichen Geiz und Stolz besaßen, daß ihresgleichen in der ganzen Welt wohl schwerlich zu finden ist. Es geschah, weil sie in diesen reichen und fruchtbaren Ländern sich festzusetzen wünschten, und weil die Bewohner derselben so demütig, so geduldig und so leicht zu unterjochen waren. In der Tat, sie achteten und schonten sie weit weniger – und ich sagte die Wahrheit, denn ich habe es die ganze Zeit über mit angesehen – nicht etwa wie bloß ihr Vieh – wollte Gott, sie hätten sie nicht grausa-

Fernandes Oviedo (1478–1557), offizieller Chronist der Krone:

Als Columbus die Insel entdeckte, fand der Admiral dort eine Million Indios und Indias, in jedem Alter, groß und klein. Man schätzt, dass es von diesen und von denen, die später geboren wurden, heute, im Jahr 1548, keine 500 Kinder und Erwachsene mehr in direkter Abstammung gibt, denn die Mehrzahl der heutigen Bevölkerung wurde von den Christen von anderen Inseln oder vom Kontinent hergebracht, um sich ihrer zu bedienen.
Da die Minen sehr reichhaltig waren und die Gier der Menschen unersättlich, ließen einige die Indios unmäßig arbeiten, andere gaben ihnen nicht so gut zu essen, wie es nötig gewesen wäre. Außerdem sind diese Leute von Natur aus müßig, lasterhaft und ein wenig melancholisch, feige und gemein. Sie haben schlechte Neigungen, sind Lügner, besitzen wenig Gedächtnis und überhaupt keine Ausdauer. Aus Zeitvertreib töteten sie sich mit Gift, um nicht arbeiten zu müssen, andere hängten sich mit eigener Hand auf.

W. Wimmer, Die Sklaven. Herr und Knecht – Eine Sozialgeschichte mit Gegenwart, Reinbek 1979, S. 86 f.

Diese Illustration zum aufrüttelnden Bericht des Mönches de las Casas zeigt, wie die spanischen Eroberer die Indianer misshandelt haben (Kupferstich von Theodore De Bry).

mer als ihr Vieh behandelt! – sondern sie achteten sie nicht höher, ja noch weit geringer als den Kot auf den Straßen.
So sorgten sie für die Erhaltung ihres Lebens und das Heil ihrer Seelen. Ich kann heilig beteuern, daß alle die Millionen Menschen, wovon ich weiter oben sprach, ohne Glauben und ohne Sakrament verschieden sind. Auch ist es eine notorische, allgemein bekannte Wahrheit [...], daß nie ein Christ in ganz Indien von den Indianern beleidigt ward. Sie begegneten vielmehr den Spaniern so, als kämen sie vom Himmel.

Hans Magnus Enzensberger (Hrsg.), Bartolomé de las Casas, Kurzgefaßter Bericht von der Verwüstung der Westindischen Länder, Frankfurt/Main 1981, S. 12 f.

1. *Charakterisieren Sie die von den Chronisten vorgenommenen Wertungen.*
2. *Problematisieren Sie die Glaubwürdigkeit ihrer Aussagen.*

"Platz der drei Kulturen" in Mexiko-City. Auf dem Boden der alten Hauptstadt der Azteken wurde Mexico-City wieder aufgebaut. Mit den Resten der Azteken-Pyramide, einer Kirche aus der Zeit der Eroberer und modernen Bauten verdeutlicht der Platz Teile der kulturellen Geschichte des Landes.

Hätte Kolumbus zu Hause bleiben sollen?

Friedrich W. Sixel beschreibt unter der Überschrift „Christoph Columbus war kein Freund von mir" Folgen des europäischen Ausgreifens nach Mittel- und Südamerika.

Wolfgang Günter Lerch setzt sich mit den Feierlichkeiten von 1992 zum 500. Jahrestag der Entdeckung Amerikas durch Kolumbus auseinander. Der Autor bezweifelt keineswegs die Zerstörung der altamerikanischen Kulturen durch die Europäer. Dennoch kommt er in seinem Aufsatz zu einer überraschenden Frage.

Es ist schon erstaunlich, wie viele sich nach uns richten. Die ganze Welt scheint sich einig zu sein: Vor Kolumbus war das „Mittelalter", nachher kam die „Neuzeit". Wir „entdeckten" sie, und das war „1492". Wir nannten sie „Indianer" [...] und bald begannen wir, sie zu „bekehren" und später auch zu „entwickeln". Richtig an alledem ist, dass es Weiße waren, die den Atlantik überquerten und nicht Indianer. Richtig ist auch, dass sie vor uns in der „Neuen Welt" waren, und dass uns das wenig störte. Und schließ-

Das fünfhundertste Jubiläum der Entdeckung Amerikas ist mit einer dem Westen mittlerweile zur zweiten Natur gewordenen Kampagne der Selbstbezichtigung begangen, jedenfalls nicht im eigentlichen Sinne gefeiert worden. Wie alle Sterblichen, so ist auch der italienische Seefahrer in spanischen Diensten Cristóbal Colón nicht gegen Kritik gefeit; doch die oft unhistorischen Anwürfe dieses Jubiläumsjahres, die dazu führten, dass der mündige Bürger aus dem Abstand eines halben Jahrtausends und bei

lich stimmt der Gemeinplatz, dass wir einander irgendwann zum ersten Mal gesehen haben müssen, wobei zu beachten ist, dass diese Begegnung eine böse für den Indianer war. Diese böse Entdeckung wird heute noch von fast jedem Indianer gemacht, meist lange, bevor er sie so recht begreift. [...]
So wenig Christoph Kolumbus im 16. Jahrhundert den Indianern Gutes brachte, so wenig tut es die Entwicklungshilfe heute. Zu tun hat das wohl damit, dass wir uns in unseren Forschungen immer nur mit unseren Vorstellungen auseinandersetzen, nicht aber mit den Menschen, die wir vor uns haben. Selbst dafür werden wir Erklärungen haben, gelehrte, wenn es sein muss, aber sie ändern nichts daran, dass heute noch Indianer unter uns leiden.
Ob wir das ändern können, muss sich zeigen. Wenn wir es ändern, geht das sicher an die Wurzeln unserer westlichen Tradition und an das, was uns die Macht gegeben hat, die Welt so zu verstehen und die Dinge so zu benennen, wie es uns passt. In diesem Sinne ist es immer noch „1492", als wir „Amerika" „entdeckten".

K.-H. Kohl (Hrsg.), Mythen der Neuen Welt. Zur Entdeckungsgeschichte Lateinamerikas, Berlin 1982, S. 224 ff.

staatlich verbürgter Sicherheit für seinen Lehnstuhl ganze Epochen der abendländischen Geschichte abkanzeln konnte, müssen bedenklich stimmen. Hätte Kolumbus wirklich besser zu Hause bleiben oder umkehren sollen?

Wolfgang Günter Lerch, in: Frankfurter Allgemeine Zeitung Nr. 7, 9. 1. 1993 (Beilage)

1. Problematisieren Sie den Begriff der „Entdeckung". Informieren Sie sich in der Literatur über die Geschichte der Indianer.
2. Warum setzt Friedrich W. Sixel so viele Begriffe in Anführungszeichen?
3. Welche Verbindungslinien sieht Sixel zwischen 1492 und unserer Gegenwart?
4. Welchen Vorwurf erhebt Wolfgang Günter Lerch gegen die Kritik an der „Entdeckung Amerikas"?
5. Ein Ziel der Geschichtsschreibung ist, die charakteristischen Züge einer Epoche anschaulich darzustellen. Diskutieren Sie die Frage, inwieweit Erfahrungen nachfolgender Generationen in die Bewertung früherer Ereignisse einfließen dürfen oder müssen.
6. Beide Texte sind aus unterschiedlichen Blickwinkeln verfasst. Arbeiten Sie diese heraus und bemühen Sie sich um eine eigene Bewertung der Fahrt des Kolumbus.

Fernwirkungen des Epochenumbruchs

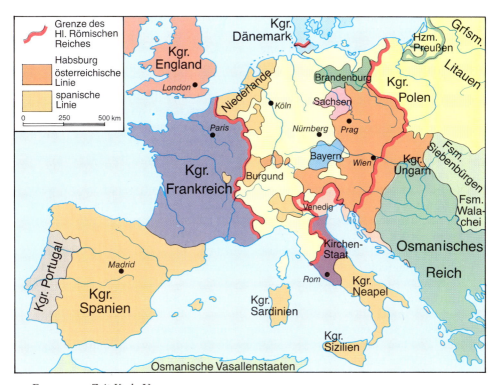

Europa zur Zeit Karls V.

1534	Ignatius von Loyola gründet den Jesuitenorden
1545–1563	Das Konzil von Trient reformiert die Papstkirche und grenzt die katholische Lehre von den reformatorischen Bewegungen ab
1556	Kaiser Karl V. dankt ab und teilt das Habsburgische Weltreich
1572	In Frankreich ermorden Katholiken rund 13 000 Reformierte („Bartholomäusnacht")
1581	Sieben niederländische Provinzen erklären die Vereinigten Republiken der Niederlande für unabhängig
1598	Das Edikt von Nantes gewährt den französischen Hugenotten weitgehende Religionsfreiheit
1618–1648	Der Dreißigjährige Krieg verwüstet die Mitte Europas
1637	René Descartes veröffentlicht sein Hauptwerk „Discours de la méthode" und leitet damit den wissenschaftlichen Rationalismus ein

Universalreich oder Nationalstaaten?

Seit 1519 stand Kaiser Karl V. an der Spitze des „Heiligen Römischen Reiches Deutscher Nation"; zugleich war er König von Spanien. Dieses „zusammengewürfelte" habsburgische Erbe in Europa und Übersee wollte er durch die alte Institution des Kaisertums und eine gemeinsame Religion zu einem christlichen *Universalreich* verbinden. Doch bereits Karls Bemühungen, die monarchische Zentralgewalt im Reich zu stärken, scheiterten – nicht zuletzt am Widerstand der katholischen Reichsstände. Zu stark hatten sich in den zurückliegenden Jahrhunderten die Territorialherrschaften ausgebildet, als dass sie sich nun untergeordnet hätten. Die Bestimmungen des Augsburger Religionsfriedens von 1555 bedeuteten dann einen weiteren Sieg der Reichsfürsten und Städte über den Kaiser. Die Anerkennung einer zweiten Glaubenslehre erschütterte überdies die sakrale Stellung des Kaisertums. Obwohl Karl V. die Vormachtstellung Habsburgs in mehreren Kriegen gegen das auf dem Balkan vordringende Osmanische Reich und gegen Frankreich bewahren konnte, dankte er 1556 resigniert ab und zog sich ins spanische Kloster San Yuste zurück.

Mit der von Karl bestimmten Erbfolge wurde auch die Einheit der habsburgischen Monarchie aufgegeben. Seinem Bruder Ferdinand übergab er die Reichsregierung, die österreichischen Stammlande und die Kaiserkrone, seinem Sohn *Philipp II.* (1556–1598) die spanische Krone mit den Niederlanden, Burgund und Italien. Diese 1559 im Frieden von Cateau-Cambrésis festgeschriebene neue europäische Ordnung räumte Spanien eine Hegemonialstellung ein. Das supranationale Kaisertum hatte seine Vorrangstellung eingebüßt, eröffnet war der Weg in ein Europa der gleichberechtigten Nationalstaaten, das erst im 20. Jahrhundert die Idee der politischen Einheit wieder entdecken sollte.

Konfessionalisierung

Mit dem Augsburger Religionsfrieden war die mittelalterliche Glaubenseinheit im Reich endgültig zerbrochen. Trotzdem waren die habsburgischen Kaiser Ferdinand I. und *Maximilian II.* (1564–1576) sowie zahlreiche andere Fürsten zunächst auf ein friedliches Zusammenleben von Protestanten und Katholiken in ihren Territorien bedacht. Dem standen allerdings die miteinander rivalisierenden Theologien entgegen, die sich jeweils unversöhnlich im Alleinbesitz der christlichen Wahrheit wähnten.

In der Folge grenzten sich die Bekenntnisse voneinander ab, verfestigten sich in ihrer Lehre, in ihrer Kirchenorganisation und in ihrer Einflussnahme auf den Alltag der Glaubensangehörigen. Diesen Vorgang bezeichnet man als *Konfessionalisierung*. In den allermeisten Ländern und Städten des Reichs bauten sich seit den siebziger Jahren von Theologen geschürte tiefgreifende Glaubens- und Mentalitätsschranken auf. Nur in wenigen Reichsstädten (Augsburg, Biberach, Ravensburg) konnten Lutheraner und Katholiken gleichberechtigt nebeneinander leben.

Gewissermaßen im Bündnis mit der Unduldsamkeit des Konfessionalismus trieben die weltlichen Landesherren die Einheit ihrer Territorien voran. Die Glaubensfrage wurde benutzt, um die religiöse oder politische Opposition des Adels in ihren ständischen Mitspracherechten einzuschränken. Zusätzlich öffneten sich in den protestantischen Besitztümern dem Einfluss der Fürsten Bereiche, die bisher der Kirche vorbehalten waren: Schulen und Universitäten, Ehe und Familie, die Armenfürsorge. Aber auch in den katholischen Ländern überwachten die Herrscher die Tätigkeit der Kirche, beteiligten sich an ihren Einnahmen und besetzten höhere Ämter selbst.

Die katholische Doppelstrategie: Gegenreformation und Reform

Die katholische Kirche suchte im Zeitalter des Konfessionalismus auf zweierlei Weise den Erfolgen der Reformation entgegenzuarbeiten: durch *Reform*, also innere Erneuerung und Selbstbesinnung, und durch die *Gegenreformation*, also den Kampf gegen den Protestantismus.

An der Spitze der *Gegenreformation* stand der 1534 von dem ehemaligen spanischen Offizier *Ignatius von Loyola* (1491–1556) gegründete *Jesuitenorden (Gesellschaft Jesu)*. Ziel des Ordens war nicht mehr der mittelalterliche Rück-

Im 16. Jahrhundert stellte der spanische Maler Pedro Berruguete (1489?–1561) dieses Inquisitionsgericht dar. Im Jahre 1232 hatte Papst Gregor IX. den Dominikanern die Verfolgung der Ketzer übertragen. Über allen anderen Personen thront der heilige Dominikus. Unter ihm werden zwei Ketzer dem Gericht vorgeführt – auf ihren Umhängen und Papiermützen stehen Schmähworte – und anschließend, wie am rechten Bildrand zu sehen ist, verbrannt.

zug aus der Welt auf der Suche nach dem rechten Glauben, sondern der aktive, am Diesseits orientierte Missionierungsauftrag. Zusätzlich verpflichteten sich die Ordensangehörigen zu uneingeschränktem Gehorsam gegenüber dem Papst. Dieser erkannte dann auch 1540 die Gesellschaft Jesu offiziell als päpstlichen Orden an. Beim Tod ihres Gründers zählte die Gesellschaft bereits über 4000 Mitglieder, die sich einer strengen Hierarchie und Ordenszucht unterwerfen mussten (♭ M 1).

Die Jesuiten trugen wesentlich dazu bei, die Erfolge der Reformation zu bremsen und verlorengegangenes Terrain für den Papst zurückzugewinnen. Dabei war besonders ihr Schul- und Hochschulwesen von Bedeutung, das wegen seines hohen Niveaus allgemein geschätzt wurde und das den neuausgebildeten Klerus prägte. Als Beichtväter und Berater vieler katholischer Fürsten gewannen die Jesuiten auch politischen Einfluss.

Zu einer zweiten bedeutenden Waffe der Gegenreformation wurde die seit 1542 einem Kardinalskolleg unterstellte Inquisition. Sie verfolgte unerbittlich all diejenigen als Ketzer, die von der reinen katholischen Lehre im Sinne des Papsttums abwichen. Kritische Bücher waren der Zensur unterworfen, Andersdenkende wurden als Häretiker verdächtigt, verhaftet, gefoltert und hingerichtet.

Der zweite Versuch der katholischen Erneuerung wurde „von oben" unternommen. *Papst Paul III.* (1534–1549) gab der Forderung des Kaisers und der deutschen Reichsstände nach einer Kirchenreform und einem Konzil nach. Er erneuerte das Kardinalskollegium und eröffnete das folgenreiche *Trienter Reformkonzil (Tridentinum)* (1545–1563), dessen Beschlüsse über drei Jahrhunderte die verbindliche Grundlage des katholischen Glaubens bildeten. Dem Wunsch der deutschen und französischen Krone, einen Weg der Verständigung mit den Protestanten zu suchen, entsprach die Kurie jedoch nicht.

In Abgrenzung zum Wittenberger Reformator lehrte das Konzil, dass die Rechtfertigung des Gläubigen nicht durch den Glauben allein, sondern auch durch seine Werke und die vermittelnde Hilfe der Kirche erfolge. Überdies sei nicht allein die Bibel Quelle des Glaubens, sondern auch die nachbiblische Überlieferung der Kirche. Das Papsttum als Oberhaupt der Kirche wurde ausdrücklich bestätigt und die Zahl der Sakramente auf sieben festgesetzt – Luther wollte nur zwei gelten lassen (Abendmahl und Taufe). Die Auslegung der Heiligen Schrift sei nicht dem Einzelnen unter Berufung auf sein Gewissen erlaubt, sondern einzig und allein den zuständigen kirchlichen Institutionen. Neben der Festlegung der Glaubenslehre wurden in Trient auch Beschlüsse zur Reform der kirchlichen Organisation und zur Seelsorge gefasst. Sie entfalteten ihre Wirksamkeit überwiegend erst im 17. Jahrhundert. Gleiches galt für die Bestimmungen zur Erneuerung und Verbesserung der Priesterausbildung, zur Diözesanverwaltung und zur Lebensführung der Laien (Herausgabe eines katholischen Katechismus; „Sendgerichte" konnten bei Verstoß gegen die Sitten Bußen und Geldstrafen verhängen) (♭ M 2).

Konfessionelle Spannungen im Reich

Der Augsburger Religionsfrieden hatte die Koexistenz von protestantischer und katholischer Lehre sichergestellt, künftige Veränderungen des beiderseitigen Besitzstands waren damit nicht ausgeschlossen. Zunächst erlaubte der nach wie vor reformatorische Zeitgeist den lutheranischen Landesherren eine Ausdehnung ihres Machtbereichs. Entgegen den Beschlüssen des Augsburger Reichstags säkularisierten sie Hunderte von Klöstern oder verleibten im Norden Deutschlands selbstständige geistliche Fürstentümer ihren Territorien ein. Im Rahmen der Gegenreformation fand die Papstkirche dann Parteigänger unter katholisch gebliebenen Fürsten.

Vor allem die bayerischen Herzöge aus dem Geschlecht der *Wittelsbacher*, später auch die Habsburger, setzten – meist im Verbund mit geistlichen Landesherren – beispielsweise in Baden, im Rheinland und in Westfalen eine Rekatholisierung der Bevölkerung durch. In Österreich wurden evangelische Gottesdienste bei Todesstrafe verboten. Lutheraner, die an ihrem Glauben festhalten wollten, wurden überall binnen weniger Tage ausgewiesen.

Obwohl vom Religionsfrieden ausgeklammert, gelang es dem Calvinismus, im Reich Fuß zu fassen. Der Übertritt einiger protestantischer Fürsten zur „zweiten Reformation" wurde von den evangelischen Standesgenossen toleriert und damit gegenüber dem Kaiser abgedeckt. Heidelberg, die Residenzstadt der Kurpfalz, blühte als Zentrum der „Reformierten" auf; auch die in Brandenburg regierenden *Hohenzollern* traten zur reformierten Kirche über, ihre Untertanen blieben allerdings weitgehend Lutheraner.

Angesichts der überragenden Bedeutung, die die Religion als Lebensmaxime für die Menschen des 16. Jahrhunderts besaß, beeinflusste die Glaubensspaltung zusehends die soziale und politische Entwicklung. Der militanter werdende Konfessionalismus ließ die Fürsten immer mehr ihre auf Ausgleich bedachte Haltung aufgeben. Doch noch war der Augsburger Kompromiss in der Lage, die Spannungen im Reich zumindest äußerlich einzudämmen. Viel schlimmer tobten sich die Auseinandersetzungen um den richtigen Glauben in Westeuropa aus.

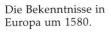

Die Bekenntnisse in Europa um 1580.

Bürgerkrieg in den Niederlanden

Die Niederlande unterstanden seit der habsburgischen Erbteilung dem spanischen König Philipp II. Noch stärker als sein Vater Karl wollte Philipp die zersplitterten spanischen Besitzungen zentralistisch und im Dienste der katholischen Religion regieren. Dies konnte nicht im Einklang mit den siebzehn niederländischen Provinzen geschehen, die argwöhnisch auf ihre sorgsam gehüteten Eigenständigkeiten achteten.

Der Konflikt entzündete sich, als Philipp gleich nach Regierungsantritt durch eine neue Kirchenorganisation und verschärfte Ketzerverfolgung der kleinen, aber aktiven reformierten Minderheit den Hochadel gegen sich aufbrachte. Erste Gewalttaten brachen 1566 aus: Calvinistische Bilderstürmer plünderten Kirchen und Klöster und terrorisierten die katholische Bevölkerung. Obwohl ihnen von den niederländischen Adelsführern bereits der Prozess gemacht worden war, gingen im darauf folgenden Jahr spanische Truppen unter dem *Herzog von Alba* brutal gegen die Niederländer vor. Vergeblich forderten diese die Anerkennung ihrer traditionellen Selbstverwaltungsrechte und die Wahrung konfessioneller Toleranz. Massenhinrichtungen, Inquisition und zusätzliche Steuern trieben viele ins Exil oder in den militärischen Aufstand. Dessen Führer wurde der zum Calvinismus übergetretene *Wilhelm von Oranien* (1533–1584). Die gemäßigte, überwiegend katholische Mehrheit strebte während der langjährigen blutigen Kämpfe wiederholt einen Ausgleich an. Aber weder Philipp II. noch die sich immer radikaler gebärdenden Calvinisten akzeptierten eine Duldung der anderen Konfession. Als keine Vermittlung mehr möglich schien, zerbrach schließlich die zahlenmäßig starke Partei der Mitte. Der von einem starken Bürgertum geprägte Norden sagte sich 1581 vom König los, die vom Adel dominierten südlichen Provinzen verblieben bei Spanien (◊ M 3).

Da es den sieben nördlichen *Generalstaaten* nicht gelang, einen Monarchen zu finden, erklärten sie sich zur Republik. Die Kämpfe mit den spanischen Truppen zogen sich noch bis ins 17. Jahrhundert hin, die Grenzziehungen entsprachen am Ende weitgehend dem heutigen Grenzverlauf zwischen Belgien und den Niederlanden. Ebenfalls bis ins 17. Jahrhundert sollte es auch dauern, ehe der Calvinismus in der unabhängig gewordenen Republik eine Mehrheit in der Bevölkerung fand.

Hugenottenkriege[1]) in Frankreich

1559 gaben sich in Frankreich 50 Gemeinden der reformierten Bewegung bei einem geheimen Treffen eine gemeinsame Verfassung nach dem Modell Calvins. Damit verfügten sie – anders als die Protestanten im Reich – über eine vom Staat unabhängige Organisation. Aus der Situation einer von der Obrigkeit nicht geschützten Minderheit heraus entwickelte in der Folgezeit *Theodor*

---

[1]) franz.: huguenots; die Herkunft des Wortes ist in der Wissenschaft umstritten. Möglicherweise handelt es sich um eine Anspielung auf ein „Stadtgespenst" namens Hugo aus Tours an der Loire. Die Hugenotten folgten der Lehre des Franzosen Jean Calvin.

Die Bartholomäusnacht, Monumentalgemälde des Flamen Ambroise Dubois d'Amiens, um 1570. In der Nacht vom 23. auf den 24. August 1572 ermordeten katholische Schergen rund 3000 Hugenotten in Paris; etwa 10 000 wurden in den folgenden Wochen in der Provinz getötet. Die Nachricht von den Massakern kommentierte der Herzog von Alba gegenüber *Katharina von Medici*, der Witwe des französischen Königs: „Viel besser ist es, ein Reich in verwüstetem, ja zugrunde gerichtetem Zustand durch einen Krieg für Gott und für den König zu behaupten, als unversehrt ohne Krieg für den Teufel und seine Anhänger, die Ketzer."

Beza (1519–1605), der Nachfolger Calvins, eine eigene Widerstandstheologie: Da die weltliche Gewalt Gott untergeordnet sei, hätten die Gläubigen das Recht zum Widerstand gegen einen in Konfessionsdingen irrenden Herrscher – bis hin zur Tötung des Monarchen. Von hier aus war es später nicht weit zum Gedanken der *Volkssouveränität*, der das Verfassungsdenken in den westeuropäischen Staaten und Nordamerika maßgeblich beeinflusste.

Im Hintergrund der konfessionellen Kriege in Frankreich stand – ähnlich wie im Unabhängigkeitskampf der niederländischen Provinzen – die Auseinandersetzung zwischen monarchischer Zentralgewalt und Selbstständigkeitsstreben der Stände. Das französische Königtum litt im 16. Jahrhundert unter einer Schwäche des regierenden Hauses *Valois*, die die großen Adelsgeschlechter auszunutzen hofften. An der Spitze der rivalisierenden Parteien bei Hof standen das Geschlecht der *Guise* und das Haus *Bourbon*, die beide erst nach und nach als Führer der katholischen Mehrheit beziehungsweise der calvinistischen Minderheit auftraten. Seit 1562 überzog das Land schließlich eine nicht enden wollende Folge von *Hugenottenkriegen*. Sie gipfelten 1572 im Massaker der *Bartholomäusnacht*, dem zahlreiche Führer der reformierten Partei zum Opfer fielen.

Da es den feudalen Grundherren und anderen regionalen Gewalten in den Provinzen nicht gelang, die Religionskämpfe zu beenden sowie Sicherheit und Ernährung der Bevölkerung zu gewährleisten, wuchs das allgemeine Bedürfnis nach einem starken Königtum. Aber erst *Heinrich IV.*[1]) konnte mit einem zentralisierten Regierungsapparat das Königreich wieder unter Kontrolle bringen. Das *Edikt von Nantes* (1598) trug Wesentliches dazu bei, indem es den Hugenotten Religionsfreiheit und weitgehende Gleichberechtigung gewährte (◊ M 4). Die aus der allgemeinen Krisensituation heraus geforderte Wiedererstarkung des Königtums wies zuerst in Frankreich den Weg in den *monarchischen Absolutismus*[2]).

Religiöse Bürgerkriege brachen im Gefolge von Reformation und Konfessionalismus auch in anderen europäischen Ländern aus. Verknüpft waren sie überall mit dem Kampf um die Macht im Staat, in dem die sich formierenden Zentralgewalten den ständischen Zwischengewalten gegenüberstanden. Erst beide Komplexe zusammengenommen ließen die nicht mehr kontrollierbaren Krisensituationen entstehen, die sich schließlich gewaltsam entluden.

Der Ausbruch des Dreißigjährigen Kriegs

Ebenso wie in den religiösen Bürgerkriegen vermischten sich bei dem „Großen Krieg", der seit 1618 das Reich heimsuchte, religiöse und politische Motive. Eine unübersichtliche Gemengelage entstand durch
1. die konfessionellen Gegensätze, sowohl zwischen den Fürstentümern als auch innerhalb der einzelnen Herrschaften
2. die ungeklärten Machtfragen zwischen Zentralgewalt und Ständen, sowohl im Reich als auch in den Territorien
3. die Hegemonialstreitigkeiten der europäischen Großmächte.

1608/9 hatten einige besonders konfrontationswillige Fürsten des Reichs die protestantische *Union* und die katholische *Liga* gegründet. Unter ihren Führungsmächten, der calvinistischen Kurpfalz und dem katholischen Bayern, legten Union und Liga seither die Arbeit von Reichstag und Reichsgericht lahm. Ohnmächtig musste Kaiser *Matthias* (1612–1619) zusehen, wie das Reich auf einen bewaffneten Konflikt zudriftete.

Dieser brach 1618 im habsburgischen Königreich Böhmen aus, als protestantische Adelige wegen Verletzung ihrer Rechte zwei kaiserliche Räte aus einem Fenster des Prager Hradschin warfen. Ein Jahr später setzten die böhmischen Stände den Habsburger *Ferdinand* als König ab und wählten stattdessen den calvinistischen *Friedrich V. von der Pfalz*. Dennoch konnte Ferdinand (1619–1637) bei der Kaiserwahl alle Stimmen auf sich vereinen und ließ nun gegen die böhmische Herausforderung die Truppen der Liga marschieren. 1620 errangen sie einen leichten Sieg am Weißen Berg in der Nähe Prags

---

[1]) Heinrich IV. (1553–1610), König von Navarra und Führer der Protestanten in Frankreich, konvertierte 1593 zum katholischen Glauben, um ein Jahr später zum König von Frankreich gekrönt zu werden. Mit Heinrich IV. kommt die Dynastie der Bourbonen an die Macht, die bis 1848 die französischen Könige stellt.

[2]) absolutus (lat.): losgelöst (von den menschlichen Gesetzen)

über das unzureichend vorbereitete Heer der Union. Der verspottete „Winterkönig" Friedrich musste fliehen, über Böhmen brach ein Standgericht herein. Hinrichtung, Enteignung, Zwangskatholisierung waren die Schicksale der Aufständischen, während katholische Günstlinge Habsburgs mit dem frei werdenden Besitz bedacht wurden. Die ständischen Mitspracherechte des Adels wurden beschnitten, der frühabsolutistische Gedanke hatte im böhmischen Territorialstaat gesiegt.

Der weitere Verlauf des Kriegs

Es folgte die für den Kaiser erfolgreichste Phase des Kriegs. Die von seinem böhmischen Söldnerführer *Albrecht von Wallenstein*[1]) seit 1625 geführten kaiserlichen Truppen eroberten bis 1629 ganz Norddeutschland, obwohl die Protestanten mittlerweile von Dänemark, den Generalstaaten und England unterstützt wurden. Im Hochgefühl des Sieges erließ Ferdinand II. im selben Jahr das *Restitutionsedikt*, mit dem er die Rückführung aller seit dem Augsburger Religionsfrieden protestantisch gewordenen Kirchengüter (darunter 14 Bistümer) in katholisch-kaiserliche Hände verfügte.

Diese Maßnahme scheiterte auf dem *Kurfürstentag von Regensburg* (1630) am geschlossenen Widerstand der katholischen Kurfürsten. Umfangreiche habsburgische Gebietserwerbungen im Norden Deutschlands hätten die dynastischen Besitzverhältnisse einseitig zu Gunsten des Kaiserhauses verschoben. Außerdem konnten Reichsgesetze nach Ansicht der Fürsten nicht allein aus kaiserlicher Machtvollkommenheit erlassen werden, sondern bedurften ihrer Zustimmung. Ein weiterer Rückschlag für die kaiserliche Politik war die erzwungene Entlassung Wallensteins. Diese setzte vor allem Kurfürst *Maximilian von Bayern* (1597–1651) durch, der als Führer der Ligatruppen die wachsende Unabhängigkeit Ferdinands von der militärischen Unterstützung der Reichsstände schon lange misstrauisch beobachtet hatte. Nicht mehr um den Streit der Konfessionen ging es in Regensburg, sondern die Fürsten setzten sich erfolgreich gegen den Machtanspruch des Kaisers zur Wehr, den sie in der Folge trotz seiner Hilfsgesuche nicht mehr militärisch unterstützten.

Auch die Außenpolitik der europäischen Mächte befreite sich aus ihrer Abhängigkeit von Glaubensfragen und diente immer deutlicher dem reinen Staatsinteresse. So förderte das katholische Frankreich geschickt aus dem Hintergrund den Widerstand der katholischen deutschen Fürsten gegen den katholischen Kaiser, allein mit dem Ziel, den traditionellen Widersacher Habsburg zu schwächen. Aus diesem Grund unterstützte Kardinal *Richelieu*[2])

---

[1]) Albrecht von Wallenstein (1583–1634) stammte aus verarmtem böhmischem Adel. Durch eine Heirat zu Reichtum gekommen, ließ er auf seinen Besitzungen Munition und alles für einen Feldzug Notwendige herstellen. Auf diese Weise logistisch seinen Gegnern überlegen, bot er dem Kaiser ein eigenes Söldnerheer von 40 000 Mann an. Nach zwischenzeitlicher Entlassung führte er noch einmal von Ende 1631 bis 1634 das kaiserliche Heer. Wegen seiner Geheimverhandlungen mit den Protestanten ließ der Kaiser 1634 Wallenstein ermorden.

[2]) Armand Jean du Plessis (1585–1642), Kardinal de Richelieu seit 1622; Leitender Minister Frankreichs seit 1624 bis zu seinem Tod

Plünderung auf einem Bauernhof, Radierung von Jacques Callot (1592–1635). Die Bildunterschrift des Originals lautet: Die Schurken tun sich noch mit ihren Streichen groß / verheeren alles rings und lassen nichts mehr los / der eine foltert, bis sie ihm das Gold verraten / der andere stachelt auf zu tausend Missetaten / und insgeheim vergehen sie sich an alt und jung / mit Diebstahl, Raub, Mord, Vergewaltigung.

auch den Vorstoß des protestantischen Schwedenkönigs *Gustav II. Adolf* (1611–1632) ins Reich. Gustav Adolf wollte zwar durchaus seinen Glaubensgenossen zu Hilfe kommen, aber nicht minder zielte er auf Landgewinne in Norddeutschland, um den alten schwedischen Großmachttraum an der Ostsee zu verwirklichen.

1635 gelang es dem Kaiser wieder, die meisten Reichsstände auf seine Seite zu bringen (*Prager Friede*), um gemeinsam weitere Verwüstungen von dem erschöpften Land fernzuhalten. Doch nun trat Frankreich auch offiziell in die Kampfhandlungen ein. Trotz der einsetzenden Friedensverhandlungen dauerte der immer grausamer und sinnloser werdende Krieg noch bis 1648.

Die Ergebnisse des Dreißigjährigen Kriegs

Die Auswirkungen des jahrzehntelangen Krieges waren vor allem für das Zentrum des Reichs verheerend. Insgesamt dürfte die Bevölkerung um mehr als ein Drittel geschrumpft sein. Dabei verloren die meisten Menschen ihr Leben nicht durch unmittelbares Kampfgeschehen, sondern durch Schrecken erregende Übergriffe der immer disziplinloser vagabundierenden Soldaten, durch Plünderungen, Hunger und Seuchen. Vergleichbare Opfer erfuhr die Bevölkerung in Deutschland erst wieder 300 Jahre später während des *Zweiten Weltkriegs*. Das Ausmaß der Zerstörungen im Reich traf das wirtschaftliche Leben ins Mark, zumal die riesigen Bevölkerungsverluste die Nachfrage nach gewerblichen oder landwirtschaftlichen Gütern dauerhaft absinken ließen. Westeuropa wurde endgültig zur führenden Wirtschaftsregion.

Die Grundprobleme der Epoche seit 1517, die den Dreißigjährigen Krieg geprägt hatten (siehe Seite 124), wurden nach mehrjährigen Verhandlungen in den Verträgen von Münster und Osnabrück am 24. Oktober 1648 zu einem Ergebnis gebracht (*Westfälischer Frieden*):

Die *konfessionellen Gegensätze* blieben ungelöst, doch gelang mit der Präzisierung des Augsburger Religionsfriedens ein politischer Kompromiss für ein künftiges Nebeneinander. Als maßgeblich für das Eigentum an ursprünglich katholischen Kirchengütern galt nunmehr im Regelfall der Besitzstand des Jahres 1624. Der Calvinismus fand als gleichberechtigte Glaubenslehre Bestätigung.

Die *Reichsstände* gingen gestärkt aus dem Krieg hervor. Kaiser *Ferdinand III.* (1637–1657) akzeptierte die weitgehende Selbstständigkeit der Landesherren mit eigener Gesetzgebung, Rechtsprechung und Steuerhoheit, während der Kaiser selbst insoweit an die Zustimmung des Reichstages gebunden war. Auch konnten die Partikulargewalten untereinander oder mit fremden Staaten Bündnisse schließen, solange sich diese nicht gegen Kaiser und Reich wandten. Die Reichsverfassung von 1648 hatte Bestand bis 1803.

Die *Landstände* wurden hingegen zurückgedrängt. Starke Landesfürsten hatten die Not des Krieges schon lange dazu benutzt, die traditionellen Mitwirkungsrechte der ständischen Gewalten (vor allem bei der Steuerbewilligung) außer Kraft zu setzen. Die *stehenden Heere*, über die der neuzeitliche Staat verfügte, eröffneten darüber hinaus ausreichende Möglichkeiten, adeligen Widerstand zu brechen (◊ M 5).

Die *Hegemonialstreitigkeiten der Großmächte* wurden durch eine neue europäische Ordnung gelöst, die in erster Linie französischen Interessen entsprach. Dies sowohl wegen der strategisch wertvollen Gebietsgewinne aus habsburgischem Besitz im Elsass und in Norditalien als auch wegen neu eröffneter Chancen, durch Bündnisabsprachen ins Reich hineinzuwirken. Vor allem aber lockerten die endgültige Abtrennung der niederländischen Generalstaaten von Spanien und die Verpflichtung des Kaisers, die Nebenlinie in Madrid nicht mehr zu unterstützen, die verhasste Habsburger Klammer (◊ M 6). Ein Jahrzehnt später rückte Spanien nach dem verlustreichen *Pyrenäenfrieden* mit Frankreich (1659) endgültig in eine europäische Randlage. Ferdinand III. hingegen setzte für seine Zugeständnisse als Reichsoberhaupt im Gegenzug Sonderregelungen für seine habsburgischen Erblande durch. Damit zählte er als territorialer Landesherr durchaus zu den „Siegern" des Friedensschlusses. Gleichzeitig bereitete er den Boden für eine Wiedererstarkung des Kaisertums.

Der Westfälische Friede erwies sich noch in zwei weiteren Punkten als richtungweisend. Die verweigerte Zustimmung des Papstes blieb folgenlos, denn die katholische Kirche war als Machtfaktor aus dem Spiel der Großmächte ausgeschieden; nach der kriegerischen Überspitzung von Glaubensfragen wurde Außenpolitik künftig „säkularisiert", also nach „weltlichen" Vorgaben betrieben. Ebenso bedeutsam war, dass die brutalen Exzesse des Krieges einem allgemein anerkannten *Kriegs- und Völkerrecht* zum Durchbruch verhalfen. Auch wenn seine Auswirkungen zunächst keineswegs überschätzt werden dürfen, so waren verantwortliche Monarchen und Politiker doch zusehends darauf bedacht, unnötigen Verrohungen während eines Krieges Einhalt zu gebieten und den zwischenstaatlichen diplomatischen Verkehr nach berechenbaren Spielregeln stattfinden zu lassen.

Das Bürgertum im „Jahrhundert des Adels und der Höfe"

Während der Dreißigjährige Krieg die politischen und verfassungsrechtlichen Prozesse der Epoche im Reich regelrecht dynamisiert hatte, blieb die überkommene Gesellschaftsordnung unangetastet. Nicht zu Unrecht hatte man noch das 16. Jahrhundert als „bürgerliches Jahrhundert" bezeichnet: Der wirtschaftliche Aufstieg des Bürgertums war vielerorts deutlich spürbar, und sogar der grundherrliche Adel, dessen Ehrgefühl bis dahin eine zielgerichtete Erwerbstätigkeit und unternehmerisches Handeln nicht zugelassen hatte, passte sich dem bürgerlichen Leistungsdenken an. Aber das sprunghafte Wachstum versiegte gegen Ende des Jahrhunderts und mit ihm endete die starke Bewegung innerhalb des Gesellschaftsgefüges. Die frühmodernen Fürstenstaaten gingen daran, die brüchig gewordenen Standesschranken deutlich sichtbar wieder zu beleben. Nicht kurzfristig erworbener Reichtum sollte die Stellung des Einzelnen in der Gesellschaft bestimmen, sondern Herkommen und Geburt.

Nahezu ein Spiegelbild der ständischen Gesellschaft war allerdings auch die Schichtung innerhalb des Bürgertums. Die städtischen Obrigkeiten, gebildet

---

Bürgertum: Die Anfänge des Bürgertums in Europa stehen im Zusammenhang mit den im 11. Jahrhundert einsetzenden Stadtgründungen. Die Einwohner der Städte grenzten sich rechtlich und sozial von der Landbevölkerung ab und entwickelten ein bürgerliches Bewusstsein.

Im Verlauf der Neuzeit nahmen Bürger führende Stellungen in den immer wichtiger werdenden Bereichen Wirtschaft, Verwaltung und Wissenschaft ein. Die damit verbundene Bedeutung des Bürgertums mündete seit der Französischen Revolution in die Einführung der staatsbürgerlichen Gleichheit. Aus dem „bourgeois" wurde der „citoyen".

Diese Entwicklung führte dazu, dass das Bürgertum seit dem 19. Jahrhundert weder als Stand (durch besondere Rechtsstellung) noch als Klasse (durch die sozioökonomische Stellung) allein zu definieren ist, sondern mehr durch die gemeinsame Mentalität und Kultur. Selbstständigkeit und Bildung kennzeichnen seitdem das bürgerliche Bewusstsein. Die allgemeine Angleichung der wirtschaftlichen und kulturellen Lebensverhältnisse hat im 20. Jahrhundert zu einer zunehmenden Verbürgerlichung der Gesellschaft geführt. Während in der Bundesrepublik Deutschland der Nivellierungsprozess besonders von der nationalsozialistischen Herrschaft und den Folgen des Zweiten Weltkrieges beschleunigt wurde, verlief er in den übrigen westeuropäischen Staaten langsamer. In den ost- und mitteleuropäischen Staaten erzwangen kommunistische Gesellschaftsordnungen einen Verlust bürgerlicher Selbständigkeit. Die Veränderungen von 1989/90 werden hier möglicherweise zu einer besonderen Form der Verbürgerlichung führen.

Trachten der einzelnen Nürnberger Stände (Einblattdruck).

aus Patriziern und den Zunftoberen, achteten sorgsam auf die Wahrung ihrer politischen und gesellschaftlichen Vorrangstellung. Kleider- und Speiseordnungen, Heiratsbeschränkungen und das Verbot ökonomischer Neuerungen wiesen jedem seinen angestammten Platz in der frühneuzeitlichen Gesellschaft. Folgenreich war seit der Konfessionalisierung der Ausschluss der jeweiligen religiösen Minderheit aus hohen städtischen Ämtern. Damit fiel die Vereinigung von wirtschaftlicher und politischer Macht – wie sie für das mittelalterliche Stadtregiment typisch gewesen war – langfristig auseinander.
Obwohl die „Oligarchisierung[1]) ein Signum der Zeit blieb" (Volker Press), verhalf der frühneuzeitliche Staat innerhalb der Standesschranken auch zu Aufstiegsmöglichkeiten. Dies galt vor allem für eine neue (juristisch geschulte) Schicht von Beamten in den Kanzleistuben. Da aber deren Nachfolger – schon wegen der ungleichen Bildungschancen – häufig wieder aus denselben Familien kamen, entstand bald eine weitere oligarchische Struktur. Besonders erfolgreiche Angehörige der neuen Elite durften sogar auf die Aufnahme in den Adelsstand hoffen. Immerhin verdankten Juristen und protestantische Pfarrer ihre Karriere nicht mehr allein familiärer Zugehörigkeit, sondern akademischer Ausbildung und beruflicher Leistung, ganz und gar „bürgerlichen" Merkmalen.

---

[1]) Oligarchie (griech.): Herrschaft einer kleinen Gruppe in politischer oder gesellschaftlicher Hinsicht

Der von Buchdruck und Reformation eingeleitete Bildungsschub machte erstaunliche Fortschritte, nicht zuletzt, weil die Fürsten die positiven Auswirkungen einer besseren Ausbildung ihrer Untertanen für das Staatswesen erkannten. Dies galt vor allem für das höhere Schulwesen und die Neugründung zahlreicher Universitäten oder mehr praxis-naturwissenschaftlich ausgerichteter Akademien. Die um sich greifende „Verwissenschaftlichung" der Epoche konnte der persönlichen Laufbahn Einzelner sehr wohl Vorteile bringen; dies galt aber kaum für die Unterschichten. Ebenso lag die Ausbildung der Mädchen im Argen: Grundschulen gab es für sie so gut wie nicht, nur Töchter aus adeligen oder reichen Familien bekamen die Gelegenheit zum Besuch klösterlicher Schulen. Der 1609 von der englischen Emigrantin *Maria Ward* (1585-1645) nach den Regeln der Jesuiten gegründete Orden der *Englischen Fräulein* nahm sich der Ausbildung besonders an.

**Empirismus und Rationalismus:
Neuzeit auch im wissenschaftlichen Betrieb**

Parallel zu den verbesserten Bildungschancen begnügten sich gebildete Kreise seit der Renaissance nicht mehr mit der Erklärung der Welt durch kirchliche Glaubenssätze. Der Engländer Francis Bacon (siehe Seite 73) behauptete, dass allein die systematische Beobachtung von Vorgängen in der Natur, das Sammeln und Vergleichen von wahrgenommenen Tatsachen zur Erkenntnis naturwissenschaftlicher Gesetzmäßigkeiten führen könne.
Gegenüber diesem *Empirismus*[1]) betonte der Franzose *René Descartes* (1596–1650) die Überlegenheit einer den Gesetzen der Mathematik folgenden und damit wissenschaftlich unanfechtbaren Beweisführung. Nicht durch Erfahrung lasse sich die Wahrheit erforschen, sondern zuerst durch den denkenden Verstand.
Ausgehend von Descartes' „Cogito, ergo sum"[2]) erkannte der *Rationalismus*[3]) nur das mathematisch und vernünftig Beweisbare als Grundlage für die Erforschung und Deutung der Welt an. Die von Descartes entwickelte Methodik des Denkens steht an der Schwelle des Übergangs von einem religiös beherrschten zu einem technisch-naturwissenschaftlichen, fortschrittsgläubigen Weltverständnis. Descartes verbrachte übrigens aus Furcht vor der Inquisition einen Großteil seines Lebens in den Niederlanden. Dort erschien auch 1637 sein Hauptwerk „Discours de la méthode" in Leiden, einer der führenden Universitätsstädte der Epoche.
Weitere bedeutende Vertreter des Rationalismus mit dem Ideal eines harmonischen, allgemeingültigen philosophischen Gesamtsystems, waren der aus einer jüdisch-spanischen Familie stammende *Baruch de Spinoza* (1632–1677), der ebenfalls in den Niederlanden lebte, sowie der Deutsche *Gottfried Wilhelm Leibniz* (1646–1716).

---

[1]) Empirie (griech.): Erfahrung; als empirisch gelten Wissenschaften, die in erster Linie aus Wahrnehmung, Messung und Experimenten ihren Erkenntnisgewinn ziehen.
[2]) (lat.): ich denke, also bin ich
[3]) ratio (lat.): Vernunft, Verstand

Der Jesuitenorden

M 1

Den rasch wachsenden Jesuitenorden lenkte Ignatius von Loyola mittels einer umfangreichen Korrespondenz. Darin beschrieb er das Verhältnis zwischen Kirche und Gläubigen oder in seinem sogenannten „Testament" von 1555 die Rolle der Ordensbrüder.

Die katholische und apostolische Kirche hat sich in Fragen des Glaubens niemals geirrt. Sie hat auch niemals irren können. Diese Wahrheit ist hell leuchtend und felsenfest im Zeugnis der heiligen Schriften enthalten und wird von der Autorität der rechtgläubigen Kirchenväter gestützt. [...]
5 Weiterhin wäre es für fromme Herzen ein unerträglicher Gedanke, dass Christus uns in den schweren, dunklen Fragen, die unser eigenes Seelenheil und das des Nächsten betreffen, an einen Richter verwiesen hätte, der lügt oder fähig und willens ist zu täuschen. Nun verweist uns aber Christus an den Richterstuhl der Kirche. Also ist die Kirche Richterin der Wahrheit. [...]
10 Es gibt drei Arten zu gehorchen: die eine, wenn man im Namen Gottes feierlich befiehlt, und die ist gut. Die zweite, wenn man mir einfach vorschreibt, das und das zu tun, und die ist besser. Die dritte, wenn ich auf ein bloßes Zeichen des Oberen hin handle, obschon er mir weder befiehlt noch vorschreibt, und die ist die vollkommenste. – Ich soll nicht die Person in Anschlag
15 bringen, ob der betreffende Obere mein oberster ... oder niederster ist ... denn jeder Obere vertritt die Stelle Gottes unseres Herrn ... Überhaupt darf ich nicht mir gehören, sondern meinem Schöpfer und dessen Stellvertreter; ich muss mich leiten und bewegen lassen, wie ein Wachsklümpchen sich kneten lässt ... So muss ich immer zur Hand sein, damit der Orden sich
20 meiner bedient und mich zu allem brauchen kann, wofür er mich bestimmen will.

Ernst Walter Zeeden, Das Zeitalter der Gegenreformation, Freiburg – Basel – Wien 1967, S. 129 f. und 139

1. Vergleichen Sie den Jesuitenorden mit Ihnen aus dem Mittelalter bekannten Orden. Worin sehen Sie wesentliche Unterschiede in der Zielsetzung?
2. Bestimmen Sie den persönlichen Entscheidungs- und Verantwortungsspielraum des einzelnen Mitglieds.
3. Vergleichen Sie die Vorstellungen des Ignatius zum Glaubensgehorsam mit der Lehre Martin Luthers. Lesen Sie dazu die Seiten 78 und 86.

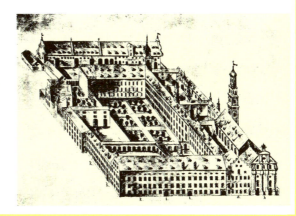

Das Jesuitenkolleg in Ingolstadt im 17. Jahrhundert (anonymer Stich). 1556 gründete der aus Holland stammende Jesuitenpater *Petrus Canisius* (1521–1597) das Kolleg (Kolleg: Hochschule für katholische Theologen). Von hier aus breitete sich die geistige Erneuerung des Katholizismus über ganz Süddeutschland aus.

M 2 Konfessionalisierung in Salzburg

Der Historiker Heinz Schilling berichtet über die katholischen Reformbemühungen am Beispiel des Erzbistums Salzburg und seines Bischofs Wolf Dietrich von Raitenau (1559–1617).

Schon mit achtundzwanzig Jahren bestieg er den Salzburger Erzstuhl, der zu den vornehmsten der Christenheit zählte; dies war für die katholische Welt umso überraschender, als ihm zwei Jahre zum kanonisch[1] vorgeschriebenen Alter fehlten. Doch er war der einzige Kandidat gewesen, auf den sich die probayerischen und prohabsburgischen Fraktionen im Domkapitel hatten einigen können [...].
Der Weg Wolf Dietrichs nach Rom und in die kirchliche Hierarchie war schon früh angelegt worden. 1576 bezog der Siebzehnjährige für fünf Jahre das vornehme Collegium Germanicum, das Priesterseminar der Jesuiten, nachdem er mit elf Jahren die erste geistliche Pfründe erhalten hatte und mit fünfzehn Dompropst in Basel geworden war; wenig später wurde er zum Kanoniker in Salzburg gewählt. Die Kurialen vertrauten seinem Glaubenseifer. Das päpstliche Konsistorium verlieh bereitwillig die „dispensatio aetatis", die notwendige Ausnahme von der kanonischen Altersvorschrift. In seinem Glückwunschschreiben ließ Papst Sixtus V. durchblicken, was er von dem soeben Gewählten erwartete: Er solle „die Blitze der Ketzer brechen und die tödlichen Geschosse der Ungläubigen auf diese selbst lenken". [...]
Bald nach seiner Inthronisation ging der Erzbischof ein Verhältnis mit der schönen Salzburger Ratsherrentochter Salome Alt ein. Dieser Verbindung entsprossen zehn Kinder. Alle Versuche Wolf Dietrichs, in Rom eine offizielle Eheerlaubnis zu erhalten, schlugen fehl; die Kurie beharrte unnachgiebig auf dem Zölibat, das im Tridentinum soeben befestigt worden war. Der Erzbischof wurde damit ein Opfer dieser eher zwanghaften Antithese zum Protestantismus, denn bis über die Mitte des Jahrhunderts hinweg waren die Chancen für die Zulassung der Priesterehe gar nicht so schlecht gewesen. Kaiser Rudolf II. kam nun dem Ehepaar aus wilder Wurzel zu Hilfe und erhob 1609 Salome Alt und ihre Kinder, die sie „bei einer fürnemben geistlichen Person" ledigen Standes geboren habe, in den Reichsadelsstand; zugleich enthob er sie aller „Makel und Gebrechen ihrer unehelichen Geburt".
Seine Pflichten als Erzbischof und Priester hat Raitenau über seiner Liebe und seinem Familienleben, das er ganz offen in dem für Salome jenseits der Salzach erbauten Schloss Altenau, heute Mirabell, führte, jedoch durchaus nicht vernachlässigt; in dieser Hoffnung war die Kurie nicht fehlgegangen.
Im Zentrum seiner Kirchenreformen standen die Verbesserung der Glaubensverkündigung und die Intensivierung der Sakramentspende. Allen Pfarrern verordnete er den Besitz tridentinischer Ritualien und Manualien, so besonders das „Manuale parochorum", ein Pfarrerhandbuch, das theologisches Grundwissen und Anweisungen zur konkreten Seelsorgetätigkeit vermittelte. Ein zweibändiges Agendarium gab ihnen „Gebete, Gesänge und Riten für die verschiedensten liturgischen Handlungen, wie Taufe, Trauung, Begräbnis, Predigten für Hochzeiten, Litaneien und Regeln für die rechte Heiligung der Sonn- und Feiertage sowie für das katholische Fasten" an die Hand. Eine finanziell und organisatorisch reformierte Priesterausbildung, die strengen intellektuellen und sittlichen Maßstäben folgte, sollte die Verbesserung der

---
[1] kirchenrechtlich

Seelsorge auf Dauer garantieren. Zur religiösen Unterweisung an den Schulen schrieb der Erzbischof den Katechismus des Petrus Canisius vor. [...]
Wolf Dietrichs große Gesten barocker Frömmigkeit machten den Katholizismus wieder volkstümlich, so das vierzigstündige Gebet in der Karwoche mit anschließender Beichte und Kommunion sowie das Angelusläuten täglich zur Mittagsstunde, zu dem nach dem Willen des Landesherrn „jedermann, wo er immer gehen oder stehen möchte, niederknien und mit entblößtem Haupt bethen sollte. Demjenigen, der solches unterließ, nahmen die Gerichtsdiener seinen Hut." [...]
Wie als Kirchenfürst, so hatte Wolf Dietrich auch als Landesherr Veränderungen im Auge. Die Erlasse gegen die Protestanten, die Hunderte alteingesessener Familien zur Emigration in die benachbarten österreichischen Länder zwangen, dienten der religiösen wie der politischen Vereinheitlichung des Untertanenverbandes; auf diese Weise sollte die Opposition gegen den Fürstenstaat ausgemerzt werden.
Nicht anders verfuhr er gegen Domkapitel und Landstände. [...]
1610 zog er alle Urkunden und Privilegien und auch die Barschaft der Stände ein und übertrug sie der landesfürstlichen Kammer. In Staat und Kirche des katholisch erneuerten Hochstiftes galt nur noch ein Wille – derjenige des absolut regierenden Fürstbischofs. [...]
Das Verhältnis zur Kurie [...] verschlechterte sich rasch, als er beim Aufbau seiner absolutistischen Stellung das kanonische Recht mit Füßen trat und mit Domherren und Suffraganbischöfen[1] wie mit Knechten umsprang.
Zum Verhängnis wurde Erzbischof Wolf Dietrich das schließlich unheilbare Zerwürfnis mit dem katholischen Nachbarstaat Bayern. Der Gleichklang der Konfession vermochte die politischen und wirtschaftlichen Gegensätze nirgends auf Dauer zu überbrücken. Je deutlicher sich der bayerische Herzog als Führer des deutschen Katholizismus bewährte, umso stärker wurde sein Druck auf das Erzstift und wuchs auf der anderen Seite die Anstrengung des Erzbischofs, sich von Bayern zu distanzieren. [...] Im Innern stellte Wolf Dietrich die rigide Protestantenverfolgung ein; es tauchten sogar Gerüchte auf, er wolle das Erzstift mithilfe der lutherischen Reichsfürsten säkularisieren. Um die Unabhängigkeit Salzburgs zu sichern, wurde im Ewigen Statut von 1606 dem Domkapitel verboten, jemals einen bayerischen oder österreichischen Prinzen zum Erzbischof zu wählen. [...]
Die unbedachte Besetzung Berchtesgadens durch den Erzbischof gab Herzog Maximilian von Bayern 1612 willkommene Gelegenheit, in Salzburg einzumarschieren, sich des verhassten Raitenauers zu bemächtigen, ihn zur Abdankung zu zwingen und bis an sein Lebensende im Jahre 1617 auf der Feste Hohensalzburg gefangen zu halten.

Heinz Schilling, Aufbruch und Krise. Deutschland 1517–1648, Berlin 1988, S. 284 ff.

1. Weisen Sie anhand des Lebenslaufs des Salzburger Erzbischofs Erfolge und Misserfolge der katholischen Reform nach.
2. Klären Sie das Verhältnis zwischen Politik und Religion in den zwischenstaatlichen Beziehungen zu Beginn der Neuzeit. Untermauern Sie Ihr Ergebnis durch weitere Fallbeispiele, etwa aus Ihrer eigenen Heimat.

---

[1] einem Erzbischof unterstellter Diözesanbischof

Allegorische (sinnbildliche) Darstellung der Schreckensherrschaft des Herzogs von Alba. Vor dem Herzog knien die angeketteten niederländischen Provinzen, verkörpert durch Frauengestalten mit den verschiedenen Wappen (Kupferstich von Adriaen van de Venne, 1589–1662).

M 3 Die Unabhängigkeit der Niederlande

Am 26. Juli 1581 setzten die Generalstaaten im Haag König Philipp II. ab.

Ein Volk ist nicht wegen des Fürsten, sondern ein Fürst um des Volkes willen geschaffen; denn ohne das Volk wäre er ja kein Fürst. Er ist dazu da, dass er seine Untertanen nach Recht und Billigkeit regiere und sie liebe wie ein Vater seine Kinder, dass er treu walte, wie ein Hirt über seine Herde. Behandelt er sie aber nicht so, sondern bloß wie Sklaven, dann hört er auf, ein Fürst zu sein und ist ein Tyrann. Die Untertanen aber haben das Recht, nach gesetzlichem Beschluss ihrer Vertreter, der Stände, wenn kein anderes Mittel mehr übrig ist und sie durch keine Vorstellung ihrer Not irgendwelche Versicherung der Freiheit für Leib und Gut, für Weib und Kind von dem Tyrannen erlangen können, diesen zu verlassen. Unter dem Vorwand der Religion hat der König von Spanien eine Tyrannei einzurichten versucht und, ohne auf irgendeine Vorstellung des Landes zu achten, dessen Privilegien verletzt, den Eid gebrochen, den er auf deren Erhaltung geschworen. Und so erklären wir denn jetzt den König von Spanien verlustig jedes Anspruchs auf die Herrschaft in den Niederlanden; wir entbinden hiermit alle Amtsleute, Obrigkeiten, Herren, Vasallen und Einwohner von dem einst dem König von Spanien geleisteten Eid des Gehorsams und der Treue und befehlen allen Beamten, fortan den Namen, die Titel und die Siegel des Königs von Spanien nicht mehr zu gebrauchen und einen neuen Eid abzulegen, des Inhalts, uns treu zu sein gegen den König von Spanien und alle seine Anhänger.

Gottfried Guggenbühl, Quellen zur Geschichte der Neueren Zeit, Zürich, 4. Auflage 1976, S. 135 f.

1. Nehmen Sie Stellung zur Rechtmäßigkeit der von den Generalstaaten abgegebenen Erklärung.
2. Diskutieren Sie die Frage, ob oder unter welchen Umständen Ihnen als Bürger der Bundesrepublik Deutschland ein Widerstandsrecht zusteht.

Das Edikt von Nantes

Das Edikt von Nantes erließ König Heinrich IV. von Frankreich am 13. April 1598 nach Verhandlungen mit den Hugenotten.

VI. Um keinen Anlass zu Unruhen und Streitigkeiten zwischen Unseren Untertanen bestehen zu lassen, haben Wir erlaubt und erlauben Wir den Anhängern der sogenannten reformierten Religion, in allen Städten und Ortschaften Unseres Königreichs und Ländern Unseres Machtbereichs zu leben und zu wohnen, ohne dass dort nach ihnen gesucht wird oder sie bedrückt und belästigt und gezwungen werden, etwas gegen ihr Gewissen zu tun. [...]
IX. Wir erlauben auch den Angehörigen der genannten Religion, an allen Orten Unseres Machtbereiches, wo im Lauf des Jahres 1596 und im Jahr 1597 bis Ende des Monats August ihre Ausübung mehrere oder verschiedene Male öffentlich stattgefunden hat, diese Ausübung zu praktizieren und fortzusetzen [...].
XI. ... Wir befehlen, dass in den Vorstädten einer Stadt ... die Ausübung der so genannten reformierten Religion öffentlich stattfinden kann für alle, die dahin gehen wollen [...].
XIV. Wir verbieten ausdrücklichst, die genannte Religion an Unserem Hofe und in Unserem Gefolge, ebensowenig in Unserer Stadt Paris und in einem Umkreis von fünf Meilen außerhalb dieser Stadt auszuüben.
XV. Die öffentliche Ausübung der genannten Religion bei den Armeen ist verboten außer in den Quartieren der obersten Befehlshaber, die sich zu ihr bekennen [...].
XXVII. Um Unsere Untertanen desto besser zu versöhnen, wie es Unsere Absicht ist, und um künftig allen Klagen vorzubeugen, erklären Wir, dass alle die, welche sich zur genannten angeblich reformierten Religion bekennen oder bekennen werden, fähig seien, innezuhaben und auszuüben alle öffentlichen Stellen, Würden, Ämter und Funktionen, seien sie königlich, herrschaftlich oder städtisch, in Unserem Königreich, Unseren Gebieten, Ländern und Herrschaften Unseres Machtbereichs. [...]
LXXXIII. Es werden alle Ligen und Bündnisse, unter welchem Vorwand sie auch immer geschlossen sind oder geschlossen werden sollten, die diesem Unserem Edikt zuwider sind, aufgehoben und für nichtig erklärt. Wir verbieten allen Unseren Untertanen ausdrücklich, von jetzt an ohne Unsere Erlaubnis irgendwelche Umlagen oder Steuern zu erheben, Befestigungen zu errichten, Aushebungen vorzunehmen oder Zusammenkünfte und Versammlungen außer denen, die ihnen durch dieses Unser Edikt erlaubt sind (und dann auch nur ohne Waffen) abzuhalten.

Fritz Dickmann, Geschichte in Quellen. Renaissance – Glaubenskämpfe – Absolutismus, München, 2. Auflage 1976, S. 265 f.

1. Benennen Sie die Fortschritte, die das Edikt für die reformierten Glaubensangehörigen brachte. Haben die Hugenotten damit die Gleichstellung mit den Katholiken erreicht?
2. Arbeiten Sie aus einzelnen Artikeln das Interesse des monarchischen Zentralstaats an der getroffenen Regelung heraus.
3. Vergleichen Sie die Anerkennung des reformierten Glaubens mit der Entwicklung im Reich. Welcher grundlegende Unterschied wird deutlich?

M 5 Fürsten und Adel nach dem Dreißigjährigen Krieg

Der Historiker Volker Press (1939–1993) bewertet die Auswirkungen des konfessionellen Zeitalters auf die adeligen Reichsstände.

Man wird allerdings dem Frieden nicht gerecht, wenn man dazu nicht auch die ausgeprägten Tendenzen zu einer erheblichen Verstärkung der Position des Fürstenstandes sieht – auch wenn die meisten deutschen Fürsten den damals gegebenen politischen Rahmen nicht auffüllen konnten, so bedeutete der Friede doch die Magna Charta[1]) des deutschen Fürstenstandes. Er bot die rechtlichen Voraussetzungen für den absolutistischen Ausbau der deutschen Territorien und verfolgte damit Tendenzen, die freilich schon früher angelegt waren. Der Krieg hatte sie teilweise befördert, vor allem in den großen Landesstaaten. Die Notlage des Krieges zwang die Herren immer wieder zum Handeln, zu Reaktionen auf bedrohliche Situationen. Die Landstände wurden durch Geldnot und Kreditkrise in ihren finanziellen Funktionen beeinträchtigt und damit in der entscheidenden Basis ihres politischen Handelns. Die Zeit der Not erwies sich gerade in den großen Territorien als recht günstig für die Ausbildung autoritärer Strukturen, die Ansätze zur Sozialdisziplinierung, die schon lange in der administrativen Durchdringung und Kontrolle der einzelnen Länder lagen, erhielten nun eine erhöhte Bedeutung. Zunehmend stärker sollten die sozialen und wirtschaftlichen Gestaltungskräfte des Landesstaates hervortreten, um rasch eine immer größere Dynamik zu gewinnen. Diese Tendenzen vermochten freilich immer weniger Territorien durchzuhalten, wie sich noch zeigen sollte. Immerhin bedeutete die Stärkung der landesfürstlichen Autorität durch den Westfälischen Frieden in einem prinzipiell restaurativen Ordnungssystem ein starkes Element der sozialen Dynamik. [...]
[Es] zeigten sich aber auch die fortwirkenden Vorteile der adeligen Position. Das Rechtssystem des Westfälischen Friedens trug das Seine dazu bei, diese zu begünstigen – es wirkte damit erneut indirekt sozial konservierend; an einen Austausch des Adels war unter diesen Umständen nicht zu denken. Noch nach 1800 sollte sich der Adel als Führungsgruppe als unersetzbar erweisen. Er verteidigte seine Schlüsselstellungen gegen alle bürgerlichen Aufsteiger zwischen 1650 und 1700 recht erfolgreich. Die höfische Kultur der Barock- und Rokokozeit war zu wesentlichen Teilen eine adelige.
Gleichwohl brachte der Krieg für den Adel eine erhebliche Veränderung. Es zeigte sich, dass eine autonome Existenz selbst im lokalen Bereich nur noch schwer denkbar war – landesherrlicher Anspruch und wirtschaftliche Not wirkten zusammen. Der Zwang zu Fürstendiensten verstärkte sich, Armee und Bürokratie wurden noch attraktiver. Der Adel stand vor einer neuen Situation. [...] Es war nicht zu verhehlen, dass durch den Dreißigjährigen Krieg die adelige Position eine deutliche Einschränkung erfahren hatte.

Volker Press, Soziale Folgen des Dreißigjährigen Krieges, in Winfried Schulze (Hrsg.), Ständische Gesellschaft und soziale Mobilität, München 1988, S. 244 ff.

---

[1]) Die Magna Charta Libertatum von 1215 war ein Vertrag zwischen dem geschwächten englischen Königtum und den weltlichen und geistlichen Baronen. Die Stände erreichten dabei die schriftliche Fixierung ihrer Freiheiten. Diese Einschränkung königlicher Macht gilt als Ausgangspunkt der späteren englischen Verfassungsentwicklung.

Die Wende zur europäischen Neuzeit 137

1. Benennen Sie die einzelnen Faktoren, die die Entwicklung in den Territorien beeinflusst haben.
2. Diskutieren Sie die Frage, inwieweit der Krieg Entwicklungen beschleunigt, korrigiert oder gar verändert hat.
3. Welche Stellung nimmt der Westfälische Friedensschluss in diesem Prozess ein?

Mitteleuropa nach dem Westfälischen Frieden von 1648

M 6

1. Ein Großteil der spanischen Truppen gelangte über die sogenannte „Spanische Straße" von Norditalien aus auf dem Landweg in die niederländischen Provinzen. Erörtern Sie die Auswirkungen der Gebietsveränderungen links des Rheins auf die spanische Großmacht.
2. Stellen Sie die wichtigsten territorialen Veränderungen von 1648 fest. Beschreiben Sie, davon ausgehend, die außenpolitische Situation in Europa Mitte des 17. Jahrhunderts.

Staat und Gesellschaft im Ancien Régime[1]

Der Herrscher als Gott: Ludwig XIV. ließ die Königsfamilie als griechische Götter darstellen. Der König sitzt auf seinem Thron als Apoll, vor ihm seine Frau Maria Theresia mit ihren Kindern; im Zentrum die Königinmutter, auf der linken Seite Philipp von Orléans, der Bruder des Königs, mit Frau und Schwiegertochter (Gemälde von Jean Nocret, 1615–1672, aus dem Jahr 1669).

Selbstverständnis des frühmodernen Staates im Absolutismus

1576: Jean Bodin: „Six livres de la République"
1651: Thomas Hobbes: „Leviathan"

Die neue politische Ordnung im Fürstenstaat des Absolutismus

Das Jahr 1648, Ende des Dreißigjährigen Krieges, und das Jahr 1789, Beginn der *Französischen Revolution*, umrahmen das Zeitalter des *Absolutismus*. Es ist eine Zeit der politischen Umgestaltung und Veränderung bei gleichzeitiger sozialer Beharrung und Erstarrung.

Im Absolutismus erfuhr die Stellung des Monarchen eine veränderte staatstheoretische Rechtfertigung. Wie bisher wurde sie aus dem Gottesgnadentum des Herrschers hergeleitet; doch das Verhältnis des Fürsten gegenüber dem

---

[1] wörtlich: alte, ehemalige Regierung. Der Begriff wurde während der Französischen Revolution zur Bezeichnung der vorrevolutionären politischen und gesellschaftlichen Zustände geprägt.

positiven Recht wurde neu bestimmt. Aufgrund seiner herausragenden Stellung *steht der Monarch über den menschlichen Gesetzen*, allerdings soll er sich gebunden fühlen an die ewigen Gesetze Gottes und den überlieferten Tugendkatalog (Selbstzucht, Tapferkeit, Weisheit, Gerechtigkeit, Milde und Gleichmut). Die alte Frage nach der Beschränkung monarchischer Gewalt erhielt eine neue Antwort: Die *„Staatsräson"*, also die allem anderen übergeordneten Interessen des Staates, und das *„Gemeinwohl"* (verstanden als die „Glückseligkeit" der Untertanen) verlangten die von keinen Privilegien oder „Freiheiten" der Stände gehemmte monarchische Regierungsgewalt. Absolutismus bedeutet die unumgrenzte, also die ungeteilte und unkontrollierte Herrschaft des Fürsten.

Oberstes Ziel des absolutistischen Monarchen war die Konzentration aller öffentlichen Gewalten in seiner Hand und damit das Gewaltenmonopol des Staates. Dazu gehörte auch das Bemühen, alle politischen, wirtschaftlichen, gesellschaftlichen und kulturellen Kräfte des Gemeinwesens, zum Beispiel Provinz- und Stadtparlamente, Zünfte, Adelsgruppierungen, religiöse Vereinigungen sowie Institutionen der Wissenschaften und Künste, die sich dem zentralen Zugriff hätten entziehen oder widersetzen können, zu integrieren oder auszuschalten.

Zu diesem Zweck wurden die Staatsaufgaben auf rationale Weise geplant und der Regierungsapparat rational durchorganisiert. Alle Zweige des Rechts sollten vereinheitlicht werden, Justiz und Verwaltung wurden voneinander getrennt. Dennoch war das absolutistische Staatswesen noch nicht vollständig durchorganisiert. Überkommene Rechte von Adel, Kirchen und Städten blieben häufig zumindest formal bestehen.

Die mit wachsender Machtfülle steigenden Staatsaufgaben erforderten eine Erhöhung der Einnahmen des Fiskus. Letztlich konnte dies nur durch eine Besteuerung aller, auch der bisher begünstigten Stände von Adel und Klerus, erreicht werden. Ansätze einer Steuerreform wurden auf den Weg gebracht. Zur Erhöhung des Staatseinkommens wurde eine Wirtschaftsordnung geschaffen, in der Produktion, Handel und Konsum der Planung und Aufsicht durch die Krone unterstellt waren.

Die auf zusätzliche Macht ausgerichtete Außenpolitik des absolutistischen Fürsten zielte auf Vergrößerung des Staatsgebietes. Mittel zur militärischen Durchsetzung von Gebietsansprüchen war ein *stehendes Heer*. Häufige Kriege machten zudem den Zwang deutlich, einen effizienten Staatsapparat aufzubauen, um rasch Entscheidungen durchsetzen zu können.

Politisch war der absolutistische Staat des 17. und 18. Jahrhunderts somit gekennzeichnet durch
- Gewaltenkonzentration,
- rationale Planung der Staatsaufgaben,
- Einrichtung eines im Vergleich zu früherer „Administration" durchsetzungsfähigen Regierungsapparates mit Ressortministern und Berufsbeamten,
- erste Ansätze zu einer allgemeinen Steuerpflicht.

Die neuen Auffassungen über den Staat entwickelten vor allem auf dem europäischen Festland veränderte Formen der monarchischen Herrschaftsausübung. Diese überwanden den Lehensstaat des hohen Mittelalters und ständischen Territorialstaat der frühen Neuzeit. Wenn man den absolutistischen Staat als eine „ständische Monarchie in ihrer Spätphase" bezeichnet, so wird damit allerdings deutlich, dass der Einfluss der Stände noch keineswegs gänzlich ausgeschaltet war. Erst nach den gewaltsamen Interventionen des Dritten Standes während der Französischen Revolution entwickelte sich im 19. und 20. Jahrhundert der „moderne Staat".

Theoretische Grundlage des modernen Staates: die Idee der Souveränität

Anfang 1576 veröffentlichte *Jean Bodin* sein voluminöses Werk *„Six Livres de la République"* (♭ M 1), das rasche Verbreitung innerhalb und außerhalb Frankreichs fand. Heute gilt es als die erste wissenschaftliche Verfassungstheorie. Angesichts des von Glaubenskriegen gespaltenen Frankreich entwarf Bodin das Bild von einem über den Konfessionen stehenden monarchischen Zentralstaat. Ein von Gruppeneinflüssen unabhängiger, selbst über den Gesetzen stehender fürstlicher Souverän sollte allen seinen Bürgern Sicherheit garantieren. Kennzeichen der Staatssouveränität war das Gesetzgebungsmonopol des Herrschers. Der Grundstein für eine einheitliche und eindeutige Staatsgewalt und damit für den modernen Staat war gelegt.

Trotz seiner Losgelöstheit vom vereinbarten Recht war der souveräne Monarch jedoch in seinen Entscheidungen nicht völlig frei. Vielmehr musste er sich nach Bodin stets im Rahmen des übergeordneten, göttlichen (Natur-) Rechts (siehe Seite 164 f.) bewegen. Damit war der Herrschaft des absoluten Fürsten eine moralische Grenze gezogen.

Die Lehre vom Gesellschaftsvertrag

Den von Bodin gesetzten Rahmen überschritt der Engländer *Thomas Hobbes* in seinem Werk *„Leviathan"* (1651) (♭ M 2). Ähnlich wie Bodin prägten auch Hobbes die Schrecken des Bürgerkriegs[1]) und formten sein pessimistisches Menschenbild. Nicht ethisches Verhalten, sondern der Wille zur Selbstbehauptung („Krieg aller gegen alle") ist nach Hobbes kennzeichnend für die menschliche Natur. Um die Menschen davon abzuhalten, sich gegenseitig zu vernichten, schließen sie einen Unterwerfungs- und Ermächtigungsvertrag (social contract). Im Vertragsschluss entsagen sie ihrem natürlichen Recht auf freie Selbstverteidigung und unterstellen sich gemeinsam der absoluten Gewalt des Staates, dessen oberster Zweck die kollektive Sicherheit ist. Durch Vertrag erhält der Souverän (bei Hobbes: Oberherr) das ungeteilte, alleinige Herrschaftsrecht. Dieses ist für die Souveränität des Oberherrn unentbehrlich und kann nicht – auch nicht teilweise – übertragen werden. Nicht zu Unrecht

---

[1]) Auseinandersetzungen über die Rechte des Parlaments führten in England zum Bürgerkrieg, der mit der Hinrichtung König Karls I. endete (1649). Zeitweise war England Republik (bis 1660).

Thomas Hobbes: „Leviathan". Das Titelbild der englischen Erstausgabe aus dem Jahr 1651 zeigt Leviathan mit Schwert und Bischofsstab als Zeichen der weltlichen und geistlichen Gewalt. Der Rumpf des Leviathan setzt sich aus zahllosen kleinen Untertanen zusammen. Der lateinische Text stammt aus dem alttestamentarischen Buch Hiob und lautet übersetzt: „Es gibt keine Macht auf Erden, die gleichkommt."

vergleicht Hobbes den allmächtigen Oberherrn mit dem alttestamentarischen Seeungeheuer Leviathan.

Hobbes' Werk stieß bei seinen Zeitgenossen nicht nur auf Zustimmung. Kritisiert wurde er insbesondere in England, wo seine Auffassung vom Souverän als dem obersten Gesetzgeber und Richter dem vom Parlament in Anspruch genommenen höchsten Jurisdiktionsrecht entgegenstand. Auch sein Menschenbild, das sprichwörtlich gewordene „homo homini lupus"[1]), blieb nicht ohne Einwände. Der Mensch brauche und erstrebe als hilflosestes aller Lebewesen die gegenseitige Hilfe und Zusammenarbeit *(Samuel Pufendorf[3]))*. Monarchisten bemängelten, dass nach Hobbes die absolute Gewalt des Oberherrn nicht durch das Gottesgnadentum des Herrschers, sondern durch den Unterwerfungs- und Ermächtigungsvertrag legitimiert sei.

Als „Mustermonarchie", die mit den zeitgenössischen staatstheoretischen Vorstellungen am weitesten übereinstimmte, gilt das Frankreich *Ludwigs XIV.* (siehe Seite 146 ff.). Der Satz „L'Etat c'est moi" stammt vermutlich nicht von Ludwig, doch symbolisiert er seine Idee vom absoluten Monarchen, die bald in anderen europäischen Staaten imitiert wurde (◊ M 3).

---

[1]) lateinisch: „Der Mensch ist dem Menschen ein Wolf."
[3]) Samuel Freiherr von Pufendorf (1632–1694), seit 1691 Inhaber des ersten deutschen Lehrstuhls für Naturrecht in Heidelberg

M 1 Jean Bodin über die Souveränität

Der 1529/30 (?) in Angers geborene Jean Bodin war zunächst Karmelitermönch, bevor er seit 1561 als Advokat am Pariser Parlament (siehe Seite 147) tätig war. Kurz nach der Veröffentlichung seines Hauptwerkes „Six Livres de la République" wurde er in innenpolitische Streitereien verwickelt und musste die Hauptstadt verlassen. Bodin starb 1596. Die hier abgedruckten Auszüge stammen aus Buch 1, 8. und 10. Kapitel.

Der Begriff Souveränität beinhaltet die absolute und dauernde Gewalt eines Staates, die im Lateinischen „majestas" heißt. [...] Souveränität bedeutet höchste Befehlsgewalt.[1])
[...] Souveränität wird weder durch irgendeine Gewalt, noch durch menschliche Satzung, noch durch eine Frist begrenzt.
[...] Die Inhaber der Souveränität sind auf keine Weise den Befehlen eines anderen unterworfen, geben den Untertanen Gesetze, schaffen überholte Gesetze ab, um dafür neue zu erlassen. Niemand, der selbst den Gesetzen oder der Befehlsgewalt anderer untersteht, kann dies tun. Darum gilt, dass der Fürst von der Gewalt der Gesetze entbunden ist.
[...] Was allerdings die Gesetze Gottes und der Natur betrifft, so sind alle Fürsten auf dieser Erde an sie gebunden. [...] Die absolute Gewalt der Fürsten und Herrschenden reicht nicht an die Gesetze Gottes und der Natur heran.
[...] Was die Grundgesetze der Monarchie angeht, insofern sie unmittelbar mit der Krone verknüpft sind, [...] so darf der Fürst nicht von ihnen abweichen [...], denn auf sie stützt sich und auf ihnen beruht die souveräne Majestät.
[...] Größe und Majestät eines wirklich souveränen Herrschers zeigen sich, wenn die Stände des ganzen Volkes versammelt sind und in aller Untertänigkeit dem Herrscher ihre Anträge und Bitten vortragen, ohne die geringste Befehls- oder Entscheidungsgewalt oder auch nur eine beratende Stimme zu haben. Was der König nach seinem Gutdünken annimmt oder verwirft, befiehlt oder verbietet, hat Gesetzeskraft.
[...] Wenn also ein souveräner Fürst die Naturgesetze nicht verletzen darf, die auf Gott, dessen Abbild er ist, zurückgehen, so darf er fremdes Eigentum nicht konfiszieren, es sei denn, es gibt eine Rechtfertigung und vernünftige Begründung. [...]
Das hervorragendste Merkmal der fürstlichen Souveränität besteht in der Machtvollkommenheit, Gesetze für alle und für jeden Einzelnen zu erlassen, [...] ohne dass irgend jemand zustimmen müsste. [...] Diese Gewalt, Gesetze zu machen oder aufzugeben, umfasst zugleich alle anderen Rechte und Kennzeichen der Souveränität [...]: die Entscheidung über Krieg und Frieden, das Recht der letzten Instanz, das Ernennungs- und Absetzungsrecht für die obersten Beamten, das Besteuerungsrecht, das Begnadigungsrecht, das Münzrecht und die Festsetzung des Geldwerts.

Jean Bodin, Über den Staat (Six Livres de la République). Auswahl, Übersetzung und Nachwort von Gottfried Niedhart, Stuttgart 1976, S. 19 f., 24 ff., 28 f., 37, 42 f.

---

[1]) In der lateinischen Fassung lautet die berühmte Souveränitätsformel, aus der sich die Epochenbezeichnung des Absolutismus herleitet: Majestas est summa in cives ac subditos legibus soluta potestas = Die Souveränität ist die höchste und von den Gesetzen entbundene Gewalt über Bürger und Untertanen.

1. Bestimmen Sie anhand des Textes die Bedeutung des Begriffs „Souveränität".
2. Welche Rechte und Freiheiten stehen dem Inhaber der Souveränität zu und welche Schranken sind ihm gesetzt?

Thomas Hobbes über Staat und Herrschaft

Der englische Pfarrerssohn Thomas Hobbes (1588–1679) unterstützte im Konflikt zwischen dem Parlament und dem König die Krone und musste deshalb nach Paris ins Exil flüchten (1640). Hier unterrichtete er den späteren König Karl II. 1651 unterwarf er sich dem englischen Staatsrat und durfte in die Heimat zurückkehren. Die hier abgedruckten Auszüge stammen aus „Leviathan", 17., 18. und 30. Kapitel.

Die Absicht und Ursache, warum die Menschen bei all ihrem natürlichen Hang zur Freiheit und Herrschaft sich dennoch entschließen konnten, sich gewissen Anordnungen, welche die bürgerliche Gesellschaft trifft, zu unterwerfen, lag in dem Verlangen, sich selbst zu erhalten und ein bequemeres Leben zu führen; oder mit anderen Worten, aus dem elenden Zustande eines Krieges aller gegen alle gerettet zu werden. [...]
Um aber eine allgemeine Macht zu gründen, unter deren Schutz gegen auswärtige und innere Feinde die Menschen bei dem ruhigen Genuss der Früchte ihres Fleißes und der Erde ihren Unterhalt finden können, ist der einzig mögliche Weg folgender: Jeder muss alle seine Macht oder Kraft einem oder mehreren Menschen übertragen, wodurch der Wille aller gleichsam auf einen Punkt vereinigt wird. [...] Auf diese Weise werden alle Einzelnen eine Person und heißen Staat oder Gemeinwesen. So entsteht der große Leviathan oder, wenn man lieber will, der sterbliche Gott, dem wir unter dem ewigen Gott allein Frieden und Schutz zu verdanken haben. [...] Dies macht das Wesen des Staates aus, dessen Definition folgende ist: Staat ist eine Person, deren Handlungen eine große Menge Menschen kraft der gegenseitigen Verträge eines jeden mit einem jeden als ihre eigenen ansehen, auf dass diese nach ihrem Gutdünken die Macht aller zum Frieden und zur gemeinschaftlichen Verteidigung anwende.
Von dem Stellvertreter des Staates sagt man, er besitzt die höchste Gewalt. Die Übrigen alle heißen Untertanen und Bürger. [...]
So wie die höchste Gewalt größer ist als die eines jeden Bürgers, so muss auch die ihr gebührende Ehre größer sein als diejenige, welche den Bürgern samt und sonders zukommt. Von dem, der die höchste Gewalt besitzt, hängt alle Ehre und Würde ab, und wie in Gegenwart des Hausvaters die Bedienten sowohl als die Kinder einander gleich sind und keine Rangunterschiede bestehen, so sind auch die Bürger in Gegenwart des Stellvertreters des Staates alle gleich, ob in dessen Abwesenheit gleich einige ein größeres Ansehen haben als andere. Seine Gegenwart wirkt daher auf diese wie der Glanz der Sonne bei Tage auf die Sterne. [...]
Die Aufgaben und Pflichten des Oberherrn, sei es eine einzelne Person oder eine Gesellschaft, ergeben sich deutlich aus dem Zweck, zu welchem jeder Staat errichtet wird, nämlich dem Wohl des Volkes. Dieses nach Möglichkeit zu fördern, macht ihm das Gesetz der Natur zur Pflicht, und hierüber hat er nur Gott allein Rechenschaft abzulegen. [...] Notwendig muss dies aber so geschehen, dass er seine Sorgfalt nicht auf Einzelne richte, sondern auf das

Wohl aller. [...] Folglich streitet es wider seine Pflicht, wenn er sich den bürgerlichen Gesetzen unterwirft oder dem Recht entsagt, Rechtshändel zu entscheiden, Krieg und Frieden zu beschließen, Heere nach Gutdünken zu besolden, öffentliche Diener zu allen Zeiten zu ernennen und die Lehren, welche mit dem Frieden und allgemeinen Wohl in Einklang sind, zu bestimmen.

Thomas Hobbes, Leviathan. Erster und Zweiter Teil. Übersetzung von Jacob Peter Mayer. Nachwort von Malte Diesselhorst, Stuttgart, ergänzte Ausgabe 1980, S. 151, 155 f., 165, 278 f.

1. Wie entsteht nach Hobbes der Staat und worin liegt der Selbstzweck?
2. Informieren Sie sich in einem Staatslexikon über die Merkmale des modernen totalitären Staates. Unterscheidet sich Hobbes' „Leviathan" von solchen Staaten des 20. Jahrhunderts?
3. Erarbeiten Sie mithilfe von M 1 und M 2 eine umfassende Definition des Absolutismus. Ergänzen Sie Ihre Definition anhand eines modernen Staatslexikons.
4. Überlegen Sie: Welche historische Staatsform wird mit der Idee der Fürstensouveränität überwunden?

M 3 Der absolute König

Ludwig XIV. – Selbstdarstellung und Demaskierung. „Kleiner als Gott, aber größer als der Erdkreis" will der König sein. Diesen Anspruch spiegelt das 1701 von Hyacinthe Rigaud (1659–1743) geschaffene Monumentalgemälde wider (rechte Seite).
Ganz anders sieht es der englische Karikaturist William Thackeray, der 125 Jahre nach dem Tod Ludwigs kritisch mit dem großen Vorbild umgeht.

1. Welche Aussagen machen beide Künstler
   a) zu der Person Ludwigs XIV.
   b) zur Funktion Ludwigs im Staat?
2. Mit welchen Mitteln erzielen Rigaud und Thackeray eine ideologische Überhöhung beziehungsweise Demaskierung Ludwigs XIV.?

Merkmale einer absolutistischen Herrschaft im Frankreich Ludwigs XIV.

Gesamtansicht des Schlosses von Versailles aus dem Jahr 1722 von P.-D. Martin. Die Schlossarchitektur besaß einen weit ausgreifenden, symmetrischen Grundriss, eine imposante Fassadengestaltung, ausladende Terrassen mit Freitreppen und eine pompöse, prunkende Innenausstattung. Zusammen mit den im Bild nicht sichtbaren kunstvoll geometrisch angelegten Garten- und Parkanlagen, den Skulpturen, Fontänen und Kaskaden, den künstlichen Seen und Kanälen bildete das Schloss ein barockes „Gesamtkunstwerk". Seit 1682 Sitz des Königshofs, überstrahlte Versailles mit seinem Glanz alle europäischen Residenzen und verkörperte den Anspruch des „Sonnenkönigs", Mitte Frankreichs und der Welt zu sein.

1643	Ludwig XIV. wird König
1661	Ludwig XIV. beginnt sein persönliches Regiment
1685	Edikt von Fontainebleau: Höhepunkt des Kampfes gegen die Hugenotten
1701–1713/14	Spanischer Erbfolgekrieg: Französische Hegemonialpolitik muss sich dem Prinzip des Gleichgewichts der Mächte unterordnen
1715	Ludwig XIV. stirbt

Auf dem Weg zur absolutistischen Monarchie

Schon *Ludwig XIII.* (1610–1643) hatte nach den Wirren der Religionskriege das Bedürfnis nach einer starken Regierung zum Ausbau des königlichen Machtapparates nutzen können. Vor allem rief der König die für das Steuerbewilligungrecht notwendigen *Generalstände* und die *Versammlung der Notabeln*[1]) nicht mehr ein und umging damit deren Mitsprache. Diese Gremien traten letztmals 1614 bzw. 1627 zusammen.

Eine weitere Institution, deren Macht begrenzt wurde, war das Pariser *Parlament*. Dieses war seit 1302 oberste Gerichtsbehörde Frankreichs. In einer Reihe wichtiger Provinzstädte gab es außerdem regionale Parlamente (Obergerichte). Die Gerichtshöfe nahmen mehr als nur judikative Aufgaben wahr, sie hatten außerdem administrative und legislative Befugnisse. Vor allem das Pariser Parlament hatte das Recht, die königlichen Erlasse zu registrieren, die erst dadurch Gesetzeskraft erhielten. Sofern die Erlasse vom überlieferten Recht abwichen, konnte das Parlament Gegenvorstellungen erheben und damit den Gesetzgebungsgang verzögern oder gar verhindern *(Remonstrationsrecht)*. Dieses selbständige Eintragungsrecht entzog die Krone 1641 dem Pariser Parlament.

Die Leitlinien der französischen Politik unter Ludwig XIII. bestimmte vor allem ein Mann: Kardinal Richelieu. Erfolgreich bekämpfte Richelieu alle Versuche des Adels, seine politischen Rechte zurückzugewinnen; befestigte Adelssitze von Verschwörern ließ er schleifen. Um der inneren Einheit willen beschnitt er die den Hugenotten zugestandenen politischen Sonderrechte, ohne allerdings ihre Religionsfreiheit anzutasten.

Nach dem Tod Richelieus und Ludwigs XIII. setzte Kardinal *Mazarin*[2]) als Leitender Minister unter dem fünfjährigen Thronfolger Ludwig XIV. das Werk seines Vorgängers fort. Noch einmal versuchte eine hochadelige Verschwörergruppe, die Monarchie wieder der Kontrolle der Parlamente zu unterstellen. Doch der Aufstand der *Fronde*[3]) (1648–1653) scheiterte. Ludwig XIV. konnte erfolgreich fortfahren, dem Adel seine politische Bedeutung weiter zu entziehen. Als Gegenleistung gewährte er ihm kirchliche Pfründe, die militärischen Führungspositionen im Heer und den direkten Dienst am König – Letzteres in einer neuen, auf besondere räumliche Nähe bedachten Form am Hof des Monarchen.

Nachdem Ludwig XIV. am 10. März 1661 sein persönliches Regiment angetreten hatte, verzichtete er auf einen Premierminister von der Machtfülle Richelieus oder Mazarins. Der sogenannte Staatsrat *(Conseil du Roi)*, Beratungs- und Entscheidungsgremium bei politischen Grundsatzfragen, wurde auf drei Mitglieder beschränkt. Nicht einmal mehr die Mutter des Königs, sein Bruder und die Prinzen von Geblüt konnten an den Sitzungen teilnehmen. Die drei

---

[1]) Notabeln: angesehene Männer von gesellschaftlichem Rang, Vermögen und Bildung
[2]) Jules Mazarin (Giulio Mazzarini) (1602–1661), gebürtiger Italiener, auf Betreiben Richelieus päpstlicher Nuntius in Paris und anschließend Mitarbeiter im französischen Staatsdienst
[3]) fronde, wörtlich: Schleuder (der Pariser Gassenjungen); Spottwort

Staatsratsmitglieder – sie durften sich Minister nennen – waren zuständig für Finanzen, Militär und Außenpolitik.

Die ganze Regierungszeit hindurch bediente sich Ludwig qualifizierter, professioneller Mitarbeiter. Es waren Leute seines Vertrauens, die aus dem Bürgertum stammten oder durch Verdienste zum Amtsadel aufgestiegen waren. Zulasten des aus dem Machtzentrum verdrängten Erbadels gewann das bürgerliche und niederadelige Regierungspersonal bis 1789 ständig an Gewicht.

Intendanten gegen Provinzgouverneure: Rationalisierung der Verwaltung

Die Verwaltung in den Provinzen wurde neu vom Hof aus koordiniert. Mit ihrer Wahrnehmung betraute Ludwig XIV. *Intendanten*. Bisher waren diese als Sonderbeauftragte des Staatsrats mit Kontrollaufgaben im Land unterwegs gewesen. Nun wurden sie zu ständigen Außenposten der Regierung, die mit weittragenden Vollmachten ausgestattet waren: Sie überwachten die Rechtspflege als Justizintendanten, übten als Polizeiintendanten die Aufsicht über Straßen und Wege aus und sorgten für Ruhe und Ordnung, überwachten das Militär, überprüften den Haushalt der Städte und Dörfer. Als Finanzintendanten sorgten sie für die Steuerveranlagung und -einziehung. Die adeligen Provinzgouverneure, seit den Frondeaufständen als unzuverlässig eingestuft, wurden an den Hof gezogen.

Im Gegensatz zu den früheren Verwaltungsorganen in den Provinzen beanspruchten die Intendanten nicht das Recht auf Beeinflussung oder Ablehnung von Anweisungen, die vom König kamen. Wenn nötig, drückten sie Befehle mit Militärgewalt durch. Sie waren Kontroll- und Ausführungsorgane der Regierung und repräsentierten den Versuch des Übergangs von der gemäßigten, das heißt durch regionale oder ständische Kontrolle eingeschränkten, Monarchie zur absoluten Monarchie. Gleichzeitig schützten die Intendanten aber auch die Bewohner in den Provinzen vor der Willkür des ansässigen Feudaladels.

Ab 1665 nahm Ludwig schließlich den Parlamenten ihre legislativen Befugnisse. Sie sanken damit von einer mitregierenden Instanz zu einer weisungsabhängigen Behörde herab. Die Rechtsprechung verblieb bei den „Hohen Höfen", allerdings war die Gerichtsbarkeit keineswegs unabhängig von der monarchischen Regierung (◊ M 1).

Trotz aller Fortschritte ließ sich die angestrebte Vereinheitlichung von Verwaltung und Rechtswesen nicht so vollständig durchsetzen, wie sie in der „Theorie" des Absolutismus angelegt war. Nach wie vor behielten zahlreiche regionale Varianten des Gewohnheitsrechts Gültigkeit. Auch duldeten die alten Adelsprivilegien keine Nivellierung. Vor allem in den Provinzen bewahrten sich die Stände ihre Mitsprache bei der Steuererhebung – eine chronisch in Geldnot befindliche Regierung kam an der Zusammenarbeit mit den Partikulargewalten nicht vorbei.

Staat und Gesellschaft im Ancien Régime **149**

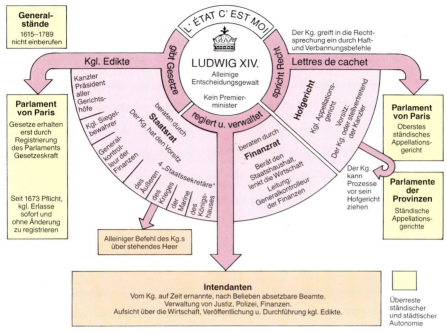

Der Staat Ludwigs XIV.

Das Militär – zuverlässigste Stütze der königlichen Gewalt

Die reguläre Armee, unter Ludwig etwa 100 000 bis 120 000 Mann stark, bestand aus angeworbenen Söldnern. Daneben existierten regionale bäuerliche und städtische Bürgerwehren. Durch eine Heeresreform wurde die Armee in der zweiten Hälfte des 17. Jahrhunderts ganz auf die Krone verpflichtet. Die militärische Kommandogewalt, die vorher in den Händen der Provinzgouverneure gelegen hatte, wurde nun auf die Zentralregierung übertragen. Diese gab sie an regierungstreue Kommandanten und Generalleutnants weiter. Das Offizierskorps, innerhalb dessen das aristokratische Monopol aufgebrochen werden konnte, unterstand nun einer zivilen Heeresverwaltung. Ihr saß der Staatssekretär für den Krieg vor. Durch die von den Militärs auf Zivilisten übertragene Administration der Truppe war dafür gesorgt, dass Anwerbung, Besoldung und Musterung der Soldaten unter staatlicher Kontrolle standen. Gleichzeitig war damit den „Kriegsunternehmern", die auf eigene Faust Truppen eingestellt und entlohnt hatten, das Handwerk gelegt. Einheitliche Uniformierung und Bewaffnung waren ebenso Teil der Heeresreform wie die Sorge für alte und invalide Soldaten. Im Verein mit der Heeresreform wurde entlang der Grenzen Frankreichs ein Ring von Festungsbauten errichtet.

Das französische Militär im Staat Ludwigs XIV. hat den Einheitsgedanken am ausgeprägtesten verkörpert. Neben ihren militärischen Pflichten wurde die Truppe mit vielfältigen Polizeiaufgaben betraut. Sie wurde eingesetzt, um Steuern einzutreiben, Widerstände in den Provinzen zu brechen oder Hungeraufstände niederzuschlagen; nicht zuletzt half das Militär durch die schikanöse Behandlung der Hugenotten maßgeblich mit, das Edikt von Fontainebleau in die Tat umzusetzen (siehe Seite 152).

Erste Ansätze einer Entwicklung zum „Steuerstaat"

Die Umformung der ständisch geprägten in die absolute Monarchie war begleitet von zwei schubartigen Steuererhöhungen. Die Krone versuchte, damit die steigenden Kosten des Staatshaushalts aufzufangen.
Allerdings war die Konfusion in der Erhebung von Steuern groß. Frankreich war keine einheitliche, geschlossene Steuerregion. Je nach Provinzen galten unterschiedliche Steuersätze, die Besteuerten wurden unterschiedlich veranlagt, die Befreiung von manchen Steuern erfolgte aufgrund unterschiedlicher Privilegien. Ebenso waren die Eintreibungsmethoden uneinheitlich und zudem überaus verwickelt.
Haupteinnahmequellen des Staates waren neben den direkten und indirekten Steuern Binnen- und Außenzölle. Dazu kamen Einnahmen aus freiwilligen Zahlungen des Klerus, der von direkten Steuern befreit war, und Einnahmen aus dem Verkauf von Ämtern. Zur raschen Auffüllung von Finanzierungslücken diente die Ausgabe von Staatsanleihen.
Die wichtigsten direkten Steuern waren:
1. Die *Taille*, im nördlichen Frankreich eine Besteuerung der Haushalte (taille personelle), im südlichen Frankreich eine Grundsteuer (taille réelle). Adelige Grundbesitzer und der Klerus waren von ihr befreit.
2. Die *Capitation*, eine Kopfsteuer, zu der auch Adel und Klerus herangezogen wurden. Der Klerus konnte sich jedoch durch eine einmalige Sonderzahlung davon loslösen.
3. Die *Dixième*, eine Einkommensteuer in Höhe von 10 %, die zeitweise als eine Art Kriegslastensteuer von allen Franzosen erhoben wurde.

Die wichtigste indirekte Steuer war die Salzsteuer *(Gabelle)*. Für die Untertanen bestand der gesetzliche Zwang, eine bestimmte Menge Salz zu kaufen.
Es gelang der Regierung zwar nicht, die unterschiedlichen Steuersätze zu vereinheitlichen, aber wenigstens setzte sie durch, dass die ausgeschriebenen Steuern auch wirklich der Staatskasse zuflossen. Zu einer systematischen Finanzplanung und Steuerreform konnte es angesichts der zügellosen Ausgabenpolitik des Königs nicht kommen. Trotzdem bildeten die Capitation und die Dixième einen wichtigen Schritt auf dem Weg zu einer allgemeinen Steuerpflicht und damit zur Vereinheitlichung des Steuerrechts.

Staatswirtschaftliche Initiativen: der Merkantilismus

Messerschmiede, eine Manufaktur im 18. Jahrhundert. Manufakturen waren eine Vorform der industriellen Fabrik. Die Fertigung der Produkte wurde bereits in verschiedene Teilschritte zerlegt und von lohnabhängigen Arbeitern besorgt; Handarbeit (ohne Einsatz von Maschinen) blieb jedoch vorherrschend.

Den Anstoß für ein Programm systematischer staatlicher Wirtschaftsförderung und -lenkung, das später als *Merkantilismus* bezeichnet wurde, gab *Jean-Baptiste Colbert*, der wichtigste Minister des Königs (◊ M 2). Für Colbert lag die Quelle staatlichen Reichtums in der gewerblichen Produktion und im Handel. In Weiterführung bereits vorher gepflogener Praktiken sollte die gesamte Wirtschaft dem Staat dienstbar gemacht werden. Ziel war die aktive Handelsbilanz. Dazu mussten drei Forderungen erfüllt werden: Unabhängigkeit von der Produktion des Auslands, Steigerung des Inlandverbrauchs, Exportfähigkeit durch Anhebung der Qualität.

Die angewandten Methoden kann man im Vorgriff auf spätere Ausprägungen einem rigiden Wirtschaftsdirigismus und Staatskapitalismus gleichsetzen. Colbert förderte bestehende *Manufakturen* und ließ neue anlegen. In ihnen wurden vor allem Textilien (Wandteppiche, gemusterte Stoffe, Tuche, Leinen, Spitzen, Strümpfe), Toilettenartikel (Seife, Parfüm), Lederwaren, Porzellan, Spiegel sowie Eisenartikel (Draht, Stahl, Blech, Waffen) und Schießpulver hergestellt. Alle Manufakturen erhielten auf ihr Produkt ein Monopol und bezogen Staatszuschüsse. Das erlaubte dem Staat, sich in Herstellung und Vertrieb einzumischen. Nur private Manufakturen durften auch frei ans Publikum verkaufen.

Um die erforderlichen Arbeitskräfte bereitzustellen, förderte Colbert bei den Angehörigen des dritten Standes frühe Eheschließungen, unterstützte Kinderreichtum und bekämpfte das Auswandern. Besonders die in Handel und Gewerbe so erfolgreichen Hugenotten wollte er im Land halten. Außerdem ließ der Minister des Königs durch französische Diplomaten im Ausland Spezialisten für die heimische Wirtschaft anwerben und verpflichten.

Notwendigerweise bedeutete die Förderung des Manufakturwesens für die vorhandenen Handwerksbetriebe eine Statusveränderung. Colbert machte für sämtliche städtischen und nahezu alle ländlichen Handwerkszweige die Zunftverfassung zur Pflicht und unterwarf sie einer strikten staatlichen Aufsicht. Nun war ihre Produktion doppelt gelenkt: durch die zunftmäßig regulierte Nachfrage und durch die staatliche Steuerung. Vor allem die Handwerksbetriebe der Textilbranche waren dadurch oftmals auf Verleger angewiesen, die Ware in Auftrag gaben und dann selbst vertrieben. So rutschten viele Handwerker trotz faktischer Selbständigkeit in die Lohnabhängigkeit. Besonders vernachlässigt wurde die Landwirtschaft.

Im Verein mit der Wirtschaftspolitik entfaltete Colbert auch seine *Handelspolitik*. Der Binnenhandel wurde vor allem durch die Verbesserung der Infrastruktur[1]) gefördert. Auch wurden zwölf innere Provinzen zu einem einheitlichen Zollgebiet zusammengefasst, was die Binnenzollpflicht verminderte. Im Außenhandel konnte Frankreich allerdings trotz vielfältiger, auch kriegerischer Anstrengungen die großen Handels- und Kolonialmächte England und die Vereinigten Niederlande nicht einholen.

Bis etwa 1672 bescherte Colberts Tätigkeit Frankreich eine Wirtschaftsblüte. Aber durch immer neue Geldausgaben des Königs trieb Frankreich in der Folge auf einen Staatsbankrott zu. Nach Colberts Tod brach sein Werk sehr schnell zusammen. Gleichwohl sind die von ihm ins Leben gerufenen Industrien bestehen geblieben und Frankreichs industrieller Aufschwung im 19. Jahrhundert hat sich im Wesentlichen auf den von Colbert geschaffenen Grundlagen entwickeln können.

Kirchenpolitik im Sinne des Einheitsgedankens

Ludwigs absolutistischem Einheitsgedanken standen die circa 5 % Hugenotten in der Bevölkerung im Wege, die er deshalb seit 1661 immer offener verfolgte. Am Ende ersetzte er 1685 das Edikt seines Großvaters durch das *Edikt von Fontainebleau*. Reformierte Kirchen wurden zerstört, Pastoren ausgewiesen, die Bevölkerung zum Katholizismus gezwungen. Wohlhabenden und beruflich qualifizierten Hugenotten gelang die illegale Auswanderung ins protestantische Ausland, nach England, Holland, in die Schweiz oder in Territorien des Deutschen Reichs. Hier waren die „Réfugiés" als Träger gewerblicher und kultureller Fähigkeiten willkommen und wurden gerne von den Fürsten aufgenommen.

Insgesamt sollen mehr als 300 000 Hugenotten Frankreich den Rücken gekehrt haben. Obwohl von der katholischen französischen Öffentlichkeit begrüßt, bedeutete die Ächtung der Hugenotten für das Land einen nicht unerheblichen Verlust an fähigen Menschen, vor allem aus den oberen Bevölkerungsschichten, und wirtschaftliche Einbußen.

---

[1]) notwendiger wirtschaftlicher und organisatorischer Unterbau einer hochentwickelten Wirtschaft (Verkehrswesen, öffentliche Einrichtungen u. a.)

Kunst und Wissenschaft als Mittel der Politik

Die Vereinnahmung der Kulturpolitik für den zentralistischen Einheitsgedanken hatte in Frankreich Tradition seit der Amtszeit Richelieus. Schon damals sollten die wichtigsten Zeitungen des Landes im Auftrag des Kardinals die öffentliche Meinung im Sinne der Regierung steuern. Eine ähnliche Absicht verfolgte Richelieu 1635 mit der Gründung der bis heute bestehenden *Académie française*. Die Zusammensetzung der Akademie – vierzig ausgewählte Gelehrte und Dichter – hat sich, was die Anzahl der Mitglieder betrifft, stetig gehalten, ebenso ihre Aufgabe, Sprachnormierung und Sprachpflege zu betreiben und die literarische Kultur zu lenken und zu fördern.

Unter Ludwig XIV. wurde die Kunst verstärkt der königlichen Propaganda untergeordnet. Das Schauspiel wurde einerseits subventioniert und andererseits zensiert. Die Schriftsteller sollten durch großzügige Staatspensionen zu Dienern der Staatsidee werden. Trotz staatlicher und kirchlicher Beschränkungen erlebte das Theater in Paris eine Blütezeit. Die Werke französischer Dramatiker dienten für etwa ein Jahrhundert den Autoren in ganz Europa als Vorbild. Durfte allerdings der Dramatiker *Pierre Corneille* (1606–1684) noch offen politische Themen auf der Bühne diskutieren lassen, so waren die Komödiendichter *Jean Baptiste Poquelin*, genannt *Molière* (1622–1673), und *Jean Racine* (1639–1699) angehalten, den von der Zensur gesteckten Rahmen nicht zu überschreiten, wollten sie das Wohlwollen des Königs nicht verlieren.

Ebenso im Dienst der Majestätsverherrlichung standen die bildenden Künste, vor allem Malerei und Bildhauerei. Sie zeugten mit Pathos von Ruhm, Erhabenheit und Macht ihres Mäzens. Besonderer Beliebtheit erfreuten sich Ballett und Oper, die dem Hof leichte Unterhaltung boten. Häufig wirkten der König und seine Höflinge bei festlichen Auftritten selbst als Darsteller mit. Ludwig gefiel sich in der Rolle des Sonnengottes Apollo, stellte für ihn doch die Sonne das „lebendigste und schönste Sinnbild eines großen Herrschers dar".

Die Gründung von Akademien und regelmäßige Zuwendungen an berühmte Repräsentanten des geistigen Lebens fanden die vom König angestrebte Bewunderung Europas. Bis 1690 erhielten pro Jahr durchschnittlich 42 Künstler und Wissenschaftler regelmäßige Dotationen, darunter auch Ausländer und Protestanten. Die Regierungszeit Ludwigs gilt heute in der Kunstgeschichte als die „französische Klassik". In ihr spiegeln sich sowohl Rationalität als auch Prunk der Epoche.

Nach dem Vorbild der römischen Kaiser nutzte Ludwig XIV. umlaufende Münzen zu einer offiziellen Selbstdarstellung und Überhöhung. „Nec pluribus impar" ist auf der Münze eingraviert: „Keiner kommt ihm gleich."

Außenpolitik als Hegemonialpolitik

Französische Eroberungen im Norden und Osten.

In Fortführung der außenpolitischen Richtlinien Richelieus und Mazarins strebte Ludwig XIV. neben Prestige für Land und Krone die Vorherrschaft *(Hegemonie)* in Europa an. Drei Leitziele verfolgte er:
- Schwächung des Hauses Habsburg in seinen beiden Linien, der spanischen und der österreichischen;
- Vorschieben der Nordostgrenze bis an den Rhein (der Rhein als „natürliche Grenze" Frankreichs);
- Teilhabe am spanischen Erbe und Erwerb des spanischen Throns aufgrund seiner Ehe mit einer spanischen Habsburgerin.

Zur Geltendmachung durchaus zweifelhafter Territorialansprüche im Elsass gründete Ludwig eigene *Réunionskammern*[1]). Diese Gremien untersuchten frühere territoriale Zugehörigkeiten zu Frankreich, um daraus aktuelle Ansprüche abzuleiten. Rund sechshundert Herrschaften wurden beansprucht. Die betroffenen Inhaber, vor allem deutsche Fürsten, Grafen, Äbte, Ritter und Bürgermeister, mussten vor dem König den Lehenseid ablegen. Unmittelbar danach rückten französische Truppen in die Gebiete ein. Für den Erwerb Straßburgs konnte kein Rechtstitel namhaft gemacht werden. So wurde die Reichsstadt 1681 völkerrechtswidrig in einem militärischen Handstreich genommen. 1684 musste der Kaiser, geschwächt durch die Auseinandersetzung mit den Türken, die bis 1681 widerrechtlich reunierten Reichsgebiete einschließlich Straßburgs auf 20 Jahre Frankreich überlassen, was einer völligen Abtretung gleichkam.

Als Ludwig jedoch ab 1688 unter rechtlich nicht haltbaren Erbansprüchen das Kurfürstentum Pfalz und angrenzende rheinische Territorien überfallen und verwüsten ließ, sammelte sich eine gesamteuropäische Koalition von Gegnern. Ihr gelang es, eine weitere französische Expansion aufzuhalten.

Nachdem der letzte spanische König aus dem Hause Habsburg den bourbonischen Herzog *Philipp von Anjou* als seinen Erben eingesetzt und die Unteilbarkeit der spanischen Monarchie verfügt hatte, drohte eine Union zwischen zwei der mächtigsten europäischen Staaten. Als Antwort hierauf verbündeten sich 1701 England und die Vereinigten Niederlande mit dem Kaiser, Preußen, Hannover und fast allen übrigen Reichsständen. Die Koalition brachte Ludwig und Philipp in immer größere militärische Bedrängnis. Am Ende des *Spanischen Erbfolgekrieges* (1701–1713/14) kam es zu Friedensverhandlungen, in denen sich ein neues Konzept europäischer Politik durchsetzte. Das *Prinzip des Gleichgewichts der Mächte,* von England („*balance of power*") besonders nachhaltig vertreten, verdrängte die alten dynastischen Richtlinien der Außenpolitik auf dem europäischen Kontinent. Man schuf einen Balancezustand, der für die künftige Gestaltung internationaler Beziehungen im 18. Jahrhundert eine nahezu unantastbare Grundlage bilden sollte.

Der Bourbone Philipp von Anjou behielt zwar den spanischen Thron samt den Kolonien, allerdings unter der Bedingung, sich niemals mit Frankreich zu vereinigen. Habsburg wurde für den Verzicht auf Spanien mit dessen europäischen Nebenländern (Spanische Niederlande, Mailand, Neapel und Sardinien) entschädigt.

Frankreich hingegen musste seine Kolonien in Nordamerika an die führende Handels- und Wirtschaftsmacht England abtreten. Das Hegemonialstreben der Krone hatte ungeheure Staatsschulden und ein ausgeblutetes, abgewirtschaftetes Land hinterlassen. Ruhm und Prestige Ludwigs waren am Ende seiner Regierungszeit stark erschüttert. Seine Kriege und seine Politik hatten die Wirtschaftskraft des Landes für lange Zeit geschwächt und damit eine der Voraussetzungen für die Französische Revolution geschaffen.

---

[1]) réunion (franz.): Wiedervereinigung

Einfluss der Hofkultur auf das Bürgertum

Für das Bürgertum entfaltete der Hof von Versailles eine Leitbildfunktion, die bald über Frankreich hinausreichte. Ein strenger höfischer Verhaltenskodex forderte die säuberliche Trennung privater Gefühle und Angelegenheiten von öffentlichen Auftritten. Die Fähigkeit, Haltung zu bewahren („contenance"), war in Gesellschaft unverzichtbar und die Selbstkontrolle der adeligen Elite wirkte als anerkanntes Vorbild ins Bürgertum hinein. Manieren wurden in Anstandsbüchern vermittelt und schließlich allgemein verinnerlicht. Man empfand es jetzt als ungehörig, in Gegenwart einer Person von Stand auf den Boden zu spucken oder ungeniert zu gähnen.

Dass alle Etikette sich ausschließlich auf das Sichtbare konzentrierte, galt auch für die Körperpflege. Man wusch lediglich Gesicht und Hände, die nicht bedeckten Teile des Körpers. Dafür verwandte man oft Unsummen für elegante und auffällige Kleidung oder Perücken. Die Garderobe der Männer war dabei genauso bunt und auffällig wie die Kleidung der Frauen. Luxusgesetze sollten das Bürgertum vor zu großem Aufwand bewahren, zugleich dokumentierten sie aber auch die immer noch unverrückbare Hierarchie der ständischen Ordnung, denn für den Adel galten die Einschränkungen selbstverständlich nicht.

Höhepunkt des gesellschaftlichen Rituals war das gemeinsame Festessen, wobei Gelüste wie Hunger und Durst sich strengen Tischsitten unterordnen mussten. Das Essen mit den Fingern, vielleicht noch dazu von einem gemeinsamen Teller, wurde nicht mehr toleriert (⇨ M 3). Kultivierte Kreise aßen und tranken mit eigenem Besteck und aus eigenen Gläsern. Auch die Küche dürfte sich verändert haben. Der Gourmet[1]) legte Wert auf eine ästhetische und frische Gastronomie. Der exzellente Ruf französischer Kochkunst stammt aus der Zeit Ludwigs XIV.

Der „gute Geschmack", der zu einer „Entdeckung" des 17. Jahrhunderts wurde, betraf neben Küche und Kleidung noch Kunst und Wohnkultur, kurz alle Bereiche, die das Leben in der „großen Welt" angenehmer gestalten konnten. Wer ihr angehören wollte, musste zusätzlich zu seiner sonstigen Stellung in der Öffentlichkeit seinen Sinn für Geschmack und gute Manieren, seine Fähigkeit zu gepflegter Konversation unter Beweis stellen.

Aufstieg und soziale Differenzierung des Bürgertums

Zunächst waren die in sich differenzierten bürgerlichen Schichten im Ancien Régime vom Adel standesmäßig deutlich geschieden. Doch gelangten einzelne Bürger aufgrund von Sachverstand, Ehrgeiz, aktivem Handelsgeist und neuen Produktionsformen zu immer größerem Wohlstand und wurden in der Folge vom König in den Adelsstand erhoben. Nobilitiert wurden Verlagsunternehmer und Manufakturbesitzer, Kaufleute, Reeder, Sklaven- und Fern-

---

[1]) Ursprünglich Bezeichnung für Weinverkoster im Pariser Hafen; um 1700 Weinkenner, später generell: Feinschmecker

händler sowie Bankiers. Vor allem Letztere erlangten seit Ludwig XIV. dank ihres Nutzens für die Staatsfinanzen hohes Ansehen und konnten durchaus hoffen, die eigene Familie zum Beispiel durch Heirat auch direkt mit der Altaristokratie zu verbinden. Außerhalb der Großstädte gehörten die großen Agrarunternehmer, das heißt Inhaber und Pächter von Herrengütern sowie Getreide- und Weinhändler, zu dieser aufstrebenden Honoratiorenschicht.
Eine zusätzliche Aufwertung ihrer gesellschaftlichen Stellung konnte die reich gewordene neue Oberschicht am ehesten durch weitere Anhebung der Bildung erreichen. Wer die entsprechenden Mittel erworben hatte, konnte seinen Söhnen an geeigneten Institutionen wie Ritterakademien Seite an Seite mit den jungen Aristokraten eine angemessene Erziehung zuteil werden lassen. Die Töchter wurden vor der Verheiratung zwecks höherer Bildung für einige Jahre in eines der vornehmen Pensionate geschickt, die den renommierten Nonnenklöstern angeschlossen waren. Eine weitere Gelegenheit zur Statusverbesserung war der Kauf von Gütern und Schlössern aus dem Besitz verarmter Aristokraten. Auch auf diese Weise passte sich der bürgerliche Lebensstil adeligen Lebensformen an, und die sozialen Unterschiede verwischten sich.
Neben dem Großbürgertum gab es ein mittleres und ein Kleinbürgertum, das in den herkömmlichen Formen der Bedarfswirtschaft arbeitete. Es waren Handwerker und Händler sowie Gastwirte, Gerichtsschreiber, Buchhändler, Angehörige niederer Militärchargen usw. Die Gewerbetreibenden gingen unter meist harten Bedingungen ihrem Beruf nach. Er füllte ihr tägliches Leben aus, die Familie bildete die Lebensmitte. Bisweilen herrschte bei ihnen, vor allem aufgrund der zunehmenden Professionalisierung im Handwerk, Existenzangst und Konkurrenzdruck, so etwa zwischen Schreinern und Kunsttischlern.
Trotz der eher stagnierenden oder sich sogar verschlechternden wirtschaftlichen Situation stieg aber auch in diesem Bevölkerungsteil das Bildungsniveau. Insbesondere in den Nordprovinzen Frankreichs führte die wachsende Alphabetisierung zu einem steigenden Interesse an Büchern und anderen Druckwerken. Mit der Zeit entwickelten die bürgerlichen Mittelschichten in Kontrasthaltung zur Oberschicht ein eigenes Selbstwertgefühl. Es war auf dem Bewusstsein gegründet, sich durch Tugenden wie Sparsamkeit und Fleiß, moralische Ehrbarkeit und innere Würde gegenüber Adel und Klerus auszuzeichnen. Später richtete sich diese Haltung auch gegen das Großbürgertum.
Die immer stärkere soziale Binnendifferenzierung des Bürgertums hinderte es nicht daran, Ende des 18. Jahrhunderts dem absolutistischen Staat geschlossen in der Revolution entgegenzutreten (◊ M 4).

M 1 Zentralgewalt contra Partikulargewalten

In seinen „Memoiren" berichtet Ludwig XIV. über eine Auseinandersetzung mit dem Pariser Parlament:

Ein Beamter hatte an den Edikten, die ich hatte veröffentlichen lassen, vor allem an dem Edikt über die Ermäßigung des Kaufpreises der Amtsstellen, Anstoß genommen, worauf die Enquête-Kammer die Vollversammlung der Kammern des Parlaments verlangte. Man wollte hierbei unter irgendeinem Vorwand indirekt noch einmal in eine Beratung über die Frage selbst eintreten. Ich wusste, dass der erste Präsident mir einen großen Dienst zu leisten glaubte, indem er dafür sorgte, dass die Beratung mehrere Male aufgeschoben wurde [...].

Um jedoch zu zeigen, dass sie für mich keinerlei Bedeutung mehr hatten, trug ich ihm selbst auf, das Parlament zu versammeln und ihm zu erklären, ich wünschte nicht mehr, dass man in meiner Gegenwart von „bestätigten Edikten" spreche, und ich wollte sehen, wer es wage, mir nicht zu gehorchen. Ich wollte diese Gelegenheit benutzen, um an einem deutlichen Beispiel entweder die völlige Unterwerfung des Parlaments unter meinen Willen oder mein strenges Einschreiten zu beweisen.

In der Tat wurde der Gehorsam, den mir das Pariser Parlament bewies, indem es sich auflöste, ohne weitere Schritte zu unternehmen, bald darauf von den Parlamenten der entferntesten Provinzen befolgt, so dass man sah, dass diese Körperschaften nur von denjenigen gefürchtet werden können, die sich vor ihnen fürchten.

Mémoires de Louis XIV., deutsche Übersetzung von L. Steinfeld, Basel und Leipzig 1931, S. 167

Anlässlich einer Ständeversammlung der Provence in Südfrankreich schrieb Colbert an den zuständigen Intendanten:

Ich kann Ihnen versichern, dass Seine Majestät des Verhaltens der Deputierten Ihrer Ständeversammlung allmählich überdrüssig wird und mir befohlen hat, Ihnen mitzuteilen, er könne nicht länger ruhig mit ansehen, wie Jahr für Jahr Ständeversammlungen von drei Monaten und mehr zu Lasten der Provinz abgehalten würden, um eine so bescheidene Summe, wie er sie fordert, herauszuschlagen. Wenn die Deputierten weiter ein so schlechtes Betragen zeigen, das der Ergebenheit, dem Gehorsam und dem Respekt, wie sie der König von allen seinen Völkern erfährt, so entgegengesetzt ist, dann werden sie Seine Majestät zu einem Entschluss zwingen, der nicht dazu angetan sein dürfte, ihren Namen im Lande einen guten Klang zu verschaffen. Kurz und gut, der König wünscht, dass Sie energisch mit ihnen reden und ihnen deutlich sagen, wenn Ihr Antwortbrief auf diesen meinen Erlass Seiner Majestät nichts Zufriedenstellendes von ihnen bringt, der König seine Befehle schicken wird, um die Versammlung aufzulösen und dann die Entschlüsse zu fassen, die ihm besser für seinen Dienst zu sein scheinen, und den Anteil, den die Provinz an den Lasten des Staates zu tragen hat, auf andere Weise hereinzubekommen als durch die Bewilligung ihrer Deputierten.

Fritz Dickmann, Geschichte in Quellen. Renaissance – Glaubenskämpfe – Absolutismus, München, 2. Auflage 1976, S. 434

1. Gegen welches hergebrachte Recht der Parlamente wendet sich Ludwig XIV.?
2. Welches Verhalten der Stände kritisiert Colbert, welche Gegenmaßnahmen der Krone droht er an?
3. Versuchen Sie, eine Erklärung dafür zu geben, wieso es Ludwig häufig möglich war, die Mitsprache von Parlament und Ständen auszuschalten.

Grundsätze der Colbert'schen Handelspolitik

M 2

Jean-Baptiste Colbert (1619–1683) wurde von Ludwig 1661 zum Finanzintendanten und 1665 zum Generalkontrolleur der Finanzen berufen. In dieser Eigenschaft übernahm er bald die Aufgaben eines Finanz-, Verkehrs-, Marine-, Justiz-, Wirtschafts- und Handelsministers und zog sogar die Aufsicht über die schönen Künste an sich. Im Folgenden beschreibt er die Grundzüge seiner merkantilistischen Politik.

Die Gründe für die Wiederherstellung und Neueinrichtung des Handels sind . . ., dass, falls der König der natürlichen Kraft Frankreichs auch noch die von Kunst, Gewerbefleiß und Handel hinzufügen könnte . . ., seine Größe und Macht, wie man leicht ermessen kann, ganz bedeutend vermehrt würden. [. . .] Die Tuch-, Serge-[1]) und sonstigen Stoffmanufakturen, die Papiermühlen, Metallwarenfabriken, Seiden- und Leinenwebereien, Seifensiedereien und überhaupt alle sonstigen Manufakturen waren und sind fast völlig ruiniert. Die Holländer haben ihnen allen das Wasser abgegraben und führen dieselben Industrieerzeugnisse bei uns ein, um im Austausch dafür von uns die für ihren Konsum und Handel nötigen Materialien zu beziehen. Würden stattdessen diese Manufakturen bei uns weiter eingerichtet, so hätten wir nicht nur deren Erzeugnisse für unseren Bedarf, sodass sie uns als Zahlungsmittel Bargeld bringen müssten, das sie jetzt für sich behalten, sondern wir hätten auch noch Überschüsse für die Ausfuhr, die uns wiederum einen Rückfluss an Geld einbrächten. Dies aber ist, mit einem Wort gesagt, das einzige Ziel des Handels und das einzige Mittel, Größe und Macht dieses Staates zu vermehren. [. . .]

Die Gründe für den schlechten Zustand des Binnenhandels sind: die Schulden der Städte und Gemeinden, die den freien Verkehr von Provinz zu Provinz und von Stadt zu Stadt, der noch die Grundlage allen Handels der Untertanen des Königs bildet, hindern; die durch diese Schulden in den Städten verursachten schikanösen Prozesse, die die Bürger erschöpfen, die Menge der überall im Lande und an den Flüssen errichteten Zollstationen, der schlechte Zustand der Landstraßen, die übertriebene Vermehrung der Beamtenstellen, die enorm hohe Besteuerung aller Produkte, das Seeräuberunwesen, das zum Verlust unzähliger Schiffe führt, und – um es mit einem Wort zu sagen – die Gleichgültigkeit des Königs und seines Conseil, die das Gleiche bei allen Sub-

Importwaren wie Tabak, Tee und Kaffee waren im Merkantilismus verpönt.

---
[1]) Seidenes Atlasgewebe, hauptsächlich für Damenschuhe und Möbelbezüge verwendet

alternbeamten zur Folge hat, in deren Händen die Polizeigewalt und Befugnis zur Erhaltung und Vermehrung der Manufakturen liegt. [...]
Nach dieser kurzen Übersicht über die Lage unseres Binnen- und Außenhandels dürfte es vielleicht am Platze sein, einige Worte über die Vorteile des Handels zu sagen.
Ich glaube, man wird ohne weiteres in dem Grundsatz einig sein, dass es einzig und allein der Reichtum an Geld ist, der die Unterschiede an Größe und Macht zwischen den Staaten begründet. Was dies betrifft, so ist es sicher, dass jährlich aus dem Königreich einheimische Erzeugnisse (Wein, Branntwein, Weinessig, Eisen, Obst, Papier, Leinwand, Eisenwaren, Seide, Kurzwaren) für den Verbrauch im Ausland im Wert von 12 bis 18 Millionen Livres[1]) hinausgehen. Das sind die Goldminen unseres Königreiches, um deren Erhalt wir uns sorgen müssen... Je mehr wir die Handelsgewinne, die die Holländer den Untertanen des Königs abnehmen, und den Konsum der von ihnen eingeführten Waren verringern können, desto mehr vergrößern wir die Menge des hereinströmenden Bargeldes und vermehren wir die Macht, Größe und Wohlhabenheit des Staates. [...]
Außer den Vorteilen, die die Einfuhr einer größeren Menge Bargeld in das Königreich mit sich bringt, wird sicherlich durch die Manufakturen eine Million zur Zeit arbeitsloser Menschen ihren Lebensunterhalt gewinnen. Eine ebenso beträchtliche Anzahl wird in der Schifffahrt und in den Seehäfen Verdienst finden, und die fast unbegrenzte Vermehrung der Schiffe wird im gleichen Verhältnis Größe und Macht des Staates vermehren. Dies sind die Ziele, nach denen der König meines Erachtens aus guter Gesinnung und Liebe zu seinem Volk streben sollte. Als Mittel, sie zu erreichen, schlage ich vor: [...] Alle Verwaltungsvorschriften im Königreich bezüglich der Wiederherstellung der Manufakturen sollten erneuert, die Ein- und Ausfuhrtarife überprüft... und es sollte jährlich eine bedeutende Summe für Wiederherstellung der Manufakturen und die Förderung des Handels durch Conseilbeschluss ausgeworfen werden. Desgleichen bezüglich der Schifffahrt: Zahlung von Gratifikationen an alle, die neue Schiffe kaufen oder bauen oder große Handelsreisen unternehmen. Die Landstraßen sollten ausgebessert, die Zollstationen an den Flüssen aufgehoben, die kommunalen Schulden weiterhin abgelöst werden. Man bemühe sich unablässig, die Flüsse im Innern des Königreiches schiffbar zu machen, [...] unterstütze tatkräftig die Ost- und Westindische Kompanie und ermuntere jedermann zum Eintritt.

Fritz Dickmann, Geschichte in Quellen, a. a. O., S. 447 ff.

1. *Nennen Sie die Gründe, die Colbert für die Rückständigkeit der französischen Wirtschaft anführt.*
2. *Mit welchen Maßnahmen wollte Colbert die wirtschaftlichen Kräfte des Landes wecken?*
3. *Welche gesellschaftlichen Gruppen wurden gefördert und konnten Nutzen aus dieser Wirtschafts- und Handelspolitik ziehen? Auf welche Gruppen wurde kein Bezug genommen? Welche sozialen Probleme konnten sich daraus ergeben?*
4. *Entwerfen Sie eine Skizze, aus der Grundzüge und Wechselwirkungen der Wirtschaftspolitik Colberts deutlich werden.*

---
[1]) Französische Währungseinheit bis zum Ende des 18. Jahrhunderts

Manieren im Verlauf von Jahrhunderten

M 3

Die folgenden Verhaltensregeln stammen aus Anstandsbüchern für die Oberschicht.

Jean Sulpice, 1483:
Die reichen Leute haben die Gewohnheit, alles zu tun, was ihnen gefällt, und ungebührlicher aufzutreten, als vernünftig ist. Daher kommt es, dass sie sich auch bei Tisch voller Ungebühr benehmen. So pflegen sie die Ellenbogen auf
5 den Tisch zu stützen; das sollst du ihnen nicht nachmachen.

Claude Hardy, 1613:
Das Brot mit der Hand flachzudrücken und dann mit den Fingerspitzen kleine Stücke abzubrechen, das ist ein Vergnügen, das du gewissen Leuten bei Hofe überlassen musst. Für dich schickt es sich, das Brot anständig mit dem Messer
10 zu schneiden.

Arthus Thomas, Sieur d'Embry, 17. Jahrhundert, über Höflinge:
Das Fleisch berührten sie niemals mit den Händen, sondern mit Gabeln, nach denen sie ihre Hälse reckten [...]. [Den Salat] nahmen sie mit ihrer Gabel auf, denn es ist in diesem Lande verboten, Speisen mit der Hand zu berüh-
15 ren, so schwierig das auch sein mag, und sie ziehen es vor, lieber dieses zinkenartige Gerät in den Mund zu stecken als ihre Finger [...]. Nun wurden Artischocken, Spargel und geschälte Saubohnen aufgetragen und da war es vergnüglich, ihnen zuzusehen, wie sie diese Dinge mit der Gabel aßen; denn diejenigen, die darin weniger geschickt waren als die anderen, ließen mehr
20 auf die Servierplatte, den Teller oder den Boden fallen, als sie in den Mund beförderten.

Jean-Louis Flandrin, in Philippe Ariès und Georges Duby (Hrsg.), Geschichte des privaten Lebens. Von der Renaissance zur Aufklärung, Frankfurt/Main 1991, S. 272

1. Wie verändert sich die Rolle der Oberschicht zwischen dem ausgehenden Mittelalter und dem 17. Jahrhundert?
2. Inwiefern korrigieren oder bestätigen Erkenntnisse aus den Anstandsbüchern Ihre Vorstellungen von der Lebensweise einer adeligen Oberschicht?

Absolutismus als prägende Kraft

M 4

Ernst Hinrichs, Professor für Geschichte der frühen Neuzeit, hat die Bedeutung des Absolutismus für die Entwicklung des modernen Staates zusammengefasst.

Die Urteile seiner Kritiker dürfen [...] nicht zu der Annahme verführen, der Absolutismus sei ein System vollkommener Rechtlosigkeit gewesen. Er lässt sich vielmehr einordnen in die Entwicklung von Recht und Rechtssystemen in ganz Europa und er stellte im Vergleich zur vorangehenden Epoche der
5 lehnsherrlichen Eigenberechtigung sogar ein progressives Element dar, da er für die nicht privilegierten Untertanen mehr Rechtssicherheit schuf als zuvor. Diese positiven Aspekte galten auch für viele andere Bereiche des öffentlichen Lebens. Der Absolutismus hat z. B. in Frankreich zur Überwindung der unglaublich scharfen religiösen Auseinandersetzungen beigetragen, die dort im
10 Gefolge der Reformation zwischen Hugenotten und Katholiken ausgebrochen

waren und das Land in eine förmliche Anarchie gestürzt hatten [...]. Er hat, zumindest in Ansätzen, Ordnung in Bereichen geschaffen, in denen wir heute vieles für selbstverständlich halten, was es vor Jahrhunderten durchaus nicht war:
- *Wirtschaft,*
- *Verkehr,*
- *Gesundheitswesen,*
- *Armenfürsorge,*
- *Schul- und Bildungswesen,*
- *Geld- und Münzwesen.*

Absolutistische Fürsten haben die Ergebnisse solch „rationalen" Handelns immer wieder, und oft in grotesk erscheinendem Ausmaß, durch eine abenteuerliche Politik infrage gestellt, weil sie bis ins 18. Jahrhundert hinein daran gewöhnt und dazu erzogen wurden, den Staat als einen Teil ihres Privatbesitzes und sich selbst als jeglicher Beurteilung durch Menschen entzogen zu betrachten. Und doch sind Spuren eines vernünftigen Handelns aus dieser Zeit bis heute geblieben. [...]

Man macht sich nicht immer hinreichend klar, dass viele Erscheinungsformen moderner Staatlichkeit, an die wir uns wie selbstverständlich gewöhnt haben, direkt oder indirekt an die Zeit des Absolutismus anknüpfen. In allen europäischen Staaten ist die Durchsetzung moderner Staatsstrukturen mit drei grundlegenden Vorgängen einher gegangen:
- *Bürokratisierung,*
- *Militarisierung,*
- *Sozialdisziplinierung.*

In der Gegenwart versuchen wir zwar, mit ihren lebensbedrohenden, durch den Fortschritt von Wissenschaft und Technik geförderten Auswüchsen fertig zu werden. Im Prinzip aber haben wir sie als soziale und politische Faktoren seit langem akzeptiert und in das demokratische Staatswesen integriert. Ihre historischen Wurzeln haben sie aber in der Epoche des Absolutismus.

Auch die Tatsache, dass Menschen sich mit Staat und Obrigkeit nicht ohne weiteres zufriedengeben, dass sie dagegen protestieren, ihr Bewusstsein gegenüber Bevormundung von oben schärfen, dass sie Revolutionen planen und durchführen, hängt mit dem Absolutismus zusammen. Denn gegen dieses Regierungssystem wandten sich die Menschen in der Endphase, als im späten 18. und im 19. Jahrhundert durch zahlreiche europäische Länder der Geist der Freiheit, der Volkssouveränität und der Selbstbestimmung wehte und als es sich zeigte, dass der fürstliche Absolutismus „unmodern" geworden war.

Ernst Hinrichs, Gesichter des Absolutismus, in: Praxis Geschichte 4/1988, S. 7 f. (Reihenfolge geändert)

1. Stellen Sie positive und negative Elemente des Absolutismus aus heutiger Sicht zusammen.
2. Suchen Sie nach weiteren Aspekten, die das Bild vom Absolutismus abrunden. Ziehen Sie dazu und zu einer abschließenden Bewertung auch die Abbildungen auf Seite 144 f. heran.

Staat und Gesellschaft im Ancien Régime

Die Aufklärung: neue Vorstellungen von Staat, Gesellschaft und Individuum

„Aufklärung" und „Toleranz", allegorische Kupferstiche von Daniel Chodowiecki (1726–1801). Beide Begriffe sind Leitideale ihrer Epoche, die als Zielvorgabe bis heute unverändert aktuell sind.

1690:	John Locke: „Two Treatises of Government"
1748:	Charles-Louis de Secondat de Montesquieu: „De l'esprit des lois"
1751:	Erster Band des Lexikons „Encyclopédie"
1762:	Jean-Jacques Rousseau: „Emile" und „Du contrat social"
1784:	Immanuel Kant: „Was ist Aufklärung?"

Kritische Vernunft als Richtschnur aufklärerischen Denkens

Während der monarchische Absolutismus mit dem Aufbau und der Durchsetzung moderner Staatlichkeit befasst war, regte sich bei den Zeitgenossen gleichzeitig Kritik an dieser Staatsform. Angriffspunkte waren in erster Linie der Anspruch des Fürsten auf die uneingeschränkte Souveränität und hiermit verbunden seine Loslösung vom positiven Recht sowie sein Anspruch auf das Gesetzgebungsmonopol, insbesondere bei der Besteuerung. Infrage gestellt wurden ferner die Begründung der monarchischen Gewalt aus dem Gottesgnadentum und die starre Sozialstruktur des absolutistischen Staats, die dem dritten Stand wenig Raum zu gesellschaftlichem Aufstieg und politischer Einflussnahme ließ. Die fortschrittlichen, kritischen Argumente gegen den Absolutismus kamen von den Vertretern der *Aufklärung*, einer neuen, alle Lebensbereiche umfassenden Denkrichtung.

Die Aufklärung setzte in der zweiten Hälfte des 17. Jahrhunderts ein und breitete sich bis zum Ende des 18. Jahrhunderts in ganz Europa aus. Ihr Schwerpunkt lag zu Beginn in den sozial und ökonomisch weiter entwickelten Staaten Westeuropas, vor allem Englands, bevor die Bewegung in der Folgezeit nach Deutschland gelangte. Die Aufklärer unterzogen das menschliche Dasein einer kritischen Prüfung. Was vor dem Maßstab der menschlichen Vernunft keinen Bestand hatte, sollte nach verstandesgeleiteten Prinzipien um- oder neugestaltet werden (◊ M 1).

Die geistigen Wurzeln der Aufklärung lagen
– in Humanismus und Renaissance (siehe Seiten 55 ff.)
– in der sogenannten Revolution des naturwissenschaftlichen Denkens (siehe Seiten 68 ff.)
– im wissenschaftlichen Rationalismus (siehe Seite 130).

Wichtige Impulse erhielt das aufklärerische Denken gleichfalls durch die stetig wachsenden internationalen Verbindungen. Sie förderten die ökonomische Beweglichkeit und das Unabhängigkeitsstreben vor allem des dritten Standes und erschlossen ihm neue kulturelle und geistige Welten.

Staatslehren im Zeitalter der Aufklärung

Bodin und Hobbes hatten die umfassende Herrschaftsgewalt des Fürsten noch aus dessen Gesetzgebungsmonopol und den auf ihn kraft Gesellschaftsvertrags übertragenen Rechten hergeleitet. Die Staatsräson war dem Interesse des Individuums, seiner Freiheit, dem Schutz seines Lebens und Eigentums vorgeordnet. Die aufgeklärten Staatslehrer suchten hingegen nach Wegen, wie die von Gott mit Vernunft begabten Menschen ihr Zusammenleben auf der Grundlage der *freiwilligen* Mitwirkung aller organisieren und gegebenenfalls abändern konnten.

Eine der Voraussetzungen dafür wurde im *Naturrecht* gesehen. Es wurde von dem positiven, das heißt staatlich gesetzten Recht unterschieden als das von Anfang an allgemein gültige, überzeitliche Urbild des Rechts. In Übereinstimmung mit dem Naturrecht waren die positiven Gesetze zu formen. Dabei zählte man zum Naturrecht unabänderliche Grundsätze wie Unversehrtheit des Lebens, Freiheit und Eigentum, Gleichheit und Gerechtigkeit, weil diese aus der Natur des Menschen hervorgingen, dem Gemeinwohl wie der öffentlichen Wohlfahrt förderlich und unter kultivierten Völkern üblich seien.

Der Ursprung der Naturrechtsidee lag in der griechischen Antike. Seit der Neuzeit wurde sie nicht mehr vom göttlichen Schöpferwillen direkt, sondern von der gottgegebenen Vernunft des Menschen und seinem natürlichen Streben nach Gemeinschaft hergeleitet. Insbesondere der Niederländer *Hugo Grotius* (1583–1645) und der aus Sachsen stammende Samuel von Pufendorf hatten die neue Naturrechtsauffassung geprägt. Diese machten sich auch die Aufklärer bei der Entwicklung ihrer Staatslehren zu Eigen. Der in der entwickelten menschlichen Gesellschaft durch das Naturrecht allein nicht mehr zu garantierende Schutz von Freiheit, Leben und Besitz des Einzelnen sollte durch den Gesellschaftsvertrag und durch positive Gesetze auf naturrechtlicher Grundlage gewährleistet sein. Die Regierungen selbst hatten ebenfalls diesem Zweck zu dienen. Außerdem war man sich darüber einig, dass kein Mensch von Gott zur Herrschaft über andere vorherbestimmt sei, und dass absolute Macht in der Hand eines einzigen korrumpiere[1]) und Willkür wie Tyrannei zwangsläufig hervorbringe.

John Locke – der Schutz von Freiheit und Eigentum

Der Engländer *John Locke* veröffentlichte 1690 anonym sein Werk „*Two Treatises of Government*" (◊ M 2). In der tagespolitischen Diskussion in England sollte es den antiparlamentarischen Standpunkt von der göttlich legitimierten absoluten Monarchie widerlegen. Wie Hobbes geht Locke vom Naturzustand völliger Gleichheit und Freiheit aller Menschen vor der Staatsbildung aus. Im Gegensatz zu Hobbes unterstellt er jedoch ein prinzipiell friedliches Zusammenleben bei gegenseitigem Wohlwollen. Noch im Naturzustand eignet sich der Mensch zwecks Selbsterhaltung durch Arbeit, etwa durch Kultivierung des Bodens, Dinge an, die er dadurch zu seinem Eigentum macht. Mit wachsendem Eigentum steigt dann die Gefährdung des friedlichen Naturzustandes. Derselbe droht in den Krieg aller gegen alle umzuschlagen.
Zu ihrem gegenseitigen Schutz schließen sich die Menschen deshalb durch Vertrag zu einer „politischen oder bürgerlichen Gesellschaft" zusammen. Wie bei Hobbes formiert sich das Gemeinwesen durch den *Gesellschaftsvertrag*. Doch geht diesem die Eigentumsbildung im vorstaatlichen Raum voraus und erfolgt nicht erst aus dem Vertragsschluss. Offensichtlich ging es Locke darum, die Privatheit des Eigentums und seinen vorstaatlichen Charakter zu unterstreichen, dessen ungestörten Besitz die vertraglich errichtete Staatsgewalt zu garantieren habe. Ausdrücklicher Bestandteil des Zusammenlebens ist das Mehrheitsprinzip, dem sich jeder fügen müsse.
Oberste Gewalt im Staat ist die legislative Gewalt. Daneben gibt es die exekutive und die föderative Gewalt[2]). Diesen Gewalten sind durch das natürliche Recht jedes Menschen auf Freiheit seiner Person und Unversehrtheit seines Eigentums Schranken gesetzt. Werden diese Schranken durchbrochen, bleibt der Gemeinschaft vorbehalten, die Gewalten abzusetzen. Locke formulierte also eine Art Grundrechtegarantie und leitete aus ihr ein Widerstandsrecht bei Verletzung ab.

---
[1]) korrumpieren: jemanden bestechen, moralisch verderben
[2]) Bündnisgewalt; sie bedeutet bei Locke das Entscheidungsrecht über außenpolitische Fragen.

Montesquieu – die Teilung der Staatsgewalt

Hauptwerk des Franzosen *Montesquieu* war sein Buch „*De l'esprit des lois*" (1748) (◊ M 3). Unter dem „Geist" der Gesetze verstand Montesquieu die gemeinschaftliche Mentalität eines Volkes oder einer Nation, welche von Umweltfaktoren wie Landesnatur, Klima und sozialen Faktoren wie Sitten, Religion, Stellung der Frau etc. geprägt ist und auf die Gesetze einwirkt. Jeweils bestmöglich müssen also die Gesetze eines Landes der Mentalität eines Volkes angepasst sein. Übergreifendes Ideal der Gesetzgebung ist die politische Freiheit.

Mit Blick auf England, wo Freiheit als Verfassungszweck galt, und in freier Weiterführung von Locke entwickelte Montesquieu das Postulat der *Gewaltenteilung*: Die drei im Staat bestehenden fundamentalen Gewalten *Legislative, Exekutive* und *Judikative* sind auf drei unabhängig voneinander handelnde Träger zu verteilen. Diese Trennung verhinderte missbräuchliche Machtausübung. Als Angehöriger des französischen Hochadels blieb Montesquieu den Fähigkeiten und Möglichkeiten des Volkes gegenüber misstrauisch. Eine Beteiligung des Volkes an der Legislative hielt er für richtig, praktikabel jedoch nur in Form eines *Repräsentativsystems*. Gemeinsam mit Locke hat Montesquieu damit die Grundsätze des modernen Verfassungsstaats formuliert.

Rousseau – direkte Demokratie und politische Tugend

Die umfassendste Wirkung auf sein Zeitalter hat der Genfer *Jean-Jacques Rousseau* ausgeübt. Rousseau geht vom vorgeschichtlichen Naturzustand des Menschen aus. Sobald der Mensch in ihm nicht länger verharren kann, muss eine Gesellschaftsform gefunden werden, „... die mit ihrer ganzen gemeinsamen Kraft die Person und das Vermögen jedes einzelnen Mitglieds schützt und durch die doch jeder, indem er sich mit allen vereinigt, nur sich selbst gehorcht und genauso frei bleibt wie zuvor". Die Lösung bietet der Gesellschaftsvertrag. Durch ihn entsteht der Staat, dessen Zweck die Wahrung des Gemeinwohls ist.

Mit Abschluss des Vertrags verlieren die Menschen zwar ihre *natürlichen Freiheiten*, doch sie gewinnen dafür die *Freiheit von Staatsbürgern* und behalten ihre Souveränität. Diese ist nicht übertragbar und auch nicht teilbar. Nach Rousseau kennt der Staat keine Gewaltenteilung und keine parlamentarische Repräsentation. In Frage kommt folglich allein die Staatsform der *direkten Demokratie*. Weil nun freilich das Individuum einen vom Gemeinwollen abweichenden Sonderwillen entwickeln kann, ist die Zwangsgewalt des Staates bis zur Todesstrafe zum Zweck der Vollstreckung des Gemeinwillens Teil des Gesellschaftsvertrags.

Das „Mustergut", Kupferstich von Daniel Chodowiecki, 1774. Ganz im Sinne Rousseaus entwirft der Künstler das Bild von einem Leben im Naturzustand ohne Privateigentum.

Der Übergang des Menschen aus dem vorbürgerlichen in den bürgerlichen Zustand bedeutet eine sittliche Erhöhung. Vernunft und Gesetz als Zeichen staatsbürgerlicher Freiheit treten an die Stelle von Instinkt und Begierde. Der Mensch kann auf höherer Stufe zur Tugend des vorgeschichtlichen Naturzustandes zurückkehren.
Rousseau hat die Frage seiner Zeit nach der Legitimierung von Herrschaft mit letzter Konsequenz beantwortet und die antimonarchischen Denkmodelle zwingend zu Ende gedacht. Die Wirkung seiner Staatstheorie war revolutionär und entfaltete erstmals in der Französischen Revolution (siehe Seite 181 ff.) ihre ganze Sprengkraft.
Auch war es inmitten einer auf den „Verstand" fixierten Zeit Jean-Jacques Rousseau, der als erster der „philosophes" die unbedingte Vernunfts- und Fortschrittsgläubigkeit gelehrter Kreise in Frage stellte. In einer 1750 erschienenen Abhandlung betete er: „Allmächtiger Gott, befreie uns von der Erleuchtung unserer Väter: Führe uns zurück zur Einfalt, Unschuld und Armut, den einzigen Gütern, welche unser Glück befördern . . ." (↳ M 4). Mit seiner Rückbesinnung auf die Natur, seiner Erkenntnis, die Welt nicht ausschließlich verstandesmäßig erklären zu können, und seiner Betonung des „Gefühls", gerade auch in Fragen der Religion, wies Rousseau, der Aufklärer, bereits kritisch über die Epoche hinaus.

Voltaire, Physiokraten und Enzyklopädisten – Toleranz, freie Wirtschaft, Fortschritt

Kritisierten die französischen Aufklärer den Absolutismus des Landes, dann rückten sie ihn in die Nähe der Despotie. Seinem Mangel an reformerischen Konzepten stellten sie ihre konkreten politischen Forderungen entgegen. Besonders klar und pointiert vorgetragen wurden sie von dem Philosophen *Voltaire*[1]). Er setzte sich mit Nachdruck ein für Gedankenfreiheit, soziale und politische Aufwertung des Bürgertums, Justizreformen mit Abschaffung der Folter usw. Zusätzlich nahm die aufklärerische Bewegung im katholischen Frankreich betont antiklerikalen Charakter an. Religion und Metaphysik wurden als spekulativ und vernunftfeindlich abgelehnt. Die Ethik der *Toleranz* wurde im Kampf gegen eine Religion, die für sich die absolute Wahrheit in Anspruch nahm, zu einer zentralen, weil vernünftigen Waffe. (In Deutschland schrieb *Gotthold Ephraim Lessing* 1779 die „Ringparabel" für sein Drama „Nathan der Weise".)

Die desolate wirtschaftliche Situation in Frankreich gab Anlass zu ökonomischen Reformgedanken, die sich gegen die staatliche Eingriffswirtschaft des Merkantilismus richteten. Es entwickelte sich die Lehre der *Physiokratie*[2]) mit der zentralen Losung „laissez faire, laissez passer"[3]). Die Physiokraten waren als Aufklärer dem Naturrecht verpflichtet und sahen die Landwirtschaft als wichtigsten Produktionszweig an. Sie dürfe nicht an der Entfaltung ihrer „natürlichen Ordnung" gehindert, vielmehr solle sie als marktorientiertes System mit Freiheit von Produktion, Verkauf und Konsum der Erzeugnisse betrieben werden. Gegner erwuchsen den Physiokraten vor allem wegen ihrer Forderung nach Freigabe der Getreidepreise.

Ab Mitte des 18. Jahrhunderts (1751–1780) erschien ein Lexikonwerk in 35 Bänden, das alle philosophischen, wirtschaftlichen, politischen und ästhetischen Fragen und Probleme der Zeit im Sinne der Aufklärung zu behandeln versprach. Es war die *„Encyclopédie ou dictionnaire raisonné des sciences, des arts et des métiers"*. In ihr sollten das theoretische und praktische Wissen der Epoche umschrieben und Mittel wie Wege aufgewiesen werden, den Fortschritt der Menschheit zu fördern. Initiatoren und Hauptherausgeber der Enzyklopädie waren *Denis Diderot* (1713–1784) und *Jean le Rond d'Alembert* (1717–1783). Ein Kreis illustrer Gelehrter und Künstler, darunter Montesquieu, Rousseau und Voltaire, wirkte als Autoren mit. Die religionskritische Tendenz verschiedener Artikel ließ das Lexikon mancherorts in Konflikt mit der behördlichen Zensur geraten. 1762 wurde es in Österreich verboten.

---

[1]) François Marie Arouet, genannt Voltaire (1694–1778), geriet wegen seiner kritischen Veröffentlichungen häufig in Konflikt mit der Staatsgewalt.
[2]) (griech.), soviel wie Herrschaft der Natur
[3]) (franz.), hier soviel wie „freie Wirtschaft, freier Handel"

Was ist Aufklärung?

M 1

Die bis heute gültige Definition von „Aufklärung" lieferte der Königsberger Philosoph Immanuel Kant (1724–1804) erstmals 1784 in der „Berlinischen Monatsschrift".

Aufklärung ist der Ausgang des Menschen aus seiner selbst verschuldeten Unmündigkeit. Unmündigkeit ist das Unvermögen, sich seines Verstandes ohne Leitung eines anderen zu bedienen. Selbstverschuldet ist diese Unmündigkeit, wenn die Ursache derselben nicht am Mangel des Verstandes, son-
5 dern der Entschließung und des Mutes liegt, sich seiner ohne Leitung eines anderen zu bedienen. Sapere aude! Habe Mut, dich deines eigenen Verstandes zu bedienen! ist also der Wahlspruch der Aufklärung.
Faulheit und Feigheit sind die Ursachen, warum ein so großer Teil der Menschen, nachdem sie die Natur längst von fremder Leitung freigesprochen (na-
10 turaliter majorennes), dennoch gerne zeitlebens unmündig bleiben; und warum es anderen so leicht wird, sich zu deren Vormündern aufzuwerfen. Es ist so bequem, unmündig zu sein. Habe ich ein Buch, das für mich Verstand hat, einen Seelsorger, der für mich Gewissen hat, einen Arzt, der für mich die Diät beurteilt, usw., so brauche ich mich ja nicht selbst zu bemühen. Ich habe
15 nicht nötig zu denken, wenn ich nur bezahlen kann; andere werden das verdrießliche Geschäft schon für mich übernehmen. Dass der bei weitem größte Teil der Menschen (darunter das ganze schöne Geschlecht) den Schritt zur Mündigkeit, außer dem dass er beschwerlich ist, auch für sehr gefährlich halte: Dafür sorgen schon jene Vormünder, die die Oberaufsicht über sie
20 gütigst auf sich genommen haben. Nachdem sie ihr Hausvieh zuerst dumm gemacht haben und sorgfältig verhüteten, dass diese ruhigen Geschöpfe ja keinen Schritt außer dem Gängelwagen, darin sie sie einsperreten, wagen durften, so zeigen sie ihnen nachher die Gefahr, die ihnen droht, wenn sie es versuchen, allein zu gehen. Nun ist diese Gefahr zwar eben so groß nicht,
25 denn sie würden durch einigemal Fallen wohl endlich gehen lernen; allein ein Beispiel von der Art macht doch schüchtern und schreckt gemeiniglich von allen ferneren Versuchen ab.

Norbert Hinske (Hrsg.), Was ist Aufklärung?: Beiträge aus der Berlinischen Monatsschrift, Darmstadt 1981, S. 452 f.

1. *Welche Ursachen macht Kant für die selbst verschuldete Unmündigkeit des Menschen verantwortlich?*
2. *Welcher Auftrag für Individuum und Gesellschaft lässt sich aus Kants Feststellungen ableiten?*

John Locke: Gesellschaftsvertrag und Teilung der Staatsgewalt

M 2

John Locke (1632–1704), Sohn eines englischen Gerichtsbeamten, hatte während seiner Jugend den englischen Bürgerkrieg, die Republik und schließlich die Restauration der Monarchie miterlebt. Als Parteigänger der parlamentarisch gesinnten Gruppe im Parlament floh er 1683 nach Amsterdam. Nach der Glorreichen Revolution 1689 mit dem Beginn der konstitutionellen Monarchie lebte er bis zu seinem Tod wieder in England.

134. Das große Ziel, mit welchem die Menschen in eine Gesellschaft eintreten, ist der Genuss ihres Eigentums in Frieden und Sicherheit und das große Werkzeug und Mittel dazu sind die Gesetze, die in dieser Gesellschaft erlassen

worden sind. Das erste und grundlegende positive Gesetz aller Staaten ist daher die Begründung der legislativen Gewalt – so wie das erste und grundlegende natürliche Gesetz, welches selbst über der legislativen Gewalt gelten muss, die Erhaltung der Gesellschaft und (soweit es vereinbar ist mit dem öffentlichen Wohl) jeder einzelnen Person in ihr ist. Diese legislative Gewalt ist nicht nur die höchste Gewalt des Staates, sondern sie liegt auch geheiligt und unabänderlich in jenen Händen, in die die Gemeinschaft sie einmal gelegt hat. [...]

135. Obwohl die Legislative – ob sie in den Händen eines Einzelnen oder mehrerer liegt, ob dauernd oder nur zeitweilig – die höchste Gewalt eines jeden Staates darstellt, ist sie doch:
Zum Ersten nicht – und kann es unmöglich sein – eine willkürliche Gewalt über Leben und Schicksal des Volkes. Sie ist nichts als die vereinigte Gewalt aller Mitglieder jener Gesellschaft, die derjenigen Person oder Versammlung übertragen wurde, die der Gesetzgeber ist, und kann folglich nicht größer sein als die Gewalt, die jene Menschen im Naturzustand besaßen, bevor sie in die Gesellschaft eintraten und die sie an die Gemeinschaft abtraten. Denn niemand kann einem anderen größere Macht übertragen, als er selbst besitzt, und niemand hat absolut willkürliche Gewalt über sich selbst oder irgendeinen anderen Menschen, sein eigenes Leben zu zerstören oder einem anderen sein Leben oder Eigentum zu nehmen. [...]

143. [...] Bei der Schwäche der menschlichen Natur, die stets bereit ist, nach der Macht zu greifen, dürfte es jedoch eine zu große Versuchung darstellen, wenn dieselben Personen, die die Macht haben, Gesetze zu geben, auch die Macht in der Hand hätten, sie zu vollstrecken, wobei sie sich selbst von dem Gehorsam gegen die Gesetze, die sie erlassen, ausschließen und das Gesetz in seiner Gestaltung wie auch in der Vollstreckung auf ihren eigenen persönlichen Vorteil ausrichten könnten und damit schließlich von den übrigen Gliedern der Gemeinschaft gesonderte Interessen verfolgten, die dem Ziel von Gesellschaft und Regierung zuwiderlaufen. In wohl geordneten Staatswesen, in denen nach Gebühr das Wohl des Ganzen berücksichtigt wird, wird deshalb die legislative Gewalt in die Hände mehrerer Personen gelegt, welche nach ordnungsgemäßer Versammlung selbst oder mit anderen gemeinsam die Macht haben, Gesetze zu geben, sobald dies aber geschehen ist, wieder auseinander gehen und selbst jenen Gesetzen unterworfen sind, die sie geschaffen haben. [...]

222. [...] Wann immer deshalb die Gesetzgeber danach trachten, dem Volk sein Eigentum zu nehmen oder zu zerstören oder es als Sklaven in ihre willkürliche Gewalt zu bringen, versetzen sie sich dem Volk gegenüber in den Kriegszustand. Dadurch ist es jeden weiteren Gehorsams entbunden und der gemeinsamen Zuflucht überlassen, die Gott für alle Menschen gegen Macht und Gewalt vorgesehen hat. Wann immer daher die Legislative dieses grundlegende Gesetz der Gesellschaft überschreiten und aus Ehrsucht, Furcht, Torheit oder Verderbtheit den Versuch unternehmen sollte, entweder selbst absolute Gewalt über Leben, Freiheit und Besitz des Volkes an sich zu reißen oder sie in die Hände eines anderen zu legen, verwirkt sie durch einen solchen Vertrauensbruch jene Macht, die das Volk mit weit anderen Zielen in ihre Hände gegeben hatte, und die Macht fällt zurück an das Volk, das dann ein Recht hat, zu seiner ursprünglichen Freiheit zurückzukehren und durch die

Errichtung einer neuen Legislative (wie sie ihm selbst am geeignetsten erscheint) für seine eigene Sicherheit und seinen Schutz zu sorgen – denn zu diesem Ziel befinden sie sich in der Gesellschaft. Was ich hier über die Legislative im Allgemeinen gesagt habe, gilt auch von dem höchsten Träger der Exekutive. Da man in ihn ein zweifaches Vertrauen gesetzt hat, einmal als Teil der Legislative und zum anderen durch die höchste Vollziehung der Gesetze, handelt er beidem zuwider, wenn er sich unterfängt, den eigenen Willen nach Belieben zum Gesetz der Gesellschaft zu erheben.

John Locke, Über die Regierung, Stuttgart 1983, S. 101 ff., 111 und 167

1. Wie löst Locke die Gewaltenfrage im Staat? Was versucht er mit dieser Lösung zu gewährleisten?
2. Welche Grenzen setzt Locke den staatlichen Gewalten und wie wird das Recht des Volkes auf politische Neuordnung im Einzelnen begründet?
3. Worin liegt die zeitgenössische Aktualität und Fortschrittlichkeit von Lockes Vorstellungen über die Staatsverfassung?

Vom Geist der Gesetze

M 3

Baron Charles-Louis de Secondat de Montesquieu (1689–1755) schlug zunächst die Laufbahn eines Parlamentsjuristen in Bordeaux ein, wandte sich dann aber der Literatur und den Wissenschaften zu. 1729–1731 unternahm er eine Englandreise und informierte sich eingehend über die englische Regierungspraxis. Seine Erfahrungen liegen dem Buch „De l'esprit des lois" zugrunde.

Es gibt in jedem Staat drei Arten von Vollmacht: die legislative Befugnis, die exekutive Befugnis in Sachen, die vom Völkerrecht abhängen, und die exekutive Befugnis in Sachen, die vom Zivilrecht abhängen.
Aufgrund der Ersteren schafft der Herrscher oder Magistrat Gesetze auf Zeit oder für die Dauer, ändert geltende Gesetze oder schafft sie ab. Aufgrund der Zweiten stiftet er Frieden oder Krieg, sendet oder empfängt Botschaften, stellt die Sicherheit her, sorgt gegen Einfälle vor. Aufgrund der Dritten bestraft er Verbrechen oder sitzt zu Gericht über die Streitfälle der Einzelpersonen. Diese Letztere soll richterliche Befugnis heißen und die andere schlechtweg exekutive Befugnis des Staates. [...]
Sobald in ein und derselben Person oder derselben Beamtenschaft die legislative Befugnis mit der exekutiven verbunden ist, gibt es keine Freiheit. Es wäre nämlich zu befürchten, dass derselbe Monarch oder derselbe Senat tyrannische Gesetze erließe und dann tyrannisch durchführte.
Freiheit gibt es auch nicht, wenn die richterliche Befugnis nicht von der legislativen und von der exekutiven Befugnis geschieden wird. Die Macht über Leben und Freiheit der Bürger würde unumschränkt sein, wenn jene mit der legislativen Befugnis gekoppelt wäre, denn der Richter wäre Gesetzgeber. Der Richter hätte die Zwangsgewalt eines Unterdrückers, wenn jene mit der exekutiven Gewalt gekoppelt wäre.
Alles wäre verloren, wenn ein und derselbe Mann beziehungsweise die gleiche Körperschaft entweder der Mächtigsten oder der Adligen oder des Volkes folgende drei Machtvollkommenheiten ausübte: Gesetze erlassen, öffentliche Beschlüsse in die Tat umsetzen, Verbrechen und private Streitfälle aburteilen. [...]

In einem freien Staat soll jeder Mensch, dem man eine freie Seele zugesteht, durch sich selbst regiert werden: Daher müsste das Volk als Gesamtkörper die legislative Befugnis innehaben. Da dies in den großen Staaten unmöglich ist und in den kleinen Staaten vielen Nachteilen unterliegt, ist das Volk genötigt, all das, was es nicht selbst machen kann, durch seine Repräsentanten machen zu lassen. [...]

Die exekutive Befugnis muss in den Händen eines Monarchen liegen, weil in diesem Zweig der Regierung fast durchweg unverzügliches Handeln vonnöten ist, das besser von einem als von mehreren besorgt wird. Was hingegen von der legislativen Befugnis abhängt, wird oft besser von mehreren angeordnet als von einem.

Es gäbe keine Freiheit mehr, wenn es keinen Monarchen gäbe und die exekutive Befugnis einer bestimmten, aus der legislativen Körperschaft ausgesuchten Personenzahl anvertraut wäre, denn die beiden Befugnisse wären somit vereint. Dieselben Personen hätten an der einen und der anderen manchmal teil – und somit könnten sie immer daran teilhaben.

Es gäbe keine Freiheit mehr, wenn die legislative Körperschaft eine beachtliche Zeitspanne nicht zusammenberufen worden wäre.

Montesquieu, Vom Geist der Gesetze, Stuttgart 1984, S. 212 ff., 215 f., 218 f.

1. Worin soll nach Montesquieu das Ziel der Staatsverfassung liegen?
2. Welchen Weg schlägt er vor, um dieses Ziel zu erreichen?
3. Überlegen Sie: Kann man Montesquieu als den „Retter" oder den „Totengräber" der Monarchie bezeichnen?
4. Lesen Sie im Grundgesetz die Artikel 20 II und 38 I. Inwieweit finden die Ideen Montesquieus ihren Niederschlag?
5. Vergleichen Sie die Staatstheoretiker Locke und Montesquieu. Arbeiten Sie Gemeinsamkeiten und Unterschiede heraus.

M 4 Grenzen der Aufklärung

Die beiden Hauptwerke Jean-Jacques Rousseaus (1712–1778) erschienen 1762: „Emile ou de l'éducation" und „Du contrat social ou principes du droit politique" (4 Bände). Seine schriftstellerische Karriere begann Rousseau mit einer kritischen Abhandlung über die Frage, „ob die Neubelebung der Wissenschaften und Künste dazu beigetragen habe, die Sitten zu läutern". Seine Schrift wurde 1750 von der Akademie zu Dijon preisgekrönt.

Es ist ein großartiges und erhabenes Schauspiel, wenn man mit ansieht, wie der Mensch aus eigener Kraft gewissermaßen aus dem Nichts heraustritt; wie er durch das Licht seines Verstandes die Finsternis auflöst, in die er von Natur aus gehüllt war; wie er den Blick über sich selbst hinaushebt; wie er im Geist bis in die Regionen des Weltenraumes empordringt; wie er, der Sonne gleich, mit Riesenschritten die gewaltige Weite des Alls durchmisst; und, großartiger und schwieriger noch, wie er in sich zurückkehrt, um über den Menschen nachzudenken und sein Wesen, seine Pflichten und seine Bestimmung zu ergründen. Alle diese Wunder haben sich seit wenigen Generationen erneut vollzogen. [...]

Wie viele Gefahren, wie viele Irrwege gibt es nicht in der wissenschaftlichen Forschung? Durch wie viele Irrtümer, die tausendmal gefährlicher sind als die

Wahrheit nützlich ist, muss man nicht hindurch, um zu ihr zu gelangen? Der Nachteil liegt auf der Hand: Das Falsche nämlich kann in unendlich vielen Kombinationen auftreten, die Wahrheit aber hat nur eine Form. [...]
Was wird unser Kriterium sein, um bei dieser Fülle von unterschiedlichen Meinungen über die Wahrheit richtig zu urteilen? Und, was das Schwierigste ist, wer von uns wird einen rechten Gebrauch von ihr zu machen wissen, wenn wir sie am Ende glücklich finden? [...]
Man kann über die Sitten nicht nachdenken, ohne sich nicht mit Freuden das Bild der Einfachheit der ersten Zeiten in Erinnerung zu rufen. Es ist ein liebliches Gestade, nur von den Händen der Natur geschmückt, zu dem man unablässig zurückblickt und das man zu seinem Bedauern immer weiter in die Ferne rücken sieht. Als die Menschen, da sie unschuldig und tugendhaft waren, die Götter gerne zu Zeugen ihres Tuns hatten, lebten sie mit ihnen gemeinsam unter einem Dach; aber bald darauf böse geworden, wurden ihnen diese unbequemen Zuschauer lästig und sie verbannten sie in prachtvolle Tempel. Schließlich vertrieben sie sie von dort, um sich selbst darin niederzulassen, oder zumindest unterschieden sich die Tempel der Götter nicht mehr von den Häusern der Bürger. Die Verderbtheit erreichte damit ihren Höhepunkt und niemals wurden die Laster weiter getrieben als da man sie am Eingang der Paläste der Großen gleichsam hochgehalten sah von marmornen Säulen und eingemeißelt in korinthische Kapitelle. [...]
Schon in frühester Kindheit wird durch eine unsinnige Erziehung unser Geist zur Brillanz geschult und unsere Urteilskraft verdorben. Überall sehe ich großartige Lehranstalten, in denen man unter hohem Kostenaufwand die Jugend erzieht, um sie alles Mögliche zu lehren, nur nicht, was ihre Pflichten sind. Eure Kinder werden ihre eigene Sprache nicht kennen, aber sie werden andere Sprachen sprechen, die nirgendwo in Gebrauch sind; sie werden Verse zu dichten imstande sein, die sie kaum zu verstehen vermögen; ohne den Irrtum von der Wahrheit unterscheiden zu können, werden sie die Kunst beherrschen, sie durch Scheinbeweise so zu verschleiern, dass andere sie nicht mehr erkennen können: Was aber die Begriffe Großmut, Gerechtigkeit, Mäßigung, Menschlichkeit und Mut bedeuten, das werden sie nicht wissen; jenes süße Wort Vaterland wird niemals an ihre Ohren dringen; und wenn sie von Gott sprechen hören, wird es weniger dazu angetan sein, dass sie ihn fürchten als vielmehr, dass sie Angst vor ihm haben. Mir wäre es genauso lieb, sagte einmal ein kluger Mann, wenn mein Schüler die Zeit in einem Ballhaus verbracht hätte, wenigstens wäre er dann körperlich in einer besseren Verfassung. Ich weiß, dass man die Kinder beschäftigen muss, und dass der Müßiggang für sie die größte Gefahr ist. Was sollen sie also lernen? Welch eine Frage! Sie sollen lernen, was sie tun müssen, wenn sie erwachsen sind, und nicht, was sie dann vergessen müssen.

Jean-Jacques Rousseau, Preisschriften und Erziehungsplan, Bad Heilbrunn 1967, S. 26 f., 36, 39, 41

1. *Benennen Sie die Aufgaben, die Rousseau an Schule und Unterricht stellt.*
2. *Klären Sie die Haltung Rousseaus gegenüber der Aufklärung. In welchen Aussagen folgt er ihr, an welchen Stellen nimmt er Gegenpositionen ein?*
3. *Die Abhandlung setzt sich auseinander mit Problemen der Wissenschaft, der Moral und der Pädagogik. Diskutieren Sie die Frage, inwieweit Rousseaus Überlegungen heute überholt oder von andauernder Aktualität sind.*

Das Ancien Régime in der Krise

Das „Austernfrühstück" malte Jean-François de Troy (1679–1752) um 1730 für das königliche Speisezimmer in Schloß Chantilly.

Die vorrevolutionäre Gesellschafts- und Staatsordnung

Mit 28 Millionen Menschen (davon über 700 000 in der Metropole Paris) war Frankreich am Ende des 18. Jahrhunderts das am dichtesten besiedelte Land Westeuropas. Der Wohlstand des Königreichs basierte auf der landwirtschaftlichen Produktion und auf dem Kolonialhandel. Kulturell gehörte Frankreich zu den führenden Nationen. Rund ein Drittel der Bevölkerung war alphabetisiert, wobei natürlich zwischen den ländlichen und städtischen Regionen starke Unterschiede bestanden. Die Ordnung der Gesellschaft wurde von den

drei Ständen, der Geistlichkeit *(le Clergé),* dem Adel *(la Noblesse)* sowie den Bauern und Bürgern *(Tiers Etat)* bestimmt.
Den Ersten Stand bildete der katholische *Klerus,* der von Steuern und vom Militärdienst befreit war. Dieser Stand umfasste nur ca. 0,5 % der Bevölkerung. Seine Einnahmen aus dem Grundbesitz – der Kirche gehörten rund 10 % des Grundeigentums – bildeten ein enormes Vermögen, das in erster Linie nur der hohen Geistlichkeit zugute kam.
Der *Adel* (1,4 % der Bevölkerung) bildete den Zweiten Stand. Er war ebenfalls zum größten Teil von Steuern befreit. Dem Zweiten Stand gehörten rund 20 % des Grundeigentums. Die Aristokratie besaß dazu bestimmte Ehrenvorrechte, Sonderrechte vor Gericht und Privilegien bei der Vergabe von hohen Kirchen-, Verwaltungs- und Militärämtern.
Dem *Dritten Stand* gehörten 98 % der Bevölkerung an, Bauern und Bürger. Dieser Stand finanzierte durch seine Abgaben an den Staat, an die Kirche *(Kirchenzehnt)* und die Grundherren den Hauptanteil des Staatshaushaltes und die Grundlage des Vermögens der privilegierten Stände.

Die Krise des Absolutismus

Nach dem Tod Ludwigs XIV. wollte der Adel die Fesseln des absolutistischen Systems wieder abschütteln. Die Obersten Gerichtshöfe, Steuerhöfe und Rechnungskammern sowie die Landtage in den Provinzen versuchten, alte Machtpositionen im Bereich von Gesetzgebung, Rechtsprechung und Verwaltung zurückzuerobern. Ebenso agierte man gegen die Intendanten der Zentralregierung. Den rasch wechselnden Regierungen gelang es nicht, stabilisierende Maßnahmen durchzusetzen. Angeheizt wurde die permanente Krisenstimmung durch *außenpolitische Misserfolge,* durch *strukturelle Veränderungen innerhalb des Gesellschaftsgefüges* und durch die *weiterwachsende Staatsverschuldung* (siehe Seite 178).
Frankreich erlitt im *Siebenjährigen Krieg* (1756–1763) gegen England zur See sowie auf den Schlachtfeldern in Amerika und Indien schwere Niederlagen. Am Ende war das Kolonialreich fast gänzlich eingebüßt, der Prestigeverlust der Krone war bitter. Auch die Unterstützung der *„amerikanischen Revolution"* (1776–1783) verhalf zwar den USA zur Unabhängigkeit, belastete aber den französischen Staatshaushalt außerordentlich. Hinzu kam, dass die aus Nordamerika zurückkehrenden Soldaten die demokratischen Ideen der neuen amerikanischen Verfassung im Lande verbreiteten.

Feudale Kräfte und Bürgertum im absolutistischen Staat

Eine Reformpartei, geleitet von Ideen der Aufklärung, bemühte sich schon lange um Strukturverbesserungen. Sie hatte bereits ab 1763 die Forderung der Physiokraten nach Freigabe des Getreidehandels verwirklicht. Dies sollte zu Ausgleich und Vereinheitlichung des jährlich schwankenden und regional unterschiedlichen Getreidepreises führen und dadurch gleich nützlich für

Verbraucher und Produzenten sein. Doch Missernten, Viehseuchen und damit verbundene Teuerungen führten weiterhin zu Versorgungskrisen und Hungeraufständen.

Durchgreifende Reformen waren letztlich ohne Beseitigung der Steuerprivilegien von Adel und Klerus nicht denkbar. Seit 1750 bemühten sich die königlichen Finanzminister deshalb um eine Vereinheitlichung der Steuerpflicht. Durch eine Umverteilung der Steuerlasten sollten die Staatsfinanzen saniert werden. Der Klerus wehrte sich heftig. Die hohe Geistlichkeit und die ihre Unterstützung verweigernden Parlamente erkannten sehr wohl, dass die Gesetzesvorlagen letztlich zur Egalisierung der drei Stände führen würden. Für sie drohte eine „Revolution von oben" mit dem Sturz der ständischen Sozialordnung und des überkommenen Herrschaftsgefüges.

Gleichwohl hatte die Ständegesellschaft bereits begonnen, sich aufzulösen. Aufgrund der prekären Finanzlage wurden immer häufiger Ämter, mit denen ein Adelstitel verbunden war, an vermögende Bürgerliche verkauft. Damit vermischten sich die Grenzen zwischen den Ständen, besonders weil auch bei Hofe nicht mehr auf strenge Rangdifferenzierung und Einhaltung der Etikette geachtet wurde.

Vor allem führte der ökonomische Aufschwung des durch Handel und Gewerbe erlangten Reichtums dazu, dass Adelige es mit ihrer Standeswürde nicht mehr als unvereinbar ansahen, sich kommerziell zu betätigen. Sie beteiligten sich an Industrieunternehmen oder wurden als Fernhändler und Reeder aktiv. So verringerten sich auch von dieser Seite allmählich die Standesunterschiede.

Zu einer Begegnung von Adel und Bürgertum kam es außerdem im Bereich der Kultur. Gebildete und Gelehrte beider Stände formierten sich zu einer neuen, aristokratisch-bürgerlich gemischten, aufgeklärten Bildungselite (◊ M 1). Ihre publizistischen Aktivitäten halfen mit bei der Demontage der alten Ordnung. Paradoxerweise erwuchs jedoch gleichzeitig aus der gesellschaftlichen Annäherung sozialer Konfliktstoff. Die zunehmende Aufweichung der Standesgrenzen irritierte die Altaristokratie. Sie bestand daher gegenüber der Krone umso hartnäckiger auf ihren lang überlieferten Vorrechten und hielt an den obersten Ämtern in Militär-, Staats- und Kirchendienst unnachgiebig fest. Jedoch war in diesen Rängen die Abwesenheit von Kaserne, Amtshaus und Kanzel die Regel. Die professionellen Verrichtungen überließ man schlecht bezahlten Stellenhaltern *(lieu-tenants)*, „Privatbeamten", niederen Klerikern und Gehilfen. Dadurch geriet die Hocharistokratie insbesondere beim (jüngeren) Amtsadel und dem aufstrebenden Bürgertum als verschwenderische Müßiggänger- und Schmarotzerschicht in immer ärgeren Verruf (◊ M 2).

Und während die adeligen „Neuunternehmer" vom durch Bürgerfleiß getragenen ökonomischen Aufschwung mitprofitierten, genossen sie nach wie vor die steuer- und standesspezifischen Privilegien. Demgegenüber fühlten sich die aufstiegsorientierten Angehörigen des Dritten Standes in ihrem wirtschaftlichen wie sozialen und politischen Fortkommen benachteiligt.

Die alte Feudalstruktur zerbricht

„So wird es nicht immer sein", lautete die Bildunterschrift unter dieser Radierung vom Mai 1789. Alle Last trägt der Dritte Stand, während Adel und Geistlichkeit von ihrem „Tempel" auf ihn herabschauen und sogar ihre Tiere auf den Bauern hetzen. Noch ist offen, ob er in den vor ihm liegenden Abgrund stürzt.

Ökonomische und soziale Umwandlungsprozesse erfuhr auch die Bevölkerung auf dem Land, wo nach wie vor mehr als 80 % der Menschen lebten. Hohe Grundrenten machten Landbesitz lohnend. So kam es, dass die reichen Stadtbürger ihr Kapital in Grund und Boden anlegten und wie adelige Grundherren große Güter selbst bewirtschafteten oder bewirtschaften ließen. Adelige wie bürgerliche Agrarunternehmer nutzten die alten feudalen Rechte der Grundherrschaft auf Kosten der Bauern voll aus: etwa Anspruch auf bäuerliche Fronarbeit und Feudalabgaben, das Jagd- und Fischereimonopol, die grundherrliche Gerichtsbarkeit. Zudem konnten sie rationeller wirtschaften als die Inhaber kleinerer Bauernhöfe. Die Großgüter zogen immer mehr Land an sich, sodass am Ende des Ancien Régime den Bauern nur noch wenig mehr als 30 % des Bodens blieben. Vom Rest gehörten circa 10 % dem Klerus, circa 20 % dem Adel, der übrige Grundbesitz lag in Händen der neuen Landbourgeoisie.

Verschlechtert wurde die Situation der kleinen bäuerlichen Eigenbetriebe noch aufgrund der Realteilungen, die teilweise mitverursacht waren durch den Bevölkerungsanstieg seit 1720/30. Aus den Höfen wurden Klein- und

Kümmerexistenzen und die zunehmende Verarmung und Verelendung zwang zu Heimarbeit, zum Tagelöhnerdasein auf den Großgütern oder zum Abwandern in die Städte. In manchen Gegenden Frankreichs betrug das zum Teil vagabundierende neue Landproletariat am Vorabend der Revolution bis zu 60 % der Landbevölkerung.

Die alten Dorfgemeinschaften zerfielen, das Vertrauensverhältnis zwischen Bauern und Grundherren war zerbrochen. Seit 1750 machte sich der zunehmende Unmut in regionalen Aufständen und Revolten Luft. Einzig der Monarchie hielten die traditionell royalistisch gesinnten Bauern noch die Treue.

Finanz- und Wirtschaftskrise am Vorabend der Französischen Revolution

Die vorrevolutionäre Staatsverwaltung hatte sich vergeblich bemüht, Staat, Gesellschaft und Wirtschaft in Übereinstimmung mit den politischen Erfordernissen und den aufgeklärten Vorstellungen der Zeit zu modernisieren und zu reformieren. Hauptproblem des Ancien Régime war die anhaltende Finanzkrise, die schließlich in eine politische Krise umschlug.

Als am Ende der achtziger Jahre nach einer langen Phase des Wirtschaftswachstums Missernten mit Absatzproblemen im industriell-gewerblichen Bereich zusammentrafen, stiegen die Lebenshaltungskosten drastisch, während gleichzeitig Aufträge ausblieben und das Lohnniveau fiel. Die eingeleiteten öffentlichen Hilfsprogramme, wie zum Beispiel der Bau von Chausseen, reichten nicht aus, die Notleidenden zu versorgen. Die Folgen waren eine vagabundierende Landbevölkerung, Zunahme der Stadtbevölkerung, Proteste, Plünderungen und Räubereien in ganz Frankreich. Die ökonomische Notlage schlug sich während der Regierungszeit *Ludwigs XVI.*[1]) in einem ständig wachsenden Haushaltsdefizit nieder und deckte schonungslos den Verfall des Ancien Régime auf.

Regierungsbudget von 1788		
Einnahmen 503 Millionen Livres		Ausgaben 629 Millionen Livres
Defizit 126 Millionen (= 20 % der Ausgaben)		
Die Ausgaben des Haushalts verteilten sich folgendermaßen:		
Zivile Ausgaben	145 Mio.	23 %
Öffentliche Bildung und Fürsorge	12 Mio.	unter 2 %
Hof und Privilegierte	36 Mio.	6 %
Militärausgaben	165 Mio.	26 %
Zinsen für die Staatsschulden	318 Mio.	über 50 %

---

[1]) Ludwig XVI. (geboren 1754), Enkel Ludwigs XV., seit 1770 mit der Erzherzogin Marie-Antoinette von Österreich verheiratet und seit 1774 König

Die Schauspieler Le Kain und Mademoiselle Clairon bei der ersten Lesung einer Tragödie von Voltaire 1755 im Salon der Madame Geoffrin (1699–1777). Unter der Büste Voltaires sind alle berühmten Köpfe der Aufklärung versammelt, die in diesem Salon verkehrten (erste Reihe, dritte von rechts Mme. Geoffrin, rechts neben Le Kain d'Alembert). Gabriel Lemonnier (1743–1824) malte das Bild im Auftrag der Kaiserin Joséphine, Gemahlin Napoleons I., nach der Revolution.

Über den gesellschaftlichen Einfluss von Frauen

M 1

Die Rolle der gebildeten Frauen aus Adel und Bourgeoisie bei den Begegnungen in den sogenannten „Salons", von Zeitgenossen auch als „Bureaux d'esprit" bespöttelt, würdigen die französischen Schriftstellerbrüder Edmond und Jules de Goncourt in ihrer berühmten zweibändigen Monographie „Die Frau im 18. Jahrhundert" (Paris 1862).

Diese Rolle, in der die intelligente Frau des achtzehnten Jahrhunderts Zuflucht sucht, ist übrigens recht bedeutend, sie ist vielleicht die bedeutendste, die eine Frau in dieser Gesellschaft spielen kann, die keinen anderen Gott kennt als den Geist und keine andere Liebe oder wenigstens keine andere
5 Liebhaberei als die Literatur. Diese schöngeistigen Gesellschaften sind die Salons der öffentlichen Meinung. [...] Sie entwickeln sich zu Salons, die die Aufmerksamkeit Europas auf sich lenken, zu Salons, bei denen das Ausland eifrig um die Ehre nachsucht, zugelassen zu werden. Sie verteilen Ruhm, Gunst und Erfolg. Sie versprechen Glanz und Herrlichkeit und öffnen die
10 Pforten der Akademie. Sie verschaffen den Autoren, die in ihnen verkehren, ein Publikum und verhelfen denen, die bisher noch unbekannt waren, zu einem Namen; die Frauen aber, die dort den Vorsitz führen, werden dabei unsterblich.

Edmond und Jules de Goncourt, Die Frau im 18. Jahrhundert, Band 2, München 1920, S. 221 f.

1. Warum bezeichnen die Goncourts die Rolle der Frauen in den Salons als „recht bedeutend"?
2. Auf welche Weise und mit welchen Mitteln konnten Frauen im Ancien Régime Einfluss auf das gesellschaftliche und geistige Leben ausüben? Welche Möglichkeiten waren ihnen verschlossen?

M 2 Katechismus der Parlamente, 1788

Die gemeinsame Opposition von Bürgertum und den vom Adel dominierten Parlamenten erwies sich als brüchig. Ein Flugblatt aus dem Jahr 1788 schildert ein fiktives Frage- und Antwortspiel zwischen einem Bürgerlichen (D) und einem Angehörigen des Parlaments (R).

D: Was seid ihr von Natur aus?
R: Wir sind Beamte des Königs, die mit der Rechtsprechung für sein Volk beauftragt sind.
D: Was habt ihr vor zu werden?
R: Gesetzgeber, d. h. die Machthaber im Staate.
D: Wie könnt ihr denn die Herren des Staates werden?
R: Wenn wir legislative und exekutive Gewalt zugleich besitzen, dann gibt es nichts mehr, was uns widerstehen könnte.
D: Wie gedenkt ihr denn vorzugehen, um so weit zu gelangen?
R: Indem wir gegenüber dem König, dem Klerus, dem Adel und dem Volk jeweils verschiedene Haltungen an den Tag legen werden.
D: Wie verhaltet ihr euch dem König gegenüber?
R: Wir werden versuchen, dem König das Vertrauen des Volkes zu entziehen, indem wir uns allen seinen Wünschen widersetzen und damit das Volk glauben machen, wir seien seine wahren Interessenvertreter und dass wir die Steuerregistrierung zum Allgemeinwohl ablehnen.
D: Wird das Volk denn nicht merken, dass ihr euch nur deswegen der Steuer widersetzt, um nicht selbst zahlen zu müssen?
R: Nein, wir werden das Volk irreführen, indem wir nämlich behaupten, allein die Nation könne die Steuern bewilligen, weswegen wir die Einberufung der Generalstände verlangen.
D: Sollte euch nun aber der König beim Wort nehmen und die Generalstände tatsächlich einberufen, wie zieht ihr euch dann aus der Affäre?
R: Wir werden einen Streit um Formfragen anzetteln und die Einberufung in der Form von 1614 verlangen.
D: Wieso gerade die?
R: Weil nach dieser Form der Dritte Stand von Juristen vertreten wird, was uns die Mehrheit sichert.
D: Aber die Juristen hassen euch.
R: Wenn sie uns hassen, fürchten sie uns doch nur und sie werden sich schon unserem Willen beugen.

W. Lautemann, Geschichte in Quellen. Amerikanische und Französische Revolution, München 1981, S. 123 f.

1. Versuchen Sie, dem Flugblatt die unterschiedlichen Interessen von Bürgertum und Parlamenten zu entnehmen. Auf welcher Seite steht der Verfasser des Textes?
2. Wie beurteilen Sie das geschilderte Verhalten der Parlamente in Anbetracht der politischen und sozialen Lage in Frankreich?

Die Revolution des Bürgertums in Frankreich

Der „Dritte Stand" konstituiert die Nation

Der 1793 veröffentlichte Bilderbogen gibt den Verlauf der Ereignisse zwischen 1789 und 1791 wieder. Zu Beginn (Abbildung 1) wird der Dritte Stand fast erdrückt, weil er neben seinen eigenen Steuern auch noch die Lasten der beiden ersten Stände tragen muss. Das „Erwachen des Dritten Standes" in Abbildung 2 zeigt im Hintergrund die Bastille und soll den 14. Juli 1789 beschwören. Die Abschaffung der Wappen (Abbildung 3) verbildlicht die Beschlüsse der Nationalversammlung vom 19. Juni 1790: Abschaffung des Erbadels und adliger Titel. Auch kirchliche Insignien werden bei dieser Gelegenheit zerschlagen. In Abbildung 4 werden dank der Revolution die Lasten von den drei Ständen nun gemeinsam getragen. Doch nach wie vor erscheinen Adel und Klerus in engem Schulterschluss.

17. 6. 1789	Die Deputierten des Dritten Standes wandeln die Generalstände in eine Nationalversammlung um
14. 7. 1789	In Paris wird die Bastille erstürmt
Sommer 1789	In der Provinz erheben sich die Bauern; die „Große Furcht" greift um sich

Der Machtkampf zwischen Adel und Krone

Alle Versuche, die Stände entsprechend ihren Einkommen gleichmäßig zur Deckung der öffentlichen Lasten heranzuziehen, waren jeweils am Widerstand von Klerus und Adel gescheitert. Ludwig XVI. versuchte eine gemeinsame Lösung der Probleme durch die Einberufung der seit 1627 nicht mehr zusammengetretenen Notabelnversammlungen. Die Vertreter der höheren Geistlichkeit, des Hofadels, der obersten Gerichtshöfe, der Provinzialstände und der Stadtmagistrate erarbeiteten aber keine Reformen, sondern forderten den Monarchen auf, eine Ständeversammlung *(Etats Généraux)* einzuberufen. Darauf hatte das absolutistische Königtum seit 1614 bewusst verzichtet. Erst der Ständeversammlung sollte das Recht eingeräumt werden, über eine neue Steuergesetzgebung zu beraten. Der Adel sah hier und jetzt seine Chance, die im Absolutismus verlorengegangene politische Macht zurückzugewinnen.

Der Monarch weigerte sich zunächst, als er dann nachgab, waren wesentliche Fragen ungeklärt: Wie sollte das Wahlrecht zur Ständeversammlung aussehen, eingeschränkt oder allgemein? Wie hoch sollte die Zahl der Abgeordneten jedes Standes sein? Sollten die Stände getrennt, wie vor 175 Jahren, oder vereint abstimmen? Die Regierung stellte diese Probleme der Öffentlichkeit zur Diskussion. Eine Flut von Zeitungsartikeln, Flugschriften, Streit- und Schmähschriften sowie gelehrten Abhandlungen folgte. Der absolutistische Staat hatte sich selbst zur Diskussion gestellt.

Im Januar 1789 wurde die Wahlordnung zu den Generalständen veröffentlicht. Die Zahl der zu wählenden Abgeordneten des Dritten Standes war zwar verdoppelt worden, doch der künftige Abstimmungsmodus blieb weiter ungeklärt. Die Wahlordnung bestimmte, dass die gesamte männliche Bevölkerung über 25 Jahre (beim Adel auch die Frauen!), die in den Steuerlisten eingetragen war, wählen durfte. Adel und Klerus konnten ihre Vertreter direkt wählen, die Angehörigen des Dritten Standes dagegen durften ihre Abgeordneten nur indirekt, über Wahlmänner, bestimmen.

Der einsetzende Wahlkampf leitete eine nie gekannte Politisierung der Bevölkerung ein. Begriffe wie Freiheit, Gleichheit, Glück, Souveränität und Repräsentation wurden zu Schlagwörtern. Die Position der *Patrioten* fand ihren programmatischen Ausdruck in einer im Januar 1789 von dem dreißigjährigen Abbé *Emmanuel-Joseph Sieyès*[1]) veröffentlichten Flugschrift mit dem Titel „Was ist der Dritte Stand?" *(„Qu'est-ce que le Tiers Etat?")* (♭ M 1).

Zusammen mit der Wahl der Abgeordneten konnten die Wähler der Regierung Klagen, Beschwerden und Wünsche nennen. Sie wurden in „Beschwerdeheften" *(Cahiers de doléances)* zusammengefasst. Die Monarchie stand bei dieser ersten modernen „Meinungsumfrage" der Geschichte nicht zur Diskussion.

---

[1]) Obwohl Angehöriger des Klerus, war Emmanuel-Joseph Sieyès (1748–1836) einer der einflussreichsten Wortführer des Dritten Standes. Er „überlebte" die gesamte Revolutionszeit, wurde 1792 Konventsabgeordneter und 1796 Präsident des „Rates der Fünfhundert", 1799 war er Mitglied im Direktorium.

[2]) Patriote (franz.): Vaterlandsfreund

Die Revolution der Deputierten oder: die Erschaffung der Nation

Die Sitzungsperiode der Generalstände wurde am 5. Mai 1789 in Versailles feierlich eröffnet. Die fast 300 Vertreter des Ersten Standes, in der Mehrzahl einfache Pfarrer, sympathisierten mit den Ansichten des Dritten Standes. Auch ein Drittel der rund 270 Deputierten aus dem Zweiten Stand schien reformwillig. Die fast 600 Abgeordneten des Dritten Standes, in erster Linie Anwälte, Notare, Beamte und Unternehmer, konnten also voller Zuversicht auf eine Verbesserung ihrer Verhältnisse hoffen.

Der königliche Auftakt enttäuschte: Die Stände tagten weiterhin getrennt und die in Aussicht gestellten Reformen sollten, dies war rasch klar geworden, an die Aufrechterhaltung der traditionellen Ständeordnung gebunden sein. Unmut machte sich vor allem unter den Abgeordneten des Dritten Standes und damit auch in der Öffentlichkeit breit. Nachdem die Versammlung über einen Monat handlungsunfähig geblieben war, forderte der Deputierte Sieyès die Abgeordneten des Ersten und Zweiten Standes auf, gemeinsam mit dem Dritten Stand zu tagen. Dem Aufruf folgten einige reformwillige Privilegierte und am 17. Juni erklärten sich 491 gegen 90 Abgeordnete zur *Nationalversammlung (Assemblée Nationale)*. Rousseaus Lehre von der Volkssouveränität aufgreifend, verkündete Sieyès, „... dass es der Versammlung – und nur ihr – zukommt, den Gesamtwillen der Nation auszudrücken und zu vertreten; zwischen dem Thron und dieser Versammlung kann kein Veto, keine Macht des Einspruchs stehen." Das war revolutionär! Die an Stand und Auftrag ihrer Wähler gebundenen Deputierten *(imperatives Mandat)*, denen lediglich zustand, Standesinteressen zu vertreten und den Monarchen zu beraten, hatten sich eigenmächtig *(souverän)* zu Abgeordneten der gesamten Nation erklärt, die nur noch dem Allgemeinwillen *(Volonté générale)* dienen wollten. Damit hatte der Dritte Stand nicht nur den ersten Schritt vom politisch unmündigen Untertanen *(Sujet)* zum mitbestimmenden Staatsbürger *(Citoyen)* vollzogen, sondern darüber hinaus die Nation als politische Gemeinschaft rechtsgleicher Bürger gefordert, in der es weder regionale, ständische noch konfessionelle Unterschiede geben sollte.

Die Krone schloss kurzfristig den Versammlungsraum der „Volksvertreter". Daraufhin zogen die Abgeordneten in eine nahegelegene Sporthalle und beteuerten am 20. Juni in einer improvisierten Erklärung, dem *Ballhausschwur*, „... niemals auseinanderzugehen und sich überall zu versammeln, wo es die Umstände gebieten sollten, so lange, bis die Verfassung des Königreiches ausgearbeitet ist und auf festen Grundlagen ruht".

Erneut wich der König zurück. Sein alleiniges Recht, Ständeversammlungen einzuberufen, zu vertagen oder aufzulösen, musste er preisgeben. Feierlich erklärten sich daraufhin am 9. Juli 1789 die Deputierten der drei Stände zur *Verfassunggebenden Nationalversammlung (Assemblée Nationale Constituante)*, mehrheitlich bereit, von nun an ihre „Souveränität" mit der des Königs zu teilen. Der Monarch herrschte nicht mehr absolut.

Der Ballhausschwur vom 20. Juni 1789 (Gemälde nach einer Zeichnung des Revolutionsmalers Jacques-Louis David, 1748–1825). Ursprünglich hatte David seine Arbeit als Vorlage für ein riesiges Wandgemälde im Sitzungssaal der Nationalversammlung erstellt. Der Auftrag wurde nie ausgeführt, nicht zuletzt weil die gefeierten Helden von 1789 schon bald in Misskredit fielen.
Das Historienbild gibt nicht den tatsächlichen Hergang der Ereignisse wieder. Beispielsweise sind alle scheinbar spontanen Gesten so aufeinander abgestimmt, dass sie in der Bildmitte in der zum Schwur erhobenen Hand des Präsidenten der Versammlung zusammentreffen. Auch die Verbrüderung von Vertretern verschiedener Konfessionen im Vordergrund hat nachweislich nicht stattgefunden. Letztlich ging es David darum, die Geburtsstunde einer lebendigen und – trotz der sichtbar werdenden unterschiedlichen Gemütsäußerungen – geeinten Nation darzustellen. Der Vorhang links oben will den wehenden Atem der Geschichte in diesem historischen Augenblick verkörpern.

Der 14. Juli 1789: die städtische Volksrevolution

Mit der Genehmigung der Konstituante wollten sich Ludwig XVI. und seine Berater an die Spitze der Bewegung setzen, um so die Entwicklung bestimmen zu können. Als aber eine neue konservative Regierung einberufen wurde und Truppen um Paris und Versailles zusammengezogen wurden, befürchtete die Bevölkerung eine politische Wende. Hinzu kamen soziale Probleme: Die Brotpreise hatten einen Schwindel erregenden Höhepunkt erreicht. Überall in Paris wurden Volksreden gehalten und Demonstrationen durchgeführt. Die Forderung nach Brot und Waffen machte sich breit. Es galt, Paris und die Konstituante zu verteidigen. Die verhassten Zollstationen der Stadt wurden niedergerissen und bei der Suche nach Munition und Kanonen wurde am 14. Juli auch die *Bastille* von der aufgebrachten Menge erstürmt. Das Staatsgefängnis in der Bastille hatte seit absolutistischer Zeit als Symbol der Unfreiheit gegolten. Jetzt wurden noch gerade sieben Gefangene von einer kleinen Besatzung dort bewacht. Die Eroberung der Bastille, bei der 98 Angreifer im Kampf fielen, gab der Bevölkerung jedoch ein nicht mehr zu nehmendes Bewusstsein ihrer Macht und Stärke. Das „Volk" hatte die „Ketten der Knechtschaft" gesprengt und ganz Europa nahm dieses Ereignis staunend zur Kenntnis (◊ M 2).

Hinter den Kulissen des Aufruhrs hatte sich das wohlhabende Bürgertum, vertreten durch die Wahlmänner der Pariser Distrikte, der Stadtverwaltung bemächtigt. Ein *Ständiger Ausschuss*, der zukünftige Gemeinderat, kümmerte sich von nun an um die Bürgerwehr, die Polizei, die Justiz und die Lebensmittelversorgung. An die Spitze der Verwaltung wurde ein Bürgermeister *(Maire)* berufen. Damit hatte die Selbstverwaltung von Paris begonnen und weitere Städte des Landes folgten bald diesem Beispiel.

Die Revolution der Bauern

Die „Bauernrevolution" hatte ihre eigenständigen Ursachen und Ziele. Auch auf dem Lande hatte man Hoffnungen auf die Generalstände gesetzt. Als die Taten ausblieben, war man enttäuscht. Die Bauern protestierten mit friedlichen und gewaltsamen Mitteln gegen die Privilegien der Grundherren. Sie hatten zum Teil mit der Eröffnung der Generalstände ihre Abgaben verweigert und Getreidespeicher geplündert. Auch Herrensitze, Schlösser und Klöster hatten sie gestürmt und in Brand gesteckt, um unter anderem die Urkunden zu vernichten, die ihre Abgaben und Pflichten belegten. In vielen Dörfern entstand, wie in den Städten, eine Art Selbstverwaltung.

Das Leben der Bauern blieb noch lange unsicher. Und über das Land verbreitete sich eine, wie sich oft nachträglich herausstellte, unbegründete Große Furcht *(Grande Peur)* vor herumstreunenden Bettlergruppen, plündernden Räuberbanden und Rachefeldzügen der Aristokratie. In der Folge zwangen die Unruhen auf dem Lande die Abgeordneten der Nationalversammlung, konkrete Veränderungen einzuleiten, um die Situation zu beruhigen.

Die Entstehung und Entwicklung einer neuen politischen Kultur

Die Aufbruchstimmung des Jahres 1789 wurde von Anfang an geprägt von den verschiedenen Mentalitäten und Interessen der Bevölkerungsschichten (▷ M 3). In diesem Prozess entstand eine politische Kultur, wobei wohlhabendes Bürgertum und städtische Massen ihre jeweils eigenen, sich zum Teil überschneidenden Formen fanden. Ausdruck der neuen politischen Kultur waren unzählige öffentliche Versammlungen, Reden, Demonstrationen, zahlreiche – oft nur kurzlebige, aber zum Teil auflagenstarke – Zeitungen, Plakatanschläge, Bilder und Graphiken. Einen besonderen Stellenwert erhielten bald die großartig inszenierten Revolutionsfeiern, die gezielt an den solidarischen Aufbruch und die gemeinsamen Ziele erinnerten (siehe auch die Abbildung auf Seite 190). Theater, Dichtung, Musik, Malerei und Architektur wurden vom Revolutionsverlauf beeinflusst oder versuchten ihrerseits zunehmend, die Massen zu beeinflussen.

Die politische Kultur der Revolutionszeit wurde zugleich wesentlich bestimmt von dem zunehmenden Organisationsgrad der städtischen Bevölkerung. Die sich anfangs ständig wandelnden politischen Gruppierungen schlossen sich in bestimmten Klubs und Volksgesellschaften, den Vorläufern der Parteien, zusammen.

Ausgangspunkt der Entwicklung war die Vereinigung der bretonischen Deputierten *(Club breton)* zur Zeit der Generalstände. Seit dem Umzug der Nationalversammlung nach Paris (siehe Seite 192) wurde der *Jakobinerklub*, benannt nach dem Dominikanerkloster Saint-Jacques, zum Sammelpunkt politisch interessierter Bürger und Mandatsträger. Die Jakobiner waren zumeist Akademiker und Angehörige des Besitzbürgertums. 1791 hatte ihr Klub bereits über 400 Tochtergesellschaften in der Provinz.

Neben dem Jakobinerklub ist der im April 1790 gegründete *Club des Cordeliers*[1]) zu nennen. In ihm und weiteren Volksgesellschaften sammelte sich die kleinbürgerliche städtische Volksbewegung, die *Sansculotten*[2]). In den Klubs und Volksgesellschaften – darunter auch reine Frauenklubs – wurde einerseits die Arbeit von Deputierten und Stadtverordneten diskutiert und vorbereitet, andererseits wurden von hier aus Petitionen und Demonstrationen in Gang gebracht. Nahestehende Zeitungen dienten als „Sprachrohr" für eine breitere Öffentlichkeit.

Klubs und Volksgesellschaften	
1789	20
1790	300
1791	1100
1792	1500
1793 (Sommer)	2000
1793/94	5100

Bis zum Sommer 1793 waren durchschnittlich 5 % der wahlberechtigten Bevölkerung organisiert, vom Herbst 1793 bis zum Herbst 1794 waren es sogar zum Teil 20 %.

---

[1]) So benannt nach seinem ersten Tagungsort, einer Kirche der Franziskaner, die im Volksmund „cordeliers" genannt wurden.
[2]) Sans Culottes (franz.): ohne (die teueren Kniebund-)Hosen. Die Zahl der Aktivisten in dieser Bewegung schätzt man heute auf höchstens dreitausend.

Qu'est-ce que le tiers état?

Die Flugschrift des Abbé Sieyès, eines Mitglieds des Ersten Standes, entstand Ende 1788 und wurde kurze Zeit später anonym veröffentlicht. Bald kursierten über 30 000 Exemplare. „Qu'est-ce que le tiers état" wurde zur maßgeblichen „Kampfschrift" des Dritten Standes.

Der Plan dieser Schrift ist ganz einfach. Wir haben uns drei Fragen vorzulegen.
1. Was ist der Dritte Stand? ALLES.
2. Was ist er bis jetzt in der politischen Ordnung gewesen? NICHTS.
3. Was verlangt er? ETWAS ZU SEIN. [...]
Die öffentlichen Funktionen lassen sich bei den gegenwärtigen Verhältnissen in gleicher Weise allesamt unter vier bekannte Bezeichnungen staffeln: der Degen, die Robe, die Kirche und die Administration. Es wäre überflüssig, sie im Einzelnen durchzugehen, um zu zeigen, dass der Dritte Stand hier überall neunzehn Zwanzigstel ausmacht, mit dem einen Unterschied, dass er mit allem, was wirklich mühsam ist, belastet ist, mit allen Diensten, die der privilegierte Stand sich weigert zu leisten. Die Mitglieder des privilegierten Standes nehmen nur die Stellen ein, die Gewinn und Ehre bringen. [...]
Also, was ist der Dritte Stand? Alles, aber ein gefesseltes und unterdrücktes Alles. Was wäre er ohne den privilegierten Stand? Alles, aber ein freies und blühendes Alles. Nichts kann ohne ihn gehen; alles ginge unendlich besser ohne die anderen. [...]
Was ist eine Nation? Eine Körperschaft von Gesellschaftern, die unter einem *gemeinschaftlichen* Gesetz leben und durch dieselbe *gesetzgebende Versammlung* repräsentiert werden usw. [...]
Der Dritte Stand umfasst also alles, was zur Nation gehört; und alles, was nicht der Dritte Stand ist, kann sich nicht als Bestandteil der Nation ansehen. Was also ist der Dritte Stand? Alles. [...]
Unter dem Dritten Stand muss man die Gesamtheit der Bürger verstehen, die dem Stand der gewöhnlichen Leute (l'ordre commun) angehören. Alles, was durch das Gesetz privilegiert ist, einerlei auf welche Weise, tritt aus der gemeinschaftlichen Ordnung heraus, macht eine Ausnahme für das gemeinschaftliche Gesetz und gehört folglich nicht zum Dritten Stand. [...] Der Dritte Stand hat bis zur Stunde keine wahren Vertreter auf den Generalständen gehabt. Er hat also keinerlei politische Rechte. [...]
Was verlangt der Dritte Stand? Etwas zu werden.
[...] Man kann die wirklichen Forderungen des Dritten Standes nur nach den authentischen Beschwerden beurteilen, welche die großen Stadtgemeinden (municipalités) des Königreichs an die Regierung gerichtet haben. Was sieht man da? Dass das Volk etwas sein will, und zwar nur das Wenigste, was es sein kann. Es will haben 1. echte Vertreter auf den Generalständen, das heißt Abgeordnete, die aus seinem Stand kommen und die fähig sind, die Interpreten seines Willens und die Verteidiger seiner Interessen zu sein. Was nützt es ihm, an den Generalständen teilzunehmen, wenn das dem seinen entgegengesetzte Interesse dort dominierte? [...] Es verlangt weiter 2. eine Zahl von Vertretern, die derjenigen ebenbürtig ist, welche die beiden anderen Stände zusammen besitzen. Diese Gleichheit der Vertretung wäre indessen völlig illusorisch, wenn jede Kammer eine eigene Stimme besäße. Der Dritte Stand verlangt deshalb 3., dass die Stimmen nach Köpfen und nicht nach Ständen gezählt werden. [...]

Ich bitte zu beachten, welch gewaltiger Unterschied zwischen der Versammlung des Dritten Standes und den Versammlungen der beiden anderen Stände besteht. Ersterer vertritt fünfundzwanzig Millionen Menschen und berät über die Interessen der Nation. Die beiden letzteren haben, sollten sie zusammentreten, nur die Vollmacht von ungefähr zweihunderttausend Einzelpersonen und denken nur an ihre Vorrechte. Man wird sagen, der Dritte Stand allein könne keine „Generalstände" bilden. Nun, umso besser, dann wird er eben eine „Nationalversammlung" bilden!

Eberhard Schmitt und Rolf Reichardt (Hrsg.), Emmanuel Joseph Sieyès, Politische Schriften 1788–1790, München-Wien, 2. Auflage 1981, S. 119 ff. und 180

1. Was macht die Ausführungen von Sieyès zu einer Kampfschrift?
2. Fassen Sie die Forderungen Sieyès stichwortartig zusammen.
3. Welche Forderungen lassen sich aus der vorgelegten Definition der Nation ableiten?
4. Erörtern Sie, warum Sieyès die beiden ersten Stände nicht mehr zur Nation zählt. Welche Legitimationsgrundlage hat der Dritte Stand?
5. Arbeiten Sie den Unterschied zwischen den „Generalständen" und einer „Nationalversammlung" heraus.

M 2 „Die Hauptquelle der Revolution..."?

Der deutsche „Zeitzeuge" Konrad Oelsner (1764–1828), der von 1790 bis 1794 in Frankreich lebte und mit den führenden Politikern bekannt war, nennt in einem 1796 anonym veröffentlichten Beitrag folgende „Hauptquelle" der Revolution:

Dass die Hauptquelle der Revolution das Elend gewesen sei, ist ein Irrtum. Freilich hat das Elend der Unterdrückten mitgewirkt; aber es war vielleicht nicht ganz so groß, wie in früheren Zeiten. Die Regierung suchte *wenigstens* sich milder zu stellen, als ehemals, und die Bastille war für die Leute von Geist eben das geworden, was die Hölle für den großen Haufen ist: ein Schreckbild, das, als man seine Tore sprengte, nicht viel mehr als den leeren Raum zeigte. Was also hat zunächst die Revolution veranlasst? – Der *Wohlstand* und die daraus entspringende *tätigere Ahndung des Bessern*. Es liegt in der Natur des menschlichen Geistes, fortzuschreiten. Dieser unveräußerliche Beruf, sich nach allen Seiten und Richtungen zu vervollkommnen, ist ein hinlänglicher Rechtsgrund der Revolution.

Friedens-Präliminarien. Herausgegeben von dem Verfasser des heimlichen Gerichts (Ludwig Ferdinand Huber), 1. Band, Berlin 1796, S. 103

1. In welchen Aussagen decken sich die Darstellung des Lehrbuchs und die Bewertung Oelsners?
2. Welche Quellen Oelsners sind messbar, welche nur schwer überprüfbar? Welchen Wert hat Ihrer Meinung nach der Text Oelsners für den Historiker?

Die Revolution des Bürgertums in Frankreich

Patriotischer Frauenclub (Gouache der Brüder Lesueur, Paris 1791). Das Bild ist mit folgendem Text versehen: „Sehr patriotische Frauen hatten einen Club gebildet, zu dem niemand anders zugelassen wurde. Sie hatten ihre Vorsitzende und Sekretärinnen. Man versammelte sich zweimal wöchentlich, die Präsidentin verlas die Sitzungsprotokolle des Nationalkonvents, dessen Beschlüssen man Beifall oder Kritik zollte. Aus Wohltätigkeitseifer veranstalteten die Damen unter sich eine Sammlung und verteilten den Erlös an hilfsbedürftige Familien guter Patrioten."

Die Stimmung in Paris

M 3

Wie die Bevölkerung der französischen Hauptstadt auf die Ereignisse des Jahres 1789 reagierte, beschreibt Théroigne de Méricourt (1762–1817). Die Aufzeichnungen entstanden im Gefängnis, in dem sie 1792 aus politischen Gründen einsaß.

Den stärksten Eindruck auf mich machte die Stimmung eines allgemeinen Wohlwollens. Die Selbstsucht schien gebannt zu sein, jeder sprach ohne Unterschied mit jedem. In diesem Augenblick der Bewegung mischten sich die Reichen unter die Armen und verschmähten es nicht, mit ihnen wie mit ihresgleichen zu reden. Schließlich erschienen mir alle Gesichter wie ausgewechselt. Jeder hatte seinen eigenen Charakter und seine natürlichen Anlagen entfaltet. Ich sah viele, die trotz ihrer Lumpen ein heroisches Ansehen hatten. Wenn man nur ein bisschen Sensibilität hatte, war es nicht möglich, ein derartiges Schauspiel mit Gleichgültigkeit zu betrachten. Ich war daher so begeistert, dass ich beschloss, nach Versailles zu gehen, um dort Zeuge der Debatten der Nationalversammlung zu werden.

Théroigne de Méricourt, Aufzeichnungen aus der Gefangenschaft, Salzburg und Wien 1989, S. 16

Der Auszug ist eine interessante Quelle für die Mentalitätsgeschichte, da sie das Denken und Empfinden der Bevölkerung darstellt. Beschreiben Sie die Reaktion der Menschen.

Die Überwindung der Ständegesellschaft

Seit 1790 wurden überall in Frankreich Freiheitsbäume gepflanzt als Sinnbild der Treue zur Revolution. Im Mai 1792 standen in ganz Frankreich etwa 60 000 solcher „Maibäume". Die Bäume wurden in feierlichen Zeremonien eingeweiht; sie symbolisierten unter anderem, dass ein Ort nicht länger Eigentum der Grundherren war und dass alle Einwohner der Nation als freie Bürger angehörten (Gemälde von Etienne Béricourt).

1789	„Augustbeschlüsse" der Konstituante: Feudale Privilegien sollen abgeschafft werden
1791	Der König leistet einen Eid auf die Verfassung: Frankreich wird „konstitutionelle Monarchie"
1792	Die „Zweite Revolution" entmachtet König Ludwig XVI.: Frankreich wird zur Republik erklärt
1793	Ludwig XVI. wird hingerichtet
	Die Verfassung des Jahres I wird mittels Volksabstimmung verabschiedet, tritt aber nicht in Kraft
	Die Schreckensherrschaft beginnt, die Feudalrechte werden völlig abgeschafft
1794	Robespierre und seine Anhänger werden gestürzt und hingerichtet
1795	Eine neue Verfassung tritt nach einer Volksabstimmung in Kraft
1799	Nach einem Staatsstreich erklärt Napoleon Bonaparte die Revolution für „amtlich beendet"

Die „Augustbeschlüsse"

Während die ersten Adeligen ins Exil gingen, richteten sich die politischen Hoffnungen des Dritten Standes auf die Konstituante. Waren die Abgeordneten in der Lage, die ständische Gesellschaftsordnung in eine auf Freiheit und

Die Revolution des Bürgertums in Frankreich

Gleichheit beruhende bürgerliche Ordnung umzuwandeln? Diese Aufgabe verlangte nicht nur eine neue Staatsverfassung, sondern auch eine Umwandlung der ständischen in eine zivile (bürgerliche) Rechtsordnung. Der erste Schritt dahin war die Abschaffung und Ablösung der Sonderrechte von Ständen, Provinzen und Städten. Die darauf basierende Gesetzgebung, die erst im Juli 1793 abgeschlossen wurde, regelte erstmals die politische Gleichberechtigung aller Stände und – daraus resultierend – die rechtliche und steuerliche Gleichheit der Bürger. Feudalstaatliche Beschränkungen sollten entfallen und der freie (ständisch ungebundene) Staatsbürger sollte von nun an frei über sein Eigentum (vor allem Grund und Boden) verfügen können. Eine Grundlage der „modernen" bürgerlichen Gesellschaft war geschaffen.

In einem zweiten Schritt wurde am 26. August 1789 der Rahmen der kommenden Verfassung in Form der *Erklärung der Menschen- und Bürgerrechte* in der Konstituante beschlossen. Die Erklärung verkündete die wirkungsmächtigsten Prinzipien der Französischen Revolution von 1789: die Freiheit des Individuums *(Liberté)*, die Gleichheit der Bürger *(Egalité)* sowie, weniger deutlich und wirksam, die Brüderlichkeit *(Fraternité)* aller Menschen. Die Prinzipien dieser „Charta der modernen Demokratie" (Furet) hatten auch Grenzen: In der Frage nach der Gleichberechtigung der Geschlechter, die bereits öffentlich diskutiert wurde, verhielt sie sich nicht eindeutig (◊ M 1).

Menschenrechte: Wo immer Menschen heute Freiheit und Gerechtigkeit fordern, berufen sie sich direkt oder indirekt auf die „Erklärung der Menschen- und Bürgerrechte" von 1789. Dieses Vermächtnis der Französischen Revolution bedeutet bis heute eine Kampfansage gegen jede Form der Unterdrückung. Vorbilder lieferten die *Virginia Bill of Rights* von 1776 und die amerikanische Verfassungsdiskussion von 1787/89.
Im 19. Jahrhundert wurden die Menschenrechte Gegenstand nationaler Verfassungen und im 20. Jahrhundert auch Bestandteil internationaler Abkommen. Die *Vereinten Nationen,* der *Europarat,* die *Konferenz für Sicherheit und Zusammenarbeit in Europa* und die *Organisation für Afrikanische Einheit* haben Menschenrechtsvereinbarungen getroffen, die von ihren Mitgliedstaaten anerkannt werden. Innerstaatliche Voraussetzungen für die Bewahrung der Menschenrechte sind demokratische Verhältnisse und ein unabhängiges Rechtssystem. Ihre zwischenstaatliche Unverbindlichkeit verloren die Menschenrechte erst, als sie zur internationalen Bedingung für die Aufnahme in internationale Organisationen bzw. zum Maßstab für die Unterstützung oder Ächtung von Regierungen gemacht wurden. Seither müssen sich alle Staaten an der Einhaltung der Menschenrechte messen lassen.
Die Verwirklichung und Sicherung der Menschenrechte bleibt auch in Zukunft eine ständige nationale und internationale politische Aufgabe. Sie steht und fällt mit dem Engagement der Bürger.

Die Rückkehr der Pariser Marktfrauen aus Versailles am 6. Oktober 1789. Als Zeichen der Freude schwingen sie grüne Zweige. Die Waffen der Nationalgardisten sind geschmückt, auf einem Bajonett steckt ein Brotlaib. Den errungenen Erfolg dokumentieren auch die Köpfe von zwei erschlagenen königlichen Leibgardisten, die im Zug zur Schau gestellt werden (kolorierter Kupferstich eines unbekannten Künstlers von 1789).

Von zentraler Bedeutung während der Verfassungsberatungen war die Frage, welche Kompetenzen dem Monarchen künftig zugestanden werden sollten. Seine Exekutivgewalt stand nicht zur Disposition, aber in der Gesetzgebung räumte die Mehrheit der Deputierten dem König nur noch ein aufschiebendes Einspruchsrecht *(suspensives Veto)* ein, mit dem er Gesetze zwar nicht generell verhindern, aber für vier Jahre (zwei Legislaturperioden) blockieren konnte. Ausgenommen von dem Vetorecht waren verfassungsrechtliche und fiskalische Beschlüsse der Konstituante. Trotz dieser verfassungsmäßig garantierten Zugeständnisse wollte der König die bisherigen Dekrete nicht anerkennen.

Während man in Versailles feierte, fehlte in Paris Brot. Am 5. Oktober 1789 zog deshalb ein aus etwa 5000 Frauen und 500 Männern bestehender Demonstrationszug nach Versailles. Die Forderung lautete: Der Monarch solle für Brot sorgen. Als dem Protestzug auch noch die Nationalgarde folgte, gab Ludwig XVI. ein weiteres Mal nach: Er erkannte die von der Konstituante erarbeiteten Verfassungsartikel einschließlich der „Augustbeschlüsse" und der Menschenrechtserklärung an. Gezwungenermaßen siedelte er außerdem mit seiner Familie in die Hauptstadt über; die Konstituante folgte ihm. Paris wurde zum Zentrum der Macht.

Die Arbeit der Konstituante

Die Revolution ließ die Staatseinnahmen noch weiter zurückgehen. Zur Sanierung des Staatshaushalts beschlossen die Deputierten auf Vorschlag des Bischofs von Autun, *Talleyrand*[1]), die Verstaatlichung der Kirchengüter. Orden und Klöster wurden aufgelöst, und eine Versteigerung der kirchlichen Güter begann. Eine wesentliche Konsequenz aus der Nationalisierung der Kirchengüter war eine staatliche Kirchenverfassung. Der Staat übernahm die sozialen Aufgaben des Klerus, wie Schulen, Kranken- und Armenpflege, und machte aus Bischöfen und Geistlichen vom Volk wählbare Staatsdiener. Die Bezahlung der Priester übernahm ebenfalls der Staat. Ein Eid auf die neue Verfassung sollte den Klerus der Nation einverleiben.

Eine weitere spektakuläre Entscheidung der Abgeordneten war die Abschaffung des erblichen Adels am 19. Juni 1790, eine folgerichtige Konsequenz aus der Beseitigung aller Privilegien.

Bei den weiteren Bemühungen, Staat und Wirtschaft neu zu ordnen, konnten die Abgeordneten zum Teil auf die im Ancien Régime begonnenen Reformen zurückgreifen. Die nun durchgeführten Verwaltungs-, Justiz-, Finanz-, Steuer- und Gemeindereformen griffen ineinander und wurden parallel zu einer Neueinteilung des Landes in 83 etwa gleich große Verwaltungsbezirke *(Départements)* durchgeführt. Die Binnenzölle fielen und ein einheitlicher Wirtschaftsraum entstand. Zünfte, Gilden und Innungen wurden abgeschafft und die *Berufs- und Gewerbefreiheit* eingeführt.

Alle diese Maßnahmen formten das Land nachhaltig um. Damals ist, zu einem großen Teil, das moderne Frankreich entstanden.

Frankreich wird eine konstitutionelle Monarchie

Sein Ansehen bei der Bevölkerung verlor der König durch einen gescheiterten Fluchtversuch ins Ausland (20./21. Juni 1791). Die meisten Abgeordneten wollten dennoch die Revolution beenden, um endlich wieder zu stabilen Verhältnissen zurückzukehren. Diese Haltung führte zur ersten Spaltung des Jakobinerklubs. Die verfassungsorientierten, monarchisch eingestellten Mitglieder (rund 1800 von 2400) gründeten am 16. Juli den *Club des Feuillants*, benannt nach dem ehemaligen Feuillantinerkloster. Die Gegner dieser pragmatischen Politik, die übrig gebliebenen Jakobiner und die Cordeliers nahmen für sich in Anspruch, über die „Reinhaltung" der revolutionären Prinzipien zu wachen.

Am 14. September 1791 leistete Ludwig XVI. seinen Eid auf die von der Konstituante verabschiedete Verfassung. Aus Frankreich war eine *konstitutionelle Monarchie* geworden. Der König stand nicht mehr „über dem Gesetz", sondern regierte „nur durch dieses", wie es die Verfassung bestimmte (◊ M 2).

---

[1]) Charles Maurice Talleyrand (1754–1838), seit 1789 als Vertreter des Ersten Standes Mitglied der Nationalversammlung, war von 1797–1807 Außenminister Napoleons und nach dessen Niederlage ab 1814 erneut Außenminister.

Die Menschenrechte wurden dem Verfassungstext vorangestellt. Die Verfassung hatte weder den Juden die rechtliche Gleichheit eingeräumt noch die Sklaverei in den Kolonien abgeschafft. Auch die Gleichheit der Bürger fand im *Zensuswahlrecht*[1]) und Männerwahlrecht (ein allgemeines Frauenwahlrecht gibt es in Frankreich erst seit 1946) ihre Grenzen. Die Bevölkerung wurde in politisch berechtigte (steuerzahlende) Aktivbürger *(Citoyens actifs)* und schutzbefohlene Passivbürger *(Citoyens passifs)* geteilt. Von den 4,3 Millionen Aktivbürgern erfüllten nur etwa 45 000 die Voraussetzungen, Abgeordnete wählen zu dürfen (Wahlmänner). Abgeordneter konnte hingegen jeder Aktivbürger werden.

Die bürgerliche Gleichstellung der Juden

Noch kurz vor der Auflösung der Konstituante beschlossen die Abgeordneten am 27. September 1791 ein Gesetz, das den 40 000 – vor allem im Elsass und in Lothringen lebenden – Juden alle bürgerlichen und politischen Rechte – und damit die Gleichstellung mit den übrigen Bürgern – eröffnete. Das Gesetz behob damit einen Mangel der Verfassung, die zwar die allgemeinen Menschen- und Bürgerrechte verkündet hatte, aber die Juden noch nicht mit den übrigen Bürgern gleichstellte. Die französische Gesetzgebung ging mit ihrem Gesetz über die Toleranzpatente der Österreicher hinaus, die bereits zwischen 1781 und 1789 die bürgerliche (rechtliche und wirtschaftliche) Stellung der Juden verbessert, aber keine politische Gleichstellung eröffnet hatten. Mit den folgenden französischen Eroberungszügen wurde das Gesetz – auch wenn es später teilweise zurückgenommen wurde – zum Ausgangspunkt und Maßstab der Judenemanzipation[2]) in einigen europäischen Staaten.

Die Zweite Revolution

Die neue *Gesetzgebende Nationalversammlung (Assemblée Nationale Législative)* wurde von nicht mehr als 10 % der Stimmberechtigten gewählt. Sie trat am 1. Oktober 1791 zusammen.
Alle 745 Deputierten waren parlamentarische Neulinge. Über 340 Abgeordnete bildeten die – aus der Sicht des Parlamentspräsidenten – *Mitte*. Sie bezeichneten sich selbst als „Unabhängige" und besaßen keine direkten Bindungen zu bestimmten Klubs. Rund 260 Deputierte gehörten zur *Rechten*, sie waren oder wurden Mitglieder im Klub der Feuillants. Sie wollten die Revolution beenden. Die zahlenmäßig kleinste Gruppierung des Parlaments bildeten die ca. 140 Abgeordneten der *Linken*. Sie hatten sich in den Klubs der Jakobiner, Cordeliers und anderer Volksgesellschaften organisiert, forderten ein *allgemeines Wahlrecht* und waren gegen das Vetorecht des Königs. Diese Gruppe

---

[1]) Wahlrecht, das das Recht des Wählens oder das Gewicht der Stimme an den Nachweis eines bestimmten Besitzes, Einkommens oder einer bestimmten Steuerleistung (Zensus) bindet.
[2]) Emanzipation: Befreiung aus Bevormundung. Im alten Rom bezeichnete Emanzipation die Entlassung eines Familienmitglieds aus der väterlichen Gewalt, später auch die Freilassung eines Sklaven.

unterscheidet man noch in *Girondisten*[1]) und *Montagnards*[2]). Die Girondisten hatten ihren Rückhalt im mittleren und gehobenen Provinzbürgertum. Die „Bergpartei" verdankte ihren Aufstieg den Sansculotten.
Zwei Jahre nach dem Sturm auf die Bastille hatten über 40 000 Franzosen ihr Land verlassen. Als Österreich und Preußen mit militärischer Unterstützung der Emigrantenheere zu drohen schienen, eröffnete Frankreich den Krieg. Oppositionelle Kräfte befürchteten jetzt eine Zusammenarbeit des Königs mit den „Feinden des Vaterlandes". Die städtische Volksbewegung setzte die königstreue Stadtverwaltung ab und bildete die „Kommune des Aufstands", unter deren Führung am 10. August 1792 die *Zweite Revolution* ausbrach. Frauen und Männer sowie revolutionär gesinnte Truppen stürmten das königliche Schloß *(Tuilerien)* und massakrierten 600 Soldaten der königlichen Garde. Der Monarch wurde unter dem Druck der Aufständischen von seinem Amt suspendiert und mit seiner Familie gefangen genommen. Die konstitutionelle Monarchie war zerbrochen.

Revolution und Reform: Revolutionen und Reformen sind Formen des gesellschaftlichen Wandels. Revolutionen werden allgemein verstanden als rasche und radikale Umwälzungen bestehender Verhältnisse in Politik, Gesellschaft und Wirtschaft; Reformen gelten dagegen als allmählich fortschreitende (evolutionäre) Form der Veränderung.
Der aus der Astronomie stammende Revolutionsbegriff wird erst seit dem 17. Jahrhundert auf die Geschichte angewendet, zunächst im Sinne des Wortes als „Wiederkehr", dann – nach der englischen *Glorious Revolution* von 1688 – als „Umwälzung" bzw. „Wiederherstellung" alter Rechte und Zustände. Erst mit der Französischen Revolution erfuhr der Begriff seine heutige Bedeutung.
Die Französische Revolution wurde in der Folgezeit zum Vorbild für alle Bemühungen, die bestehenden Herrschaftsverhältnisse abrupt zu verändern, so beispielsweise 1848. Fernwirkungen hatte sie auch auf die *Oktoberrevolution* von 1917 in Rußland und die *Chinesische Revolution* von 1949. Die Gesellschafts- und Revolutionsanalyse von *Karl Marx* lieferte den kommunistischen Revolutionären eine Ideologie zur Planung von Revolutionen. Mit Ideologie und Gewalt errichteten sie in ihren Ländern Einparteienherrschaften.
Von der Französischen Revolution leiteten sich aber auch die Gedanken her, die die Verhältnisse in den kommunistischen Diktaturen wieder verändern sollten. Unter Berufung auf die Menschenrechte setzten Bürger in Ost- und Mitteleuropa 1989 weitgehend gewaltfrei einen demokratischen Wandel durch.

---

[1]) Die Bezeichnung geht auf Alphonse de Lamartines Werk „Histoire des Girondins" (1847/48) zurück, in dem die profiliertesten Vertreter dieser Gruppe nach ihrer Herkunft, dem Departement Gironde, benannt wurden.
[2]) Montagne (franz.): Berg; die Abgeordneten der „Bergpartei" saßen auf den oberen Bänken des Saales.

Im Schatten des Grauens ein Neuanfang: der Nationalkonvent

Von nun an wurden die königstreuen Politiker offen verfolgt. Willkürliche Verhaftungen waren an der Tagesordnung, erste politisch motivierte Hinrichtungen folgten. Grausamer Höhepunkt wurden die Gewalttaten zwischen dem 2. und 5. September 1792 *(Septembrisaden)*. In einer Art Angstpsychose vor gegenrevolutionären Aktionen drangen Gruppen der städtischen Volksbewegung in die Gefängnisse ein und töteten wahllos alle Gefangenen, derer sie habhaft werden konnten. Der Terror blieb nicht auf Paris beschränkt, aber allein hier wurden um die 1500 Menschen (Aristokraten, eidverweigernde Priester und Strafgefangene) ermordet. Weder der von der Legislative ernannte *Provisorische Vollzugsrat*, dem *Danton*[1]) als Justizminister angehörte, noch die Führer der Pariser Kommune waren fähig oder willens gewesen, diese blutigen Aktionen zu unterbinden.

In dieser gewalttätigen Atmosphäre fanden die Wahlen zu einer neuen Verfassunggebenden Versammlung nach dem von den Sansculotten geforderten allgemeinen Wahlrecht statt. Die Unterscheidung zwischen Aktiv- und Passivbürgern war ebenso aufgehoben worden wie das Zensuswahlrecht. Alle Männer über 21 Jahre durften wählen. Obwohl die Unter- und Mittelschichten also Nutznießer des neuen Wahlrechts waren, stimmten nur etwa sechs Prozent der Berechtigten – zum Teil offen und mündlich – über die 754 Abgeordneten ab.

Am 21. September 1792 wurde die Republik ausgerufen, und der *Nationalkonvent (Convention Nationale)* trat zusammen. Er sollte eine republikanische Verfassung erarbeiten und bis dahin die Exekutivgewalt übernehmen. Formal blieb dieses Parlament bis Oktober 1795 bestehen, doch die maßgebliche Politik wurde zunehmend in den Ausschüssen gemacht.

Nach der gewaltsamen Ausschaltung der Feuillants wurden die rund 200 Girondisten zur neuen „Rechten" im Nationalkonvent. Sie setzten sich ein für eine dezentrale Verwaltung des Landes, die Unverletzlichkeit des Eigentums, Wirtschaftsfreiheit und Rechtssicherheit. Aus ihrem Kreis stammten auch zunächst die wichtigsten Minister. Die neue „Mitte", auch „Ebene" *(Plaine)* oder abfällig „Sumpf" *(Marais)* bezeichnet, bildete mit fast 400 Abgeordneten die wankende Mehrheit. Zur radikalen „Linken" entwickelten sich die rund 120 Montagnards. Sie hatten ihre Hochburg in Paris, versuchten konsequent einen staatlichen Zentralismus durchzusetzen und sympathisierten mit den militant vorgetragenen Forderungen der städtischen Volksbewegung nach wirtschaftslenkenden Maßnahmen.

---

[1]) Georges Jacques Danton (1759–1794, hingerichtet) war Mitbegründer der Cordeliers. Er hatte während der Revolution Ämter in der Departementalverwaltung und in Paris inne, ab 1792 war er Abgeordneter des Nationalkonvents.

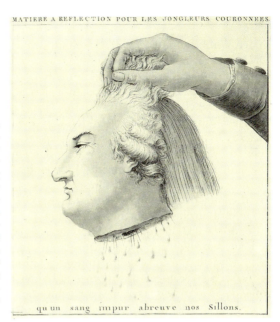

Das Haupt Ludwigs XVI. nach der Hinrichtung (Radierung des jakobinisch orientierten Stechers und Verlegers Villeneuve von 1793). Der obere Schriftzug richtet sich warnend an die europäischen Monarchen und lautet übersetzt: „Gegenstand zum Nachdenken für gekrönte Jongleure." Die untere Zeile stammt aus dem im April 1792 verfassten revolutionären Kriegslied, der Marseillaise, sie hat übersetzt folgenden Wortlaut: „Das unreine Blut tränke unserer Äcker Furchen!"

Die Republik macht dem König den Prozess

Das Jahr I der „einen und unteilbaren Republik" begann am 22. September 1792 (ein neuer Kalender wurde erst im Oktober 1793 rückwirkend beschlossen). Es wurde von militärischen Erfolgen eröffnet. In der *Schlacht von Valmy* (20. September 1792) vertrieben die Revolutionstruppen das von Preußen und Österreich angeführte Emigrantenheer. Nach dem Motto *„Krieg den Palästen, Friede den Hütten"*[1]) zogen jetzt die Revolutionstruppen in Speyer, Worms, Mainz und Frankfurt am Main ein. Hier wie in anderen besetzten Gebieten traten die selbsternannten „Befreier" schon bald als Eroberer auf.

In Paris hatte sich der Konvent zum Gericht gemacht und den einstigen König angeklagt wegen „Verschwörung gegen die öffentliche Freiheit" und „Anschlägen gegen die nationale Sicherheit". Über 90 % der Abgeordneten stimmten für schuldig. Uneinigkeit entstand erst über das Strafmaß und den Zeitpunkt der Strafvollstreckung. Die außerparlamentarische Diskussion über das Todesurteil spaltete den Jakobinerklub. Die Girondisten waren knapp in der Minderheit und wurden ausgeschlossen, da sie gegen die Vollstreckung der Todesstrafe zu diesem Zeitpunkt waren. Am 21. Januar 1793 wurde Louis Capet[2]) vor den Augen des Volkes auf der Place de la Revolution, der heutigen Place de la Concorde, hingerichtet. In ganz Europa, nicht nur in den Fürstenhäusern, war man erschrocken über das gewaltsame Ende eines fast tausendjährigen, christlich legitimierten Königtums.

---
[1]) so der Abgeordnete Pierre Joseph Cambon am 15. Dezember 1792 in einem Bericht an den Konvent
[2]) so genannt nach dem französischen Herrschergeschlecht der Kapetinger

Anspruch und Wirklichkeit: die Revolution in der Krise

In den Wintermonaten 1792/93 weitete sich der Krieg gegen die europäischen Mächte aus. Zugleich brachen unter Führung von Frauen in den Städten Hungeraufstände und auf dem Land ein grausamer Bürgerkrieg gegen die Bauern der Vendée und der Bretagne aus. In dieser zugespitzten Situation wurden ein außerordentliches Gericht, das spätere *Revolutionstribunal*, und revolutionäre Überwachungsausschüsse gebildet, um das Gewaltmonopol des Staats zurückzugewinnen. Der *Wohlfahrtsausschuss (Comité de salut public)* erhielt weitgehende Ermächtigungen und stellte das Exekutivorgan des Konvents dar. Die neugeschaffenen Instanzen sollten erstmals seit 1789 wieder hin zu einer Stärkung der Zentralgewalt führen.

Für die katastrophale innen- und außenpolitische Lage wurden die Girondisten verantwortlich gemacht. Am 2. Juni 1793 zogen – von den Sansculotten initiiert – 80 000 Bürger und Nationalgardisten vor den Konvent und erzwangen die Auslieferung von 29 führenden girondistischen Abgeordneten und zwei Ministern. Das war das Ende der Girondisten, aber zugleich auch ein schwerer Schlag gegen das repräsentative System und eine erneute Missachtung der Menschen- und Bürgerrechte. Selbst den Montagnards ging die Macht der Straße nun zu weit, aber sie konnten die Führung im Konvent und in den von Girondisten gesäuberten Ausschüssen übernehmen. Die sogenannte Jakobinerherrschaft begann. Die Reaktion auf diesen Pariser Aufstand waren weitere Erhebungen im ganzen Lande.

Mit der Verabschiedung einer neuen Verfassung am 24. Juni 1793 wollte der Konvent neues Vertrauen stiften. Doch die Verfassung, die ein erweitertes Wahlrecht verankerte (◊ M 6), die erstmals soziale Grundrechte (Recht auf Arbeit, öffentliche Unterstützung, allgemeinen Unterricht für Jungen und Mädchen) garantierte und alle Gesetze durch Volksabstimmungen beschließen lassen wollte, blieb Programm. Auf Druck des Wohlfahrtsausschusses beschlossen die Abgeordneten, sie erst nach Beendigung des Kriegs in Kraft zu setzen.

„Gesetzgeber! Setzt den Terror auf die Tagesordnung!"

In der Folgezeit bemühte sich der Konvent um weitere Zugeständnisse an die Bevölkerung: Kirchengüter wurden nationalisiert und den Bauern wurde der Grundbesitz der Emigranten zum Kauf angeboten. Mittels Parzellierung und langer Zahlungsfristen konnten nun auch ärmere Bauern ihren Grundbesitz vergrößern. Rund ein Sechstel des Grundbesitzes wechselte seinen Eigentümer.

Schwieriger war es, gegen die Bedrohung von außen materielle und personelle Mittel zu finden. Die *allgemeine Wehrpflicht (Levée en masse)* wurde eingeführt, eine Neuerung gegenüber den üblichen Berufsheeren. Bis zum Sommer 1794 konnte so ein ca. 800 000 Mann starkes Heer aufgestellt werden.

Die Hauptprobleme der Bevölkerung von Paris, Teuerung und Hunger, waren jedoch geblieben (◊ M 3). Nachdem es zu erneuten Unruhen gekommen war, umstellten Sansculotten am 5. September 1793 den Nationalkonvent und forderten: „Gesetzgeber! Setzt den Terror auf die Tagesordnung!" Dies galt allen Wucherern, Spekulanten und Kriegsgewinnlern. Die Abgeordneten mussten die Forderung ernst nehmen, da nur mit Unterstützung der Sansculotten die Aufstellung der Volksarmee durchzuführen, die notwendigen Waffen, Kleider und Lebensmittel für das Heer zu beschaffen sowie die aufständischen Gebiete unter Kontrolle zu bringen waren. Die einjährige Herrschaft des Schreckens *(Terreur)* begann, wobei die Montagnards versuchten, die Sansculotten-Bewegung zu lenken.

Auf zwei Parlamentsausschüsse konzentrierte sich nun die Macht. Der zwölfköpfige Wohlfahrtsausschuss übernahm vollends die Leitung und Kontrolle über Kriegsführung, Ministerien, Polizei, Verwaltung und Wirtschaft; der ebenfalls zwölfköpfige *Sicherheitsausschuss (Comité de sûreté générale)* wurde zu einem Polizeiministerium, das die Überwachungsmaßnahmen im ganzen Land koordinierte. *Robespierre*[1]), der seit Juli 1793 an der Spitze des Wohlfahrtsausschusses stand, zeichnete verantwortlich für diesen „kontrollierten" Terror. Ganz entgegen den ursprünglichen Absichten hatte die revolutionäre Regierung damit wieder wesentliche Charakterzüge eines absolutistischen Staatswesens angenommen: Rückkehr zur staatlichen Wirtschaftslenkung, Aufbau eines starken Militärapparats, Monopol der staatlichen Strafgerichtsbarkeit, offizielle Staatsideologie statt freier Konkurrenz der politischen Ideen.

Die Revolution und die Frauen

Mit dem Sturz der Girondisten und der Herrschaft der Montagnards im Konvent endete auch der seit 1789 von wenigen Frauen und Männern geführte politische Dialog zwischen den Geschlechtern. Die Frauen, die mit der Revolution ihre politische Stimme entdeckt hatten, wurden im Verlaufe des Jahres 1793 von den regierenden Männern wieder auf ihre alte politikferne Rolle beschränkt.

Dabei spielten Frauen im revolutionären Alltag von Paris bis dahin eine wichtige Rolle. Sie fanden sich zu spontanen Kundgebungen gegen die Versorgungslage zusammen, protestierten in organisierten Umzügen und Demonstrationen gegen Missstände, entsandten Deputationen und meldeten sich mit Petitionen, Streitschriften sowie von den Zuhörergalerien des Konvents zu Wort. Sie organisierten sich teils in Volksgesellschaften der Männer, teils in eigenen Klubs; ja sie stellten sogar nach Kriegsbeginn freiwillige Frauenregimenter für den Kampf gegen Feinde der Revolution auf.

---

[1]) Maximilien de Robespierre (1758-1794), Anwalt aus Arras, Abgeordneter der Generalstände und der Konstituante, Abgeordneter im Nationalkonvent und Mitglied im Generalrat der Pariser Kommune (ab dem 10. August 1792)

Aber die bürgerlich-rechtlichen Forderungen der Frauen nach Verbesserung ihrer Stellung in Ehe und Familie, in Ausbildung und Berufsleben wurden von den Männern nur zögerlich berücksichtigt. Ein besonderer Stellenwert kam in diesem Zusammenhang dem im September 1792 erlassenen Scheidungsrecht zu. Es eröffnete in erster Linie den besser gestellten Frauen die Möglichkeit, ihre Ehen in bestimmten Fällen aufzulösen (das Gesetz wurde aber nach der Revolution wieder rückgängig gemacht). Die Forderung nach bürgerlicher Gleichheit und politischen Mitbestimmungsrechten blieb während der gesamten Revolutionszeit unberücksichtigt. Frauen erhielten weder das aktive noch das passive Wahlrecht und blieben von der Mitarbeit in den Kommunen und im Konvent ausgeschlossen.

Einzelne Frauen wirkten dennoch in jeweils ganz unterschiedlicher Art auf den Gang der Ereignisse ein. Madame *Manon Roland*, mit einem führenden Girondisten, der kurzzeitig Innenminister war, verheiratet, versammelte in ihrem Salon zwischen 1791 und 1793 die wichtigsten Politiker der Gironde. Man diskutierte die aktuellen öffentlichen Fragen, wobei die Hausherrin auch selbst dezidiert Stellung bezog. *Théroigne de Méricourt*, aus Begeisterung für die Revolution 1789 nach Paris gekommen, stand politisch ebenfalls den Girondisten nahe. In der Hauptstadt war sie, oft mit Säbel und Pistolen bewaffnet und an vorderster Stelle die Massen lenkend, an Protestaktionen beteiligt.

Aber auch Frauen aus der städtischen Volksbewegung meldeten sich vor dem Hintergrund der schlechten sozialen und wirtschaftlichen Zustände immer radikaler zu Wort. Die Mitglieder der Anfang Mai 1793 ins Leben gerufenen *Gesellschaft der Revolutionären Republikanerinnen* kämpften mit Nachdruck gegen die Teuerung, forderten Maximalpreise für Lebensmittel, organisierten Brotkrawalle, beteiligten sich an Plünderungen von Läden und setzten sich für das Frauenwahlrecht ein. Dabei nahmen sie weder auf die ihnen nahestehenden Montagnards noch auf Angehörige ihres Geschlechts Rücksicht: Die 31-jährige Théroigne de Méricourt prügelten sie vor dem Konvent fast zu Tode, weil sie nach dem Ausschluß der Gironde vor einer weiteren Radikalisierung der Revolution gewarnt hatte.

Die Lage spitzte sich in Paris weiter zu, als im Juli 1793 der Konventsabgeordnete *Jean Paul Marat*, ein radikaler Gegner der Girondisten und Liebling der Sansculottinnen, von der 24-jährigen *Charlotte Corday* ermordet wurde. Die adelige Anhängerin der Gironde hatte dem Terror ein Ende machen wollen.

Als es zu weiteren Handgreiflichkeiten zwischen den Revolutionären Republikanerinnen und Marktfrauen kam, weil diese unter anderem nicht mit der Festsetzung der Preise einverstanden waren, verbot der Konvent alle Frauenklubs (◊ M 4). Später wurde den Frauen auch noch das Petitionsrecht genommen sowie der Besuch von Zusammenkünften der Volksgesellschaften und des Konvents untersagt. Politisch aktive Frauen wurden in der gelenkten Presse als „unweiblich", „blutrünstig" und „anmaßend" verunglimpft. Und es blieb nicht bei verbalen Diskriminierungen: Frauen wurden in die Gefängnisse geworfen und starben auf dem Schafott. *Olympe de Gouges* (◊ M 1), die in

Die Ermordung Marats. Charlotte Corday ließ sich nach dem Attentat widerstandslos festnehmen und wurde kurze Zeit später hingerichtet. Der Maler Jean Jacques Hauer (1751–1829) hatte selbst den Tatort besichtigt und mit der Mörderin gesprochen.

einem Manifest freie Wahl des Volkes zwischen Monarchie, föderativer oder zentralistischer Republik verlangt hatte, wurde im August 1793 verhaftet und wegen Gefährdung der Volkssouveränität hingerichtet. Die bürgerliche Intellektuelle Manon Roland wurde fünf Tage später wegen „Konspiration gegen die Republik und Entfachung des Bürgerkrieges" zum Tode verurteilt. Sie war ein Opfer ihrer girondistischen Beziehungen geworden.

Die revolutionären Konzepte von der politischen und bürgerlich-rechtlichen Gleichheit der Geschlechter scheiterten letztlich an dem patriarchalischen Selbstverständnis der Machteliten. Gemäß dem Rousseauschen Ideal wurden die Frauen an ihre „naturgemäße Wirkungsstätte" zurückgeschickt. Ihre republikanischen Aufgaben sollten sie ausschließlich im Haushalt, in der Familie und bei der Erziehung der Kinder erfüllen. Diese Vorstellung konnte auf der Grundlage eines breiten Konsenses in der Bevölkerung – auch unter den Frauen – aufrechterhalten werden. Ohne größere Widerstände wurden die vorrevolutionären gesellschaftlichen und rechtlichen Verhältnisse wiederhergestellt. Trotzdem: Die emanzipatorischen Erfahrungen blieben und wurden von den Frauen in späteren Zeiten genutzt.

„Hier ruht ganz Frankreich" steht auf der Grabpyramide. In der Amtstracht des Wohlfahrtsausschusses, die Verfassungen von 1791 und 1793 mit Füßen tretend, guillotiniert Robespierre, nachdem er alle Franzosen hat hinrichten lassen, auch noch den Henker (anonyme Kupfergravur, Ende 1794).

„Die Revolution frisst, gleich Saturn, ihre eigenen Kinder"[1])

Denunziantentum und Spitzelwesen, an dem beide Geschlechter beteiligt waren, stützten den allgemeinen Polizei- und Justizterror. Nicht nur die Frauenklubs wurden verboten, sondern bald auch alle überregionalen Klubs, die nicht zu den Jakobinergesellschaften gehörten. Zeugnisse der Staatsbürgertreue wurden obligatorisch. Zum Terror gehörten auch die Schändung von Kirchen oder der Abriss ganzer Häuserzeilen „als Wohnstätten des Verbrechens". Hausdurchsuchungen waren an der Tagesordnung, die Gefängnisse füllten sich, Prozesse wurden zur Farce und die *Guillotine*[2]) stand nicht mehr still. Sie, die „Sense der Gleichheit", wie der Volksmund sie bald nannte, wurde zum Inbegriff der Schreckensherrschaft. Allerdings war nicht ganz Frankreich gleichermaßen betroffen. 90 % aller Hinrichtungen konzentrierten sich auf nur 20 Departements, neben Paris meist diejenigen Regionen, in denen der Bürgerkrieg tobte.

---

[1]) Aus einer Rede des girondistischen Konventsabgeordneten Pierre-Victurnien Vergniaud (1753–1793, hingerichtet) vom 13. März 1793
[2]) Hinrichtungsgerät, benannt nach dem Arzt Joseph-Ignac Guillotin (1738–1834), der sich als Abgeordneter in der Konstituante für einen humaneren und ständeübergreifenden Vollzug der Todesstrafe eingesetzt hatte.

Ihre blutige Herrschaft ließen sich die Verantwortlichen durch das „Grundgesetz der Revolutionsregierung" legitimieren (4. Dezember 1793). Die Abgeordneten des Nationalkonvents stimmten aus Angst vor dem Terror der Schreckensherrschaft zu. Mit der neuerlichen Radikalisierung spalteten sich auch die Montagnards. Aber sowohl diejenigen, die sich gegen eine Fortsetzung des Terrors aussprachen, als auch die *Ultras*, die eine weitere Radikalisierung der Politik forderten, fielen nun selbst der Guillotine zum Opfer (◊ M 5). Durch die Hinrichtung einstiger Gefährten verlor Robespierre jedoch seinen Rückhalt im Konvent. Am 27. Juli 1794 stürzte ihn eine Mehrheit und ließ ihn bereits am folgenden Tag mit 21 seiner Anhänger ohne Prozess hinrichten.
Die Zahl der Menschen, die der Schreckensherrschaft zum Opfer fielen, ist nicht genau bekannt, geschätzt werden maximal 40 000. Rund drei Viertel der in Paris verurteilten und hingerichteten Menschen gehörten dem Dritten Stand an.

Nach der Schreckensherrschaft

Mit dem Ende der Terrorherrschaft machte sich im Bürgertum ein Gefühl der Befreiung breit. Etappenweise wurden der Polizei- und Justizterror, die Wirtschaftslenkung (Preisfestsetzungen) und der Meinungsdruck beseitigt. Die Gefängnisse wurden geöffnet und der Jakobinerklub einschließlich seiner Tochtergesellschaften geschlossen. Eine „Säuberung" des öffentlichen Dienstes begann.
Die Not der städtischen Kleinbürger, die von der anhaltenden Inflation und der Freigabe der Lebensmittelpreise besonders betroffen waren, hielt jedoch an. Die Sansculotten forderten im Mai 1795 *„Brot und die Verfassung von 1793"* und bedrohten den Konvent. Regierungstreue Truppen beendeten diese letzte große Aktion der Sansculotten blutig.
Im August 1795 veröffentlichte der Konvent eine neue Verfassung, es war die dritte seit 1791. Mit ihr wurde das Zensuswahlrecht wieder eingeführt (◊ M 6). Nach diesem Wahlrecht erfüllten nur etwa 30 000 Franzosen die materiellen Voraussetzungen, um Wahlmänner zu werden und Abgeordnete wählen zu können.
Die Legislative wurde in zwei Kammern geteilt: Beim *Rat der Fünfhundert* lag die ausschließliche Gesetzesinitiative, während der *Rat der Alten* die Gesetze lediglich annehmen oder zurückweisen konnte. Die Exekutive übernahm ein fünfköpfiges *Direktorium (Directoire)*. Die Direktoren wurden vom „Rat der Alten" gewählt. Jährlich sollten ein Mitglied des Direktoriums und ein Drittel der beiden Kammern neu gewählt werden.
Das Militär war jetzt der wichtigste innenpolitische Machtfaktor. Es unterdrückte die letzten royalistischen Aufstände und verhinderte im Mai 1796 einen Staatsstreich, den die Untergrundorganisation der „Gleichen" unter der Führung *Babeufs* geplant hatte (◊ M 7).
Noch stärker als die vorhergehenden Revolutionsregierungen versuchte das Direktorium durch eine expansive und kriegerische Außenpolitik einen Aus-

gleich für die Rückschläge im Innern zu schaffen. Beseelt vom Glauben an die Revolution, kämpften französische *Volksheere* gegen die stehenden Heere der traditionellen Mächte Europas. Die nationale Leidenschaft der Soldaten erlaubte groß angelegte Angriffskriege, die der hinhaltenden Taktik von Söldnertruppen überlegen waren. Ein junges Offizierskorps konnte flexibel und mit kleinen Einheiten operieren, ohne befürchten zu müssen, durch Fahnenflüchtige dezimiert zu werden. Auf dieser Basis ließen sich neue, zunächst überraschende Kampfesweisen entwickeln.

Am Ende des *Ersten Koalitionskrieges* (1792–1797) hatte sich ein alter französischer Traum erfüllt: Das gesamte linksrheinische Gebiet wurde erobert und der Rhein sollte fortan die natürliche Grenze Frankreichs bilden. Auch in Italien entstanden nach erfolgreichen Feldzügen zahlreiche Tochterrepubliken. Auf Dauer konnte die innenpolitische Misere jedoch allein mit Eroberungspolitik nicht überbrückt werden.

Napoleon oder das „amtliche" Ende der Revolution

Als sich militärische Rückschläge einstellten, brachen erneut innenpolitische Machtkämpfe aus. Das regierende Direktorium befürchtete im Sommer 1799 einen Rechtsrutsch im Parlament. Da rief Sieyès, der Mann der ersten Stunde, *Napoleon Bonaparte* auf den Plan. Der 1769 auf Korsika geborene Napoleon Bonaparte verdankte seine Karriere der Revolution. In ihren Diensten war er rasch zum General aufgestiegen. Bei der Niederschlagung innerer Unruhen und als siegreicher Oberbefehlshaber in Italien wurde er bald auch dem Direktorium zur unentbehrlichen Stütze.

Dies hinderte ihn nicht, die Regierung am 9./10. November 1799 zu stürzen und aufkeimenden Widerstand des Parlaments mit Waffengewalt zu brechen. Ein Kollegium von drei Konsuln trat an die Stelle des Direktoriums, und Bonaparte wurde *Erster Konsul*. Sogleich ließ er seine neue Position vom Volk bestätigen. Von über drei Millionen Stimmen wurden nur 1562 gegen ihn abgegeben – bei allerdings vier Millionen Enthaltungen. Zu diesem Erfolg hatte ihm in erster Linie sein großes Prestige als genialer militärischer Führer verholfen. Um aber seine Stellung im Staat dauerhaft zu sichern, musste Bonaparte die Interessen der sozialen Führungsschichten zu einem Ausgleich mit den Prinzipien der Revolution bringen. Er versuchte deshalb nicht, die revolutionären Erfolge wieder abzuschaffen, sondern erklärte die Revolution lediglich für „amtlich beendet" (◊ M 8).

Die Bewertung der Französischen Revolution ist bei Zeitgenossen wie Historikern umstritten wie nur wenige andere historische Ereignisse. Unstrittig ist hingegen ihr Einfluss auf die Öffentlichkeitswirkung des politischen Lebens. Politik war hinfort nicht mehr die ausschließliche Sache absolutistischer Kabinette. Die Regenten mussten künftig der Wechselwirkung ihrer Entscheidungen Rechnung tragen und sich um öffentliche Anerkennung bemühen. Der aufgeklärte Bürger hatte sein politisches Bewusstsein entdeckt (◊ M 9).

Menschenrechte für alle?

Der späteren Verfassung von 1791 vorangestellt wurde die bereits am 26. August 1789 von der Konstituante feierlich verkündete „Erklärung der Menschen- und Bürgerrechte". In Anlehnung an dieses Dokument veröffentlichte 1791 die Schriftstellerin Olympe de Gouges die „Erklärung der Rechte der Frau und Bürgerin". Dieser Gegenentwurf (rechte Spalte) wurde jedoch weitgehend verspottet.

Da die Vertreter des französischen Volkes, als Nationalversammlung eingesetzt, erwogen haben, dass die Unkenntnis, das Vergessen oder die Verachtung der Menschenrechte die einzigen Ursachen des öffentlichen Unglücks und der Verderbtheit der Regierungen sind, haben sie beschlossen, die natürlichen und unveräußerlichen und heiligen Rechte der Menschen in einer feierlichen Erklärung darzulegen, damit diese Erklärung allen Mitgliedern der Gesellschaft beständig vor Augen ist und sie unablässig an ihre Rechte und Pflichten erinnert; damit die Handlungen der Gesetzgebenden wie der Ausübenden Gewalt in jedem Augenblick mit dem Endzweck jeder politischen Einrichtung verglichen werden können und dadurch mehr geachtet werden; damit die Ansprüche der Bürger, fortan auf einfache und unbestreitbare Grundsätze begründet, sich immer auf die Erhaltung der Verfassung und das Allgemeinwohl richten mögen. Infolgedessen erkennt und erklärt die Nationalversammlung in Gegenwart und unter dem Schutze des Allerhöchsten folgende Menschen- und Bürgerrechte:

Art. 1
Die Menschen sind und bleiben von Geburt frei und gleich an Rechten. Soziale Unterschiede dürfen nur im gemeinen Nutzen begründet sein.

Art. 2
Das Ziel jeder politischen Vereinigung ist die Erhaltung der natürlichen und unveräußerlichen Menschenrechte. Diese Rechte sind Freiheit, Eigentum, Sicherheit und Widerstand gegen Unterdrückung. [...]

Wir, die Mütter, Töchter, Schwestern, Vertreterinnen der Nation, verlangen in die Nationalversammlung aufgenommen zu werden. In Anbetracht dessen, dass Unkenntnis, Vergessen oder Missachtung der Rechte der Frauen die alleinigen Ursachen öffentlichen Elends und die Korruptheit der Regierungen sind, haben wir uns entschlossen, in einer feierlichen Erklärung die natürlichen, unveräußerlichen und heiligen Rechte der Frau darzulegen, damit diese Erklärung allen Mitgliedern der Gesellschaft ständig vor Augen ist und sie unablässig an ihre Rechte und Pflichten erinnert; damit die Machtausübungen von Frauen ebenso wie jene von Männern jederzeit und somit auch mehr geachtet werden kann; damit die Beschwerden von Bürgerinnen, nunmehr gestützt auf einfache und unangreifbare Grundsätze, sich immer zur Erhaltung der Verfassung, der guten Sitten und zum Wohl aller auswirken mögen.

Das an Schönheit wie Mut im Ertragen der Mutterschaft überlegene Geschlecht anerkennt und erklärt somit, in Gegenwart und mit dem Beistand des Allmächtigen, die folgenden Rechte der Frau und Bürgerin:

Artikel I
Die Frau ist frei geboren und bleibt dem Manne gleich in allen Rechten. Die sozialen Unterschiede können nur im allgemeinen Nutzen begründet sein.

Artikel II
Ziel und Zweck jedes politischen Zusammenschlusses ist der Schutz der natürlichen und unveräußerlichen Rechte sowohl der Frau als auch des Mannes. Diese Rechte sind: Freiheit, Sicherheit, das Recht auf Eigentum und besonders das Recht auf Widerstand gegen Unterdrückung. [...]

Art. 4
Die Freiheit besteht darin, alles tun zu können, was einem anderen nicht schadet. So hat die Ausübung der natürlichen Rechte eines jeden Menschen nur die Grenzen, die den anderen Gliedern der Gesellschaft den Genuss der gleichen Rechte sichern. Diese Grenzen können allein durch Gesetz festgelegt werden.

Art. 6
Das Gesetz ist der Ausdruck des allgemeinen Willens. Alle Bürger haben das Recht, persönlich oder durch ihre Vertreter an seiner Formung mitzuwirken. Es soll für alle gleich sein, mag es beschützen, mag es bestrafen. Da alle Bürger in seinen Augen gleich sind, sind sie gleicherweise zu allen Würden, Stellungen und Beamtungen nach ihrer Fähigkeit zugelassen ohne einen anderen Unterschied als den ihrer Tugenden und ihrer Talente.

Art. 7
Jeder Mensch kann nur in den durch das Gesetz bestimmten Fällen und in den Formen, die es vorschreibt, angeklagt, verhaftet und gefangen gehalten werden. [...]

Art. 10
Niemand soll wegen seiner Meinung, selbst religiöser Art, beunruhigt werden, solange ihre Äußerungen nicht die durch das Gesetz festgelegte öffentliche Ordnung stört.

Art. 11
Die freie Mitteilung der Gedanken und Meinungen ist eines der kostbarsten Menschenrechte. Jeder Bürger kann also frei schreiben, reden, drucken unter Vorbehalt der Verantwortlichkeit für den Missbrauch dieser Freiheit in den durch Gesetz bestimmten Fällen. [...]

Artikel IV
Freiheit und Gerechtigkeit besteht darin, den anderen zurückzugeben, was ihnen zusteht. So wird die Frau an der Ausübung ihrer natürlichen Rechte nur durch die fortdauernde Tyrannei, die der Mann ihr entgegensetzt, gehindert. Diese Schranken müssen durch Gesetz der Natur und Vernunft revidiert werden.

Artikel VI
Das Gesetz sollte Ausdruck des allgemeinen Willens sein. Alle Bürgerinnen und Bürger sollen persönlich oder durch ihre Vertreter an seiner Gestaltung mitwirken. Es muss für alle das Gleiche sein. Alle Bürgerinnen und Bürger, die gleich sind vor den Augen des Gesetzes, müssen gleichermaßen nach ihren Fähigkeiten, ohne andere Unterschiede als die ihrer Tugenden und Talente, zu allen Würden, Ämtern und Stellungen im öffentlichen Leben zugelassen werden.

Artikel VII
Für Frauen gibt es keine Sonderrechte; sie werden verklagt, in Haft genommen und gefangen gehalten in den durch das Gesetz bestimmten Fällen. Frauen unterstehen wie Männer den gleichen Strafgesetzen.

Artikel X
Niemand darf wegen seiner Meinung, auch wenn sie grundsätzlicher Art ist, verfolgt werden. Die Frau hat das Recht, das Schafott zu besteigen. Sie muss gleichermaßen das Recht haben, die Tribüne zu besteigen, vorausgesetzt, dass ihre Handlungen und Äußerungen die vom Gesetz gewahrte öffentliche Ordnung nicht stören.

Artikel XI
Die freie Gedanken- und Meinungsäußerung ist eines der kostbarsten Rechte der Frau, denn diese Freiheit garantiert die Vaterschaft der Väter an ihren Kindern. [...]

Art. 17	Artikel XVII
Da das Eigentum ein unverletzliches und heiliges Recht ist, kann es niemandem genommen werden, wenn es nicht die gesetzlich festgelegte, öffentliche Notwendigkeit augenscheinlich erfordert und unter der Bedingung einer gerechten und vorherigen Entschädigung.	Das Eigentum gehört beiden Geschlechtern vereint oder einzeln. Jede Person hat darauf ein unverletzliches und heiliges Anrecht. Niemandem darf es als wahres Erbteil der Nation vorenthalten werden, es sei denn, eine öffentliche Notwendigkeit, die gesetzlich festgelegt ist, mache es augenscheinlich erforderlich, jedoch unter der Voraussetzung einer gerechten und vorher festgesetzten Entschädigung.

Ute Gerhard, Menschenrechte – Frauenrechte 1789, in: Viktoria Schmidt-Linsenhoff (Hrsg.), Sklavin oder Bürgerin? Französische Revolution und neue Weiblichkeit, Frankfurt/Main 1989, S. 70 ff.

1. Bestimmen Sie die Funktion der Präambel der Menschenrechtserklärung.
2. Welche Menschenrechte nennt das Grundgesetz? Vergleichen Sie mit der Erklärung der Französischen Nationalversammlung.
3. Stellen Sie fest, an welchen Stellen die Erklärung die traditionelle Gesellschaftsordnung überwinden will.
4. Inwieweit „übertrifft" die Erklärung der Olympe de Gouges die Menschenrechtserklärung? Welche „Defizite" werden deutlich?
5. Sind die Forderungen aus der „Erklärung der Rechte der Frau und Bürgerin" heute verwirklicht? Überprüfen Sie in Arbeitsgruppen die einzelnen Artikel.

Die erste Verfassung

M 2

Am 13. September 1791 verabschiedete die Konstituante die erste Verfassung im Verlauf der Französischen Revolution.

Titel III. Von den öffentlichen Gewalten

Art. 1. Die Souveränität ist einheitlich, unveräußerlich und unverjährbar. Sie gehört der Nation. Kein Teil des Volkes und keine einzelne Person kann sich ihre Ausübung aneignen.

Art. 2. Die Nation, von der allein alle Gewalten ihren Ursprung haben, kann sie nur durch Übertragung ausüben.
Die französische Verfassung ist eine Repräsentativverfassung. Ihre Repräsentanten sind die gesetzgebende Körperschaft und der König.

Art. 3. Die gesetzgebende Gewalt ist einer Nationalversammlung übertragen, die aus Abgeordneten besteht, die durch das Volk frei und auf Zeit gewählt werden, um sie mit Billigung des Königs [...] auszuüben [...].

Art. 4. Die Regierung ist monarchisch. Die ausführende Gewalt ist dem König übertragen, um unter seiner Autorität durch die Minister und andere verantwortliche Beamte [...] ausgeübt zu werden [...].

Art. 5. Die richterliche Gewalt ist den durch das Volk auf Zeit gewählten Richtern übertragen.

Eine zeitgenössische Allegorie (Sinnbild) verklärt die Annahme der Verfassung durch Ludwig XVI.

Kapitel I. Von der gesetzgebenden Nationalversammlung
Art. 1. Die Nationalversammlung, welche die gesetzgebende Körperschaft bildet, ist immer während und ist nur aus einer Kammer zusammengesetzt.
Art. 2. Sie wird alle zwei Jahre durch Neuwahlen gebildet. Jeder Zeitraum von zwei Jahren bildet eine Legislaturperiode. [...]
Art. 5. Die gesetzgebende Körperschaft kann durch den König nicht aufgelöst werden. [...]

Kapitel II. Vom Königtum, der Regentschaft und den Ministern
Abschnitt I. Vom Königtum und dem König
Art. 1. Das Königtum ist unteilbar und dem regierenden Hause im Mannesstamm nach dem Rechte der Erstgeburt erblich übertragen unter dauerndem Ausschluss der Frauen und ihrer Nachkommenschaft. [...]
Art. 2. Die Person des Königs ist unverletzlich und heilig. Sein einziger Titel ist König der Franzosen.
Art. 3. Es gibt in Frankreich keine Autorität, die über dem Gesetze steht. Der König regiert nur durch dieses. Und nur im Namen des Gesetzes kann er Gehorsam verlangen.

Günther Franz (Hrsg.), Staatsverfassungen, München, 2. Auflage 1964, S. 315 ff.

1. Arbeiten Sie Unterschiede zum absolutistischen Staatsaufbau heraus.
2. Wie ist die Balance zwischen Königtum und Nationalversammlung geregelt? Stellen Sie die einschlägigen Artikel der Verfassung fest und bewerten Sie das verfassungsrechtliche Kräfteverhältnis zwischen beiden Organen.

Macht alle gleich!

M 3

Die Pariser Sektion Sans-Culottes beschloss am 2. September 1793 die nachfolgende Adresse. Sie sollte durch Beauftragte den übrigen 47 Sektionen der Hauptstadt und dem Nationalkonvent mitgeteilt werden.

Abgeordnete des Volkes!
[…] Beeilt euch, den Preis der Grundnahrungsmittel unverrückbar festzusetzen, ebenso den der Rohstoffe, den Arbeitslohn, die Industrieprofite und die Handelsgewinne; ihr habt dazu das Recht und die Macht… „Aber wie!" werden euch die Aristokraten, die Royalisten, die Gemäßigten, die Ränkeschmiede sagen. „Heißt das nicht Hand an das Eigentum legen, das heilig sein soll und unverletzlich?"… Zweifellos; aber wissen sie nicht, diese Schurken, wissen sie nicht, dass Eigentum nur soweit gut ist, als es den Bedarf des Einzelnen befriedigt? Wissen sie nicht, dass keiner das Recht hat, etwas zu tun, was dem anderen schaden kann? Was gibt es Schändlicheres, als willkürlich einen Preis für die Lebensmittel zu verlangen, den sieben Achtel der Bürger nicht aufbringen können? […]
1. Die ehemaligen Adligen sollen keinerlei militärische Funktionen ausüben noch irgendein öffentliches Amt bekleiden dürfen, welcher Art es auch sei; die ehemaligen Priester, Parlamentsräte und Finanzleute sollen aus allen Verwaltungs- und Gerichtsämtern entfernt werden.
2. Alle Grundnahrungsmittel sind unveränderlich auf den Preis der sogenannten „früheren Jahre" 1789 bis 1790 festzusetzen, jedoch in Ansehung ihrer unterschiedlichen Qualität.
3. Ebenso sollen die Rohstoffpreise festgesetzt werden, und zwar so, dass die Industrieprofite, die Arbeitslöhne und die Handelsgewinne durch Gesetz in Grenzen gehalten werden und den gewerblichen Arbeiter, den Bauer und den Kaufmann in die Lage versetzen, sich nicht nur die Dinge zu verschaffen, die er zum Leben braucht, sondern auch all das, was es ihm angenehm machen kann. […]
5. Jedem Departement wird eine genügende Summe bewilligt, damit der Preis der Grundnahrungsmittel für alle Einwohner der Republik auf gleicher Höhe gehalten werden kann. […]
8. Es soll ein Maximum für Vermögen festgesetzt werden. […]
10. Keiner soll mehr Ländereien pachten dürfen, als für eine festgesetzte Anzahl von Pflügen gebraucht wird.
11. Ein Bürger soll nicht mehr als eine Werkstatt oder einen Laden besitzen dürfen.
12. Alle, die Waren oder Grund und Boden unter ihrem Namen innehaben, sollen als deren Eigentümer gelten.
Die Sektion Sans-Culottes meint, dass diese Maßnahmen Überfluss und Ruhm wieder herbeiführen, nach und nach die zu große Ungleichheit der Vermögen beseitigen und die Zahl der Eigentümer ansteigen lassen werden.

Walter Markov, Revolution im Zeugenstand. Frankreich 1789–1799, Band 2, Leipzig 1986, S. 489 ff.

1. Welche Einstellung zum Eigentum wird aus den Forderungen der Sektion deutlich?
2. Hätte die Realisierung der Forderungen Ihrer Ansicht nach die Misere des Wirtschaftslebens beendet? Können Sie dazu Parallelen aus der Zeitgeschichte heranziehen?

M 4 Verbot von Frauenklubs

Im Namen des Sicherheitsausschusses begründete Jean Amar, ein Montagnard, am 30. Oktober 1793 das Verbot von Frauenklubs. Auf die selbstgestellten Fragen, ob Frauen politische Rechte ausüben bzw. sich in Regierungsangelegenheiten einmischen und ob sie sich in politischen Vereinigungen versammeln dürfen, antwortete er:

Nein, weil sie dann dazu gezwungen wären, wichtigere Aufgaben, zu denen die Natur sie ruft, dem zu opfern. Diese häuslichen Aufgaben, zu denen Frauen von Natur aus bestimmt sind, gehören selbst zur allgemeinen Ordnung der Gesellschaft. Diese soziale Ordnung resultiert aus dem Unterschied, der zwischen Mann und Frau besteht. Jedes Geschlecht ruft nach einer ihm eigenen Art von Beschäftigung, bewegt sich in diesem Kreis, den es nicht überwinden kann. Denn die Natur, die dem Menschen diese Grenzen gesetzt hat, befiehlt gebieterisch und hält sich an kein Gesetz. [...]
Wir glauben also [...], dass es nicht möglich ist, dass Frauen politische Rechte ausüben. Vernichtet also diese angeblichen Volksgesellschaften von Frauen, die der Adel nur schuf, um sie mit Männern streiten zu lassen, um diese zu entzweien, weil sie in den Auseinandersetzungen Partei ergreifen sollten, und um Unruhe zu stiften.

Susanne Petersen, Marktweiber und Amazonen. Frauen in der Französischen Revolution, Köln 1987, S. 222 und 224

Untersuchen Sie die Argumentation des Jean Amar. Berücksichtigen Sie bei Ihrer Antwort auch die Erklärung der Frauenrechte von Olympe de Gouges (siehe M 1).

M 5 Die Schreckensherrschaft – Rechtfertigung und Kritik

Robespierre rechtfertigt am 5. Februar 1794 vor dem Nationalkonvent das Ziel der Revolution und den Terror.

Der am 21. Oktober 1793 geschriebene Brief des Pfarrers und Schriftstellers Johann Caspar Lavater (1741–1801) aus Zürich an den Konventsabgeordneten Marie-Jean Héraut de Séchelles (1760–1794, hingerichtet) zeigt exemplarisch die Abwendung des größten Teils der europäischen Revolutionssympathisanten.

Welches Ziel streben wir an? Wir wollen den friedlichen Genuss der Freiheit und der Gleichheit [...]. Wir wollen die Dinge so ordnen, dass alle niedrigen und grausamen Leidenschaften im Zaum gehalten und alle wohltätigen und edlen Leidenschaften durch die Gesetze geweckt werden; wir wollen eine Ordnung schaffen, in der sich der Ehrgeiz auf den Wunsch beschränkt, Ruhm zu erwerben und dem Vaterland zu dienen; in der Vornehmheit nur aus der Gleichheit entsteht; wo der Bürger dem Magistrat, der

Seitdem ihr euren guten König umgebracht und gemordet habt auf eine unerhörte Weise und auf die despotischste Art; seitdem ihr die Unverletzbarkeit verletzt habt, die ihr ihm versichert hattet; seitdem ihr auf seine Verteidigung keine Achtung mehr schluget; seitdem ihr im Geschmack der lissabonischen Inquisition handeltet; seitdem ihr, den Dolch in der Hand, zur Freiheit zwanget; seitdem ihr die bewegliche Köpfmaschine an die Stelle der zerstörten Bastille setzet; seitdem man nichts mehr sagen

Magistrat dem Volke und das Volk der Gerechtigkeit unterworfen ist; eine Ordnung, in der das Vaterland das Wohlergehen eines jeden Einzelnen sichert und jeder Einzelne stolz das Gedeihen und den Ruhm des Vaterlandes genießt [...].
Wir wollen in unserem Lande die Moral gegen den Egoismus, die Rechtschaffenheit gegen die Ehre [...], ein großherziges, mächtiges und glückliches Volk gegen ein bloß liebenswürdiges, leichtfertiges und beklagenswertes Volk eintauschen, das heißt, alle Tugenden und alle Wunder der Republik gegen alle Laster und alle Lächerlichkeiten der Monarchie. Mit einem Wort: Wir wollen den Willen der Natur erfüllen, das Schicksal der Menschheit vollenden, das Versprechen der Philosophie halten und die Vorsehung von der langen Herrschaft des Verbrechens und der Tyrannei befreien [...].
Welche Regierungsform kann diese Wunder vollbringen? Nur die demokratische oder republikanische Regierung! Denn diese beiden Wörter sind synonym[1]), trotz aller Missbräuche der volkstümlichen Sprache. Die Aristokratie ist ebenso wenig republikanisch wie die Monarchie. Die Demokratie ist kein Staat, in dem sich das Volk ständig versammelt und alle seine öffentlichen Angelegenheiten selbst regelt; sie ist noch weniger ein Staat, in dem hunderttausend Volksparteien durch isolierte, übereilte und widersprüchliche Maßnahmen über das Schicksal der gesamten Gesellschaft entscheiden. Eine solche Regierung hat niemals bestanden und sie könnte auch nur bestehen, um das Volk zum Despotismus zurückzuführen.
Die Demokratie ist ein Staat, in dem das souveräne Volk sich nach Gesetzen richtet, die sein eigenes Werk sind, indem es von selbst alles tut, was es tun kann, und in dem es durch seine Abgeordneten tun lässt, was es nicht selbst tun kann. [...]

oder schreiben darf, was man unter den despotischsten Königen sagen und schreiben durfte, seitdem zittre ich, wenn ich euch von Freiheit reden höre.
Monarchie oder Republik, das ist mir gleichgültig; aber Freiheit! Nicht das Wort jedoch, nicht die Ausrufungen, nicht die Marktschreierei gehaltener Reden werden Frankreich diese Freiheit geben. – Erlaubt mir, über diesen Gegenstand eurer (unbeschadet der Beredsamkeit) armseligen Reden frei zu sein: Wo ist die Freiheit, wo ist die Sicherheit der Ehre, des Eigentums, des Lebens? [...]

Ein Zeitgenosse der Französischen Revolution, der Spanier Francisco de Goya (1746–1828), schuf 1797 die Radierung „Der Traum der Vernunft gebiert Ungeheuer".

---

[1]) sinnverwandt, gleichbedeutend

Von außen werden wir von allen Tyrannen umzingelt; im Innern konspirieren alle Freunde der Tyrannen gegen uns: Sie werden solange konspirieren, bis dem Verbrechen jede Hoffnung genommen ist. Man muss die inneren und äußeren Feinde der Republik beseitigen oder mit ihr untergehen. Deshalb sei in der gegenwärtigen Lage der erste Grundsatz eurer Politik, das Volk durch Vernunft und die Volksfeinde durch Terror zu lenken.

Wenn in friedlichen Zeiten der Kraftquell der Volksregierung die Tugend ist, so sind es in Zeiten der Revolution Tugend und Terror zusammen. Ohne die Tugend ist der Terror verhängnisvoll, ohne den Terror ist die Tugend machtlos. Der Terror ist nichts anderes als die unmittelbare, strenge und unbeugsame Gerechtigkeit: Er ist also eine Emanation¹) der Tugend; er ist nicht so sehr ein besonderer Grundsatz als vielmehr die Folge des allgemeinen Grundsatzes der Demokratie: angewandt auf die dringenden Bedürfnisse des Vaterlandes.

Maximilien Robespierre, Ausgewählte Texte, Hamburg 1971, S. 582 ff.

Glauben Sie mich nicht schwach genug, die Partie der Prinzen und der Royalisten von Frankreich zu nehmen; keineswegs. Ich habe nichts zu sagen als eine klare, einfache und niederschlagende Sache. Alle Eure Könige und alle Könige der Erde zusammen gaben nie so viele Beispiele des abscheulichen Despotismus, wie Ihr seit drei Jahren gebet. In Wahrheit, Ihr treibet Spott mit uns andern, mit dem Universum und mit den künftigen Jahrhunderten. Ich erwähne nicht einmal der groben Unmenschlichkeiten eines verwilderten Pöbels. Ich bemerke die öffentlichen Akte, die Dekrete des Nationalkonvents, die unterstützten und privilegierten Grausamkeiten der größten so genannten Antidespoten.

Im Namen der Menschlichkeit beschwöre ich Sie auf den Knien, spottet nicht mehr dem Universum und den künftigen Jahrhunderten! Sprecht nie mehr das Wort Freiheit aus, indem Ihr den allerunerträglichsten Despotismus ausübt.

Gustav Landauer, Briefe aus der Französischen Revolution, Band 2, Berlin (Ost), 3. Auflage 1985, S. 104 ff.

1. Wie beurteilen Sie die Ziele Robespierres?
2. Welche Gefahr bei der Verfolgung dieser Ziele wird deutlich? Interpretieren Sie in diesem Zusammenhang auch das Bild Goyas.
3. Hätte es Ihrer Ansicht nach andere Wege als den Terror gegeben, die Absichten Robespierres in die Tat umzusetzen?
4. Welche Prinzipien setzt Lavater der Politik des Konvents entgegen? Auf welchen Widerspruch macht er aufmerksam?
5. Nehmen Sie abschließend Stellung: An welche Grenzen stoßen Regierungen bei der Durchsetzung ihrer Maßnahmen?

M 6 Staatsform und Wahlrecht von 1789–1795

Zwischen 1789 und 1799 wurden in Frankreich vier Verfassungen verabschiedet. Sie alle dokumentieren unterschiedliche Stadien der Revolution und sind Ausdruck eines intensiven Erfahrungs- und Lernprozesses. Die Festlegung der Regierungsform und die Wahlrechtsbestimmungen zeigen die Spannbreite der Bemühungen auf, die Ausübung und die Beteiligung der Bevölkerung an der Macht zu regeln.

---

¹) emanare (lat.): hervorgehen, herausfließen

Die Revolution des Bürgertums in Frankreich

	Ancien Régime (Wahlordnung von 1789)	Verfassung von 1791	Verfassung von 1793 (trat nicht in Kraft)	Verfassung von 1795
Regierungsform	absolutistische Monarchie	konstitutionelle Monarchie	Republik	Republik
Staatsoberhaupt	König	König		5 Direktoren
Vertretungssystem	Generalstände (beratende Funktion) 1. Stand: ca. 300 Vertreter 2. Stand: ca. 300 Vertreter 3. Stand: ca. 600 Vertreter	Nationalversammlung (745 Vertreter aus 83 Departements)	Nationalrepräsentation (je 1 Abgeordneter auf 40 000 Einwohner, etwa 750 Abgeordnete)	– Rat der Alten (250 Mitglieder) – Rat der Fünfhundert
Wahlverfahren	nach Ständen	indirekt	direkt	indirekt
Wahlberechtigung (in den Urversammlungen)	– Männer (beim Adel auch Frauen) – 25 Jahre – Eintragung in die Steuerliste	– Männer – 25 Jahre – fester Wohnsitz seit einem Jahr – weder Tagelöhner noch Dienstleute – Steuerleistung im Wert von 3 Arbeitstagen – Mitglied der Nationalgarde – Bürgereid	– Männer – 21 Jahre – ein Jahr in Frankreich	– Männer – 21 Jahre – ein Jahr in Frankreich und/oder (ehemaliger) Soldat – Jungwähler sollten lesen und schreiben können und einer qualifizierten Arbeit nachgehen
Voraussetzungen, um als Wahlmann bestellt zu werden Eigentum/Einkommen im Wert von – in Städten über 6000 Einwohner – in Städten unter 6000 Einwohner – auf dem Land		– aktives Bürgerrecht – 25 Jahre – 200 Arbeitstagen – 100–150 Arbeitstagen – ca. 150 Arbeitstg.		– aktives Bürgerrecht – 25 Jahre – 100 Arbeitstagen – 150 Arbeitstagen – 150-200 Arbeitstg.
Zahl der Wahlmänner		etwa 45 000		etwa 30 000
Voraussetzungen, um als Abgeordneter gewählt zu werden		aktives Bürgerrecht	aktives Bürgerrecht	Rat der Fünfhundert: – 30 Jahre – fester Wohnsitz seit 10 Jahren Rat der Alten: – 40 Jahre – fester Wohnsitz seit 15 Jahren

1. Erläutern Sie die in den Verfassungen aufgeführten Begriffe und Stichwörter.
2. Bestimmen Sie die gesellschaftlichen Interessen, die in den Verfassungen ihren Niederschlag gefunden haben.

M 7 Manifest der Gleichen

François Noël Babeuf (1760–1797, hingerichtet) kritisierte sowohl Robespierre als auch das Direktorium. Im November 1795 veröffentlichte er in seiner Zeitschrift „Tribun du Peuple" das „Manifest der Gleichen".

Es ist Zeit, dass das mit Füßen getretene und gemeuchelte Volk großartiger, feierlicher, allgemeiner als es je getan, seinen Willen kundgibt, auf dass nicht nur die Symptome, die Begleiterscheinungen des Elends, sondern die Wirklichkeit, das Elend selbst, ausgerottet werden. Möge das Volk sein Manifest erlassen! [...] Möge es darin aufzeigen, dass die Demokratie solchen, die zuviel haben, Verpflichtung ist, diejenigen, die nicht genug haben, mit allem, was ihnen fehlt, zu versehen! [...]
Wir werden zeigen, dass beim Übergang aus dem Naturzustand zum gesellschaftlichen Zustand das Los keines einzigen sich hätte verschlechtern dürfen. Wir werden die Grenzen des Eigentumsrechts festsetzen.
Wir werden beweisen, dass Grund und Boden nicht Einzelnen, sondern allen gehört.
Wir werden beweisen, dass alles, was sich jemand mehr davon aneignet als er zu seiner Ernährung braucht, Diebstahl an der Gesellschaft ist.

Walter Grab (Hrsg.), Die Französische Revolution. Eine Dokumentation, München 1973, S. 278 f.

1. Für welche Ideologie des 19. und 20. Jahrhunderts ist dieses Manifest von Bedeutung?
2. Rufen Sie sich die verschiedenen Bevölkerungsgruppen in Stadt und Land in Erinnerung. Welche Reaktionen mögen Babeufs Vorstellungen bei ihnen hervorgerufen haben?

M 8 Die amtliche Beendigung der Revolution

Am 15. Dezember 1799 erließen die drei Konsuln folgende Proklamation:

Franzosen, es wird euch eine Verfassung vorgelegt.
Sie setzt den Ungewissheiten, die die Provisorische Regierung in den auswärtigen Beziehungen, in der inneren und in der militärischen Lage der Republik aufkommen ließ, ein Ende. [...]
Die Verfassung gründet sich auf die wahren Prinzipien der parlamentarischen Regierung und auf die geheiligten Rechte des Eigentums, der Gleichheit und der Freiheit.
Die Gewalten, die sie einsetzt, werden stark und dauerhaft sein, wie sie es sein müssen, wenn sie die Rechte der Bürger und die Interessen des Staates schützen sollen.
Bürger, die Revolution ist den Grundsätzen, von denen sie ihren Ausgang nahm, fest verbunden; sie ist beendet.

Walter Markov, Revolution im Zeugenstand, a. a. O., S. 698 f.

1. An welche Gefühle der Bürger wird die Proklamation wohl appelliert haben?
2. Welche Gruppen der Gesellschaft dürften mit der „Beendigung der Revolution" am meisten zufrieden sein?

Zwei Bilanzen der Revolution

Der marxistisch orientierte Historiker Michel Vovelle ist Leiter des Instituts für die Geschichte der Französischen Revolution in Paris.

Innerhalb von zehn Jahren markiert die Französische Revolution eine entscheidende und im Wesentlichen irreversible Wende nicht nur in der Geschichte Frankreichs, sondern auch der Welt; und zwar nicht nur durch das, was sie zerstört, sondern auch durch das, was sie aufbaut oder ankündigt. [...] Ihre Bedeutung hängt zunächst mit den von ihr erlassenen neuen Proklamationen zusammen: Sie ist die Revolution der Freiheit und der Gleichheit und sie begründet am Ende des Jahrhunderts der Aufklärung eine neue Gesellschaftsordnung. [...]
Die dauerhafteste Nachwirkung erlangte die Revolution zweifellos über Proklamationen und Experimente. Aber jenseits der Proklamationen wurde auch das Land selbst nachhaltig transformiert[1]. [...]
Mit der Nationalisierung der Kirchengüter (vermutlich 6 bis 10 % des Grund und Bodens), dann dem Verkauf der Emigrantenbesitzungen wechselt ein Sechstel des nationalen Territoriums den Besitzer. [...] Mit sehr großen örtlichen Unterschieden hat die Bauernschaft vielleicht zwischen einem Drittel und der Hälfte der Nationalgüter aufgekauft. Auch die städtische oder dörfliche Bourgeoisie hat ihren Grundbesitz vergrößert. Vor allem aber konnten die mittleren und kleinen Bauern ihre wirtschaftliche Situation erheblich verbessern, da sie nun keine seigneurialen Abgaben mehr zu leisten und keine Feudallasten mehr zu tragen hatten. [...]
Der Adel hat unter der Revolution zwar gelitten, aber er ist keineswegs ver-

Die amerikanische Historikerin Lynn Hunt (Berkeley) setzt bei der Beurteilung der Französischen Revolution gegenüber der marxistisch geprägten Geschichtsschreibung andere Prämissen.

In meinen Augen waren die sozialen und ökonomischen Veränderungen im Gefolge der Französischen Revolution nicht revolutionär. Die Adligen erhielten ihre Titel und ein Gutteil ihres Landbesitzes zurück. Obwohl beträchtliche Mengen Land während der Revolution den Besitzer wechselten, blieb die Struktur des Grundbesitzes im Wesentlichen dieselbe; die Reichen wurden noch reicher und die Kleinbauern festigten ihre Position dank der Aufhebung der Feudalabgaben. Der industrielle Kapitalismus wuchs nach wie vor im Schneckentempo. Im Bereich der Politik dagegen änderte sich fast alles. Tausende von Männern und auch viele Frauen sammelten unmittelbare Erfahrungen in der politischen Arena; sie redeten, lasen und hörten auf neue Weise; sie wählten; sie traten in neue Organisationen ein; und sie gingen für ihre politischen Ziele auf die Straße. Die Revolution wurde zur Tradition, und die Republik blieb eine fortdauernde Möglichkeit. Danach konnten Könige nicht mehr ohne Versammlungen regieren und die Beherrschung der öffentlichen Angelegenheiten durch den Adel provozierte neue Revolutionen. Folglich betrieb Frankreich im neunzehnten Jahrhundert die bürgerlichste Politik in ganz Europa, obwohl es zu keiner Zeit die führende Industriemacht war. Erklärungsbedürftig ist daher nicht die Entstehung einer neuen Produktionsweise oder einer ökonomischen Modernisierungsbewegung, sondern die Herausbildung einer politischen Kultur der Revolution. [...]
Die Französische Revolution verwirrt uns noch heute, weil sie so viele zentrale

---
[1] Transformatio (lat.): Umwandlung, Umformung

schwunden. Vielmehr ist er mit den *bourgeois* und den *rentiers* zur damals neu entstehenden Gruppe der *propriétaires* (Grundbesitzer) verschmolzen, die mehr als ein halbes Jahrhundert des Wohlstands vor sich hat. Diese Neugruppierung der „Welt der Grundrente" wird Frankreich vom Kaiserreich bis zur zensitären[1]) Monarchie beherrschen. Daneben kann man die Entstehung einer neuen Gruppe von Beamten und öffentlichen Bediensteten vermuten, die die Gruppe der königlichen Offiziere ablöst, welche nur noch ein Rentnerdasein führt. [. . .] Derartige Verschiebungen oder Migrationen[2]) mögen am Ende begrenzt erscheinen, denn sie bleiben durch die Disproportion zwischen zwei Revolutionen gekennzeichnet: zwischen der Französischen Revolution als politischem und gesellschaftlichem Umsturz zugunsten der Bourgeoisie, die die objektive Grundlage neuer gesellschaftlicher Verhältnisse errichtet; und der industriellen Revolution der Jahre nach 1830, die diese Ansätze fortsetzen wird.

Aber dies bedeutet noch lange nicht, dass das revolutionäre Ereignis von 1789 begrenzt oder gar belanglos war: [. . .] [Es] ist der Prototyp und das begeisternde Vorbild aller großen nationalen Revolutionen des 19. Jahrhunderts.

Michel Vovelle, Die Französische Revolution. Soziale Bewegungen und Umbruch der Mentalitäten, Frankfurt/Main 1985, S. 51 ff.

Merkmale moderner Politik hervorgebracht hat. Sie war nicht lediglich ein Beispiel für die Gewalt und Instabilität, die durch den Modernisierungsprozess ausgelöst werden können, oder ein wesentlicher Schritt auf dem Weg zum Kapitalismus oder ein Glied im Prozess der Herausbildung des autoritären Staates, obwohl sie zu alledem beigetragen haben dürfte. Wichtiger ist die Tatsache, dass sie den Augenblick kennzeichnet, da die Politik als eine Tätigkeit mit gewaltigen Möglichkeiten, als Agent zielstrebiger Veränderung, als Gussform für Charakter, Kultur und soziale Beziehungen erkannt wurde.

Lynn Hunt, Symbole der Macht, Macht der Symbole. Die Französische Revolution und der Entwurf einer politischen Kultur, Frankfurt/Main 1989, S. 264 und 282

1. *Michel Vovelle unterscheidet zwei große Bereiche der Revolution. Wie gewichtet er diese Teile im Vergleich zu seiner Kollegin Lynn Hunt?*
2. *Welche Bedeutung haben Ihrer Meinung nach die sozialen und ökonomischen Faktoren für die Entstehung und Veränderung von politischen Vorstellungen und Einrichtungen?*
3. *Nach Lynn Hunt hat die Revolution „viele zentrale Merkmale moderner Politik hervorgebracht". Belegen sie die von ihr genannten Beispiele.*

---

[1]) Anspielung auf das Zensuswahlrecht im Kaiserreich Napoleons III.
[2]) Wanderungen/Veränderungen innerhalb der Gesellschaft

Nachwort

Noch mehr als Geschichtsbücher für den Unterricht in der Sekundarstufe I müssen Unterrichtswerke für die Oberstufe die dargebotenen Inhalte einer strengen Auswahl unterziehen. Als hilfreich erweist sich dabei die Konzentration auf zentrale Leitfragen, die den Schüler beim Gang durch die Epochen begleiten.

Der vorliegende Band stellt in den Mittelpunkt seiner Betrachtungen die Ursachen und Auswirkungen *gesellschaftlicher Veränderungen* zwischen dem ausgehenden Mittelalter und dem Ende des 18. Jahrhunderts. Besonders deutlich wird der gewählte Blickwinkel beispielsweise bei der Darstellung des Dreißigjährigen Krieges: Die Kriegsereignisse werden nur ganz am Rande gestreift. Viel mehr interessieren hingegen die Reaktionen auf die militärischen Vorgänge: die verstärkte Herausbildung moderner Staatlichkeit in den Territorialstaaten und die sich in diesem Prozess verändernde Rolle von Adel und Bürgertum.

Gleichsam als „roter Faden" zieht sich durch das gesamte Buch die Schilderung der Lebensverhältnisse des *Bürgertums* in ihrem Wandel, beginnend in der (spät-)mittelalterlichen Stadt bis hin zur Französischen Revolution. Häufig wird dabei auch auf die Stellung der Frauen eingegangen.

Ein weiteres Anliegen des Bandes ist die Einbettung der historischen Vorgänge in ihren *europäischen Zusammenhang*. Besonders deutlich wird dies bei der Behandlung politischer, wirtschaftlicher und geistiger Krisenphänomene im 14./15. Jahrhundert. Durchgängig werden dabei gesellschaftliche Entwicklungen außerhalb des Reichs in die Darstellung einbezogen, um dem Schüler die gemeinsamen europäischen Voraussetzungen vor Augen zu führen. Die gewohnte Darstellung politischer Reichsgeschichte jener Zeit (etwa das Verhältnis zwischen Kaiser und [Kur-]Fürsten) bleibt bei diesem Ansatz unberücksichtigt.

Hingegen liegt nahe, dass eine umfassende Betrachtung des gesellschaftlichen Wandels nicht ohne eine breite Würdigung der *geistigen und kulturellen Antriebskräfte* möglich ist. Die zentrale Bedeutung religiöser Fragestellungen für den Menschen des Mittelalters und der frühen Neuzeit wird in diesem Zusammenhang deutlich gemacht.

Geschichte wird *als Prozess stetiger Veränderung* begriffen, dessen Auswirkungen auf die Zeitgenossen in der Regel nicht monokausal beschreibbar sind. Das Buch ist deshalb immer wieder bemüht, *unterschiedliche Dimensionen und Sichtweisen* des historischen Prozesses aufzuzeigen. In den Materialien kommen sowohl Handelnde als auch Betroffene zu Wort.

Dem aktuellen Forschungsstand wird differenziert Rechnung getragen. Vorrangiges Ziel der Darstellung ist aber insbesondere die Verständlichkeit für den Schüler, auch für den Schüler, der sich einmal allein in einen historischen Gegenstandsbereich einarbeiten muss. Der Text vermeidet deshalb eine bloße Aneinanderreihung von Fakten und ist stets bemüht, Zusammenhänge durchsichtig zu machen. Einen notwendigerweise größeren Umfang des Bandes nehmen die Autoren im Interesse der Sache billigend in Kauf.

Literaturverzeichnis

Das späte Mittelalter in Europa – Krise und schöpferische Suche

Dieter Berg, Deutschland und seine Nachbarn 1200–1500 (Enzyklopädie der Geschichte, Bd. 40), München 1997

Hartmut Boockmann, Stauferzeit und spätes Mittelalter. Deutschland 1125–1517 (Siedler Deutsche Geschichte. Das Reich und die Deutschen), durchgesehene und auf den neuen Stand gebrachte Auflage, Berlin 1994

Hartmut Boockmann/Heinrich Dormeier, Konzilien, Kirchen- und Reichsreform 1410–1495 (Gebhardt. Handbuch der deutschen Geschichte, 10. Aufl., Bd. 8), Stuttgart 2005

Arnold Bühler u.a., Das Mittelalter, Stuttgart 2004

Ulf Dirlmeier/Gerhard Fouquet/Bernd Fuhrmann, Europa im Spätmittelalter 1215–1378 (Grundriss der Geschichte, Bd. 8), München 2003

Georges Duby, Die Zeit der Kathedralen. Kunst und Gesellschaft 980–1420, Frankfurt am Main ²1984

Edith Ennen, Die europäische Stadt des Mittelalters, Göttingen ⁴1987

Horst Fuhrmann, Einladung ins Mittelalter, München ⁵1997

Horst Fuhrmann, Überall ist Mittelalter. Von der Gegenwart einer vergangenen Zeit, München ³1998

Alfred Haverkamp, 12. Jahrhundert: 1125–1198 (Gebhardt. Handbuch der deutschen Geschichte, 10. Aufl., Bd. 5), Stuttgart 2003

Karl-Friedrich Krieger, König, Reich und Reichsreform im Spätmittelalter (Enzyklopädie der Geschichte, Bd. 14), München 1992

Die Wende zur europäischen Neuzeit

Jacob Burckhardt, Die Kultur der Renaissance in Italien. Ein Versuch, hrsg. von Walther Rehm, Stuttgart 1994

Peter Burke, Die europäische Renaissance. Zentren und Peripherien, München 2005

Richard van Dülmen, Entstehung des frühneuzeitlichen Europa 1550-1648 (Fischer Weltgeschichte, Bd. 24), Frankfurt am Main ¹⁰2004

Albrecht Fölsing, Galileo Galilei. Prozess ohne Ende: eine Biographie, überarb. Neuausgabe, Reinbek 1996

Michael Heidelberger/Sigrun Thiessen, Natur und Erfahrung. Von der mittelalterlichen zur neuzeitlichen Naturwissenschaft, Reinbek 1985

Erich Meuthen, Das 15. Jahrhundert (Oldenbourg Grundriss der Geschichte, Bd. 9), 3., überarbeitete und erweiterte Auflage, München 1996

Ilja Mieck, Europäische Geschichte der frühen Neuzeit. Eine Einführung, Stuttgart ⁵1994

Anette Völker-Rasor (Hrsg.), Frühe Neuzeit, München 2000

Religiöse, politische und soziale Wandlungen der frühen Neuzeit

Bodo von Borries, Kolonialgeschichte und Weltwirtschaftssystem. Europa und Übersee zwischen Entdeckungs- und Industriezeitalter 1492–1830, Düsseldorf 1986

Richard van Dülmen, Die Entdeckung des Individuums, Frankfurt am Main 2002

Richard van Dülmen, Kultur und Alltag in der frühen Neuzeit. 16. bis 18. Jahrhundert, 3 Bände, München 1999 (Sonderausgabe)

Maximilian Lanzinner/Gerhard Schormann, Konfessionelles Zeitalter 1555–1618. Dreißigjähriger Krieg 1618–1648 (Gebhardt. Handbuch der deutschen Geschichte, 10. Aufl., Bd. 10), Stuttgart 2001

Paul Münch, Lebensformen in der Frühen Neuzeit, Berlin 1992

Michael North (Hrsg.), Deutsche Wirtschaftsgeschichte. Ein Jahrtausend im Überblick, München 2000

Eberhard Schmitt, Die Anfänge der europäischen Expansion, Idstein 1991

Helga Schnabel-Schüle, Die Reformation 1495–1555, Stuttgart 2006

Luise Schorn-Schütte, Die Reformation. Vorgeschichte – Verlauf – Wirkung, 3., durchgesehene Auflage, München 2003

Staat und Gesellschaft im Ancien Régime

Heinz Duchhardt, Das Zeitalter des Absolutismus (Grundriss der Geschichte, Band 11), München ³1998

Heinz Duchhardt, Europa am Vorabend der Moderne 1650-1800 (Handbuch der Geschichte Europas, hrsg. von Peter Blickle, Bd. 6), Stuttgart 2003

Ernst Hinrichs (Hrsg.), Absolutismus, Frankfurt am Main 1986

Ernst Hinrichs (Hrsg.), Fürsten und Mächte. Zum Problem des europäischen Absolutismus, Göttingen 2000

Wolfgang Mager, Frankreich vom Ancien Régime zur Moderne. Wirtschafts-, Gesellschafts- und politische Institutionengeschichte, Stuttgart 1980

Jean Meyer, Frankreich im Zeitalter des Absolutismus 1515–1789 (Geschichte Frankreichs, Bd. 3), Stuttgart 1990

Winfried Müller, Die Aufklärung (Enzyklopädie deutscher Geschichte, Bd. 61), München 2002

Werner Schneiders, Das Zeitalter der Aufklärung, München ³2005

Hagen Schulze und Ina Ulrike Paul (Hrsg.), Europäische Geschichte. Quellen und Materialien, München 1994

Die Revolution des Bürgertums in Frankreich

Louis Bergeron/François Furet/Reinhart Koselleck, Das Zeitalter der europäischen Revolution: 1780-1848, Frankfurt am Main ²⁵2001

François Furet/Denis Richet, Die Französische Revolution, Frankfurt am Main 1993

Axel Kuhn, Die Französische Revolution, Stuttgart 1999

Wolfgang Kruse, Die Französische Revolution, Paderborn 2005

Ernst Schulin, Die Französische Revolution, 4., überarb. Auflage, München 2004

Wilfried Schulze, Der 14. Juli 1789. Biographie eines Tages, Stuttgart ²1989

Albert Soboul, Die Große Französische Revolution. Ein Abriss ihrer Geschichte (1789–1799), 5., durchgesehene Auflage, Frankfurt am Main 1988

Albert Soboul, Kurze Geschichte der Französischen Revolution, Berlin 2000

Jean Starobinski, Rousseau. Eine Welt von Widerständen, ungekürzte Neuausgabe, Frankfurt am Main 2003

Hans Ulrich Thamer, Die Französische Revolution, München 2006

Personenregister

Alba, Herzog von 122 f.
Albrecht von Brandenburg 76, 78
Alembert, Jean Le Rond de 168, 179
Alexander VI. 107
Allardt, Huyck 83
Amar, Jean 210
Archimedes 69
Aristoteles 68
Arthus Thomas, Sieur d'Embry 161
Atahualpa 108

Babeuf, François Noël 203, 214
Bacon, Francis 73, 130
Bacon, Roger 69
Beauharnais, Joséphine 179
Berthold von Zähringen 43
Beza, Theodor 122
Boccaccio, Giovanni 14, 58
Bodin, Jean 140, 142, 164
Bonifaz VIII. 27
Borgia, Cesare 65
Bosch, Hieronymus 77
Botticelli, Sandro 58
Bourdichon, Jean 90
Brant, Sebastian 80
Brosamer, Hans 88
Brunelleschi, Filippo 57
Bruni, Leonardo 57
Bruno, Giordano 70
Bry, Theodore de 105, 114
Burckhardt, Jacob 50

Callot, Jacques 126
Calvin, Jean 82 f., 100, 122 f.
Campagnolo, Giulio 68
Canisius, Petrus 131
Casas, Bartolomé de las 108, 113 f.
Castiglione, Baldassare 61
Chodowiecki, Daniel 163, 167
Christina von Lothringen 72
Cicero, Marcus Tullius 55
Clairon (Mademoiselle) 179
Colbert, Jean-Baptiste 151 f., 158 f.
Colleoni, Bartolommeo 51
Corday, Charlotte 200 f.
Corneille, Pierre 153
Cortés, Hernán 108
Cranach, Lucas 80

Danton, Georges Jacques 196
David, Jacques-Louis 184
Descartes, René 130
Diaz, Bartholomeu 106
Diderot, Denis 168
Donatello, Donato di Niccolo di Betto Bardi 52
Drändorf, Johannes 31
Dubois, Ambroise 123
Dürer, Albrecht 59, 80

Erasmus von Rotterdam 60, 80
Euklid 69

Ferdinand I. 84, 118
Ferdinand II. 124 f.
Ferdinand III. 127
Ferdinand von Aragon 106
Franz I. 79
Franz von Assisi 27
Friedell, Egon 19
Friedrich der Weise 79
Friedrich II. 8
Friedrich III. 26
Friedrich V. von der Pfalz 124
Fritz, Jos 96
Fugger, Jakob „Der Reiche" 76, 93 f., 99 f.

Galilei, Galileo 70, 72
Gama, Vasco da 106
Geoffrin (Madame) 179
Giotto di Bondone 52
Goncourt, Edmond und Jules de 179
Gouges, Olympe de 200, 205
Goya, Francisco de 211
Grassi, Ernesto 61
Grotius, Hugo 165
Gustav II. Adolf 126
Gutenberg, Johannes 69

Hardy, Claude 161
Harvey, William 71
Hauer, Jean-Jacques 201
Heinrich der Seefahrer 106
Heinrich IV. 124, 135
Hobbes, Thomas 140 f., 143, 164
Hopfer, Daniel 101
Hus, Jan 25 f., 31 f., 75
Hutten, Ulrich von 59, 80

Ignatius von Loyola 119, 131
Isabella von Kastilien 106

Johannes XXII. 22, 24
Julius II. 54

Kant, Immanuel 169
Karl II. 143
Karl V. 79, 84, 93 f., 99 f., 108, 117 f., 122
Kepler, Johannes 70, 73
Kolumbus, Christoph 105 ff., 111, 115
Konrad von Zähringen 43
Kopernikus, Nikolaus 70, 73

Lavater, Johann Caspar 210
Le Kain, Henri Louis 179
Leibniz, Gottfried Wilhelm 130
Lemonnier, Gabriel 179
Leo X. 76, 79, 85

Lessing, Gotthold Ephraim 168
Locke, John 165 f., 169
Lotzer, Sebastian 98, 101
Ludwig IV. der Bayer 30
Ludwig XIII. 147
Ludwig XIV. 138, 141, 144 ff., 152 ff., 175
Ludwig XVI. 178, 182, 185, 192 f., 197, 208
Luther, Martin 25, 59 f., 70, 75, 78 ff., 82, 86 ff., 97, 104, 120, 131

Machiavelli, Niccolo 56, 64 f.
Magellan, Domingos José Gonąlves de 107
Mann, Thomas 66
Marat, Jean Paul 200 f.
Marsilius von Padua 22, 30
Martin V. 25
Martin, P.-D. 146
Marx, Karl 60
Matthias 124
Maximilian II. 118
Maximilian von Bayern 125
Mazarin, Jules 147, 154
Medici
– Cosimo 57
– Giovanni 85
– Katharina 123
– Lorenzo 57, 66, 85
– Piero 66
Melanchthon, Philipp 80, 84, 100
Meloni, Altobello 65
Méricourt, Théroigne 189, 200
Michelangelo Buonarroti 53 f.
Mirandola, Pico della 57, 67
Molière (Jean Baptiste Poquelin) 153
Montesquieu, Baron Charles Louis de Secondat 166, 168, 171
Müntzer, Thomas 80, 82, 87

Napoleon Bonaparte (I.) 179, 204
Niethammer, Friedrich Immanuel 60
Nocret, Jean 138

Oelsner, Konrad 188
Oviedo, Fernandes 113

Palladio, Andrea 52
Paul III. 120
Petrarca, Francesco 51, 54, 58, 61
Peutinger, Konrad 100
Philipp II. 118, 122, 134
Philipp von Anjou 155
Philipp von Orléans 138
Piccolomini, Enea Silvio 45, 49
Pius II. 26, 45, 49
Pizarro, Francisco 108
Platon 57
Pufendorf, Samuel Freiherr von 141, 165

Racine, Jean 153
Raffael 53
Ratgeb, Jerg 80
Richelieu, Armand Jean du Plessis, Kardinal de 125, 147, 153 f.
Rigaud, Hyacinthe 144
Robespierre, Maximilien de 199, 202 f., 210, 214
Roland, Manon 200 f.
Rousseau, Jean-Jacques 166 ff., 172, 183, 201
Roymerswaele, Marinus van 90

Salutati, Coluccio 57
Savonarola, Girolamo 57 ff.
Schappeler, Christoph 101
Schuylenburg, Hendrick van 109
Séchelles, Marie-Jean Héraut de 210
Sieyès, Emmanuel-Joseph 182 f., 187, 204
Sigismund I. 25
Sixtus V. 132
Spinoza, Baruch de 130
Sulpice, Jean 161

Tacitus 59
Talleyrand, Charles Maurice de 193
Tetzel, Johann 76
Thackeray, William 144
Thomas von Aquin 68
Toscanelli, Paolo 106
Troy, Jean-François de 174
Tübke, Werner 80
Tucher 93

Valla, Lorenzo 54
Vasari, Giorgio 50
Verocchio, Andrea del 51
Vesalius, Andreas 71
Vespucci, Amerigo 107
Villeneuve 197
Vinci, Leonardo da 53, 71
Vischer, Peter 88
Voltaire (François Marie Arouet) 168

Waldseemüller, Martin 107
Wallenstein, Albrecht von 125
Ward, Maria 130
Welser 93
Wilhelm von Oranien 122
Wimpheling, Jakob 59
Wolf Dietrich von Raitenau 132
Wyclif, John 25, 75

Zwingli, Ulrich 83, 100

Register historischer Begriffe und Namen

Ablass(-handel) 22, 25, 76, 78
Absolutismus 11, 124, 138 f., 141, 144, 146 ff., 161 ff., 168, 175
Académie franąise 153
Adel 12, 175
Agrarkrise 9
Aktivbürger 194, 196
Allgemeines Wahlrecht 194
Allgemeine Wehrpflicht 198
Allgemeinwillen (Volonté générale) 183
Amerikanische Revolution 175
Anatomie 70 f.
Ancien Régime 138, 174, 177 f., 193, 213
Anglikanische Kirche 83
Armada 109
Armer Konrad 96
Armutsbewegung 24
Astrolabium 106
Astronomie 70
Aufklärung 163 f., 169, 172, 175
Augsburger Bekenntnis (Confessio Augustana) 84
Augsburger Religionsfriede 84, 118, 121, 125, 127
Augustbeschlüsse 190, 192
Azteken 108

Ballhausschwur 183 f.
Bankenwesen 93
Barock 50, 52
Bartholomäusnacht 123
Bastille 185
Bauern 9 ff., 96 ff., 177, 185
Bauernkrieg 69, 96, 98
Beginen 24
Bergbau 91
Berufs- und Gewerbefreiheit 193
Bettelorden 24
Bischofsstadt 35
Bourbon, Bourbonen 123, 155
Bourgeois 128
Buchdruck 69, 79, 88, 130
Bundschuh 96
Bürger 33
Bürgerrecht 38
Bürgertum 128 f., 156
Burgus 33

Calvinismus, Calvinisten 83 f., 121 ff., 127
Capitation 150
Christliche Vereinigung 98
Citoyen 128, 183
Civitas 33
Cordeliers 186, 193, 194
Cuius regio eius religio 84

Direkte Demokratie 166
Direktorium 203
Dixième 150
Dominikaner 24, 59, 76, 108
Dreieckshandel 110
Dreißigjähriger Krieg 124 ff., 136, 138
Dritter Stand 175 ff., 181 ff., 190, 203

Edikt von Fontainebleau 150, 152
Edikt von Nantes 124, 135
Empirismus 130
Encomienda-System 108
Encyclopédie 168
Englische Fräulein 130
Entdeckung Amerikas 50
Eroberung Konstantinopels 54
Erster Koalitionskrieg 204
Erster Konsul 204
Erster Stand 183, 187
Evangelium 78
Exekutive 166

Fernhandel 91, 93, 156
Feudalherr 97
Feudalismus 11, 13
Feuillants 193 f., 196
Flagellanten 7
Franziskaner 24, 27
Französische Revolution 128, 138, 140, 155, 167, 177 f., 181 ff.
Freie Stadt 34
Fronde 147 f.
Frondienst 12
Frühkapitalismus 91, 93 ff.

Gabelle 150
Gegenreformation 119 f.
Geißlerzüge 7, 17
Geldwirtschaft 12, 94
Gemeinwohl 139, 166
Generalstaaten 122, 125, 134
Generalstände 147, 182 f., 186
Gesellschaft der Revolutionären Republikanerinnen 200
Gesellschaftsvertrag 140, 164 ff., 169
Gesetzgebende Nationalversammlung 194
Gesetzgebung 140
Gewaltenmonopol 13, 139
Gewaltenteilung 166
Girondisten 195, 197 ff.
Gleichgewicht der Mächte 155
Glorreiche Revolution 169
Gottesgnadentum 138, 141, 164
Gravamina der deutschen Nation 76
Großbourgeoisie 157

Große Furcht (Grande Peur) 185
Grundherr 9, 11, 36, 95 f., 124, 185, 190
Grundherrschaft 11 ff.
Grundhold 11
Guillotine 202
Guise 123

Habsburg, Habsburger 118, 121 f., 125, 127, 154 f.
Hand- und Spanndienste 11
Häretiker 24, 58, 120
Heiliges Römisches Reich Deutscher Nation 6, 118
Heimarbeit 93
Hintersassen 10
Hohenzollern 121
Hugenotten 122 ff., 135, 147, 150 ff., 161
Humanismus, Humanisten 55, 58 f., 60 f., 69, 100, 164
Hüttengewerbe 91

Imperatives Mandat 183
Industrielle Revolution 41
Infinitesimalrechnung 69
Inquisition, Inquisitoren 24, 70, 120, 122, 130
Intendanten 148, 159

Jakobiner 186, 193 f., 197, 202 f.
Jesuiten(-orden) (Gesellschaft Jesu) 119 f., 130
Jiddisch 8
Juden 7 ff., 18, 23, 38, 194
Judikative 166

Kammerknechte 8
Kapitalgesellschaft 91
Katharer 23
Ketzer 70, 82
Kirchenstaat 22, 76
Klassizismus 52
Kolonialismus 108, 110
Kolonien 93
Kommune 33, 35
Kompass 106
Konfessionalisierung 118
Konfessionalismus 119, 121, 124
Konquistadoren 108
Konstantinische Schenkung 55
Konstituante 207
Konstitutionelle Monarchie 193
Konzil 24 ff.. 120
Konzil von Basel 26, 45
Konzil von Konstanz 25
Konzilsbewegung 26
Kriegs- und Völkerrecht 127
Kurie 22, 58, 79, 120

Landes- oder Territorialstadt 34
Landeskirche 84
Landfrieden 13
Landstände 127
Laterankonzil 8
Legislative 166

Lehensleute 11
Lehenspyramide 11
Lehensstaat 140
Liga 124 f.

Manufaktur 151 f., 156, 160
Markt 12, 33, 35
Marktrecht 36
Mathematik 69, 130
Mathematisierung der Natur 69
Mäzenatentum 57
Menschen- und Bürgerrechte 191 f., 194, 198, 205
Merkantilismus 151, 159
Ministerialen 36
Mittelalter 5 f., 68
Montagnards 195, 198, 203, 210
Mystik 24

(National-)Konvent 196, 198, 200, 203
Naturalabgaben 12
Naturrecht 140, 164 f.
Neuzeit 50
Notabelnversammlung 147, 182

Oligarchie 56
Ostindienkompagnie 109
Ostsiedlungsbewegung 34

Papst, Papsttum 22, 26, 120
Pariser Parlament 147 f., 158
Passivbürger 194, 196
Patriziat 37
Patrizier 129
Personenverbandsstaat 13
Pest 6 ff.,13 ff.
Peterskirche 76
Pfründe 22
Physiokraten 168, 175
Platonische Akademie (Accademia Platonica) 57 f., 67
Pogrom 8
Prädestination (doppelte) 82
Prager Friede 126
Privilegien 35, 139, 150
Protestanten 84, 118, 122
Provinzgouverneure 148 f.
Provisorischer Vollzugsrat 196
Puritaner 83
Pyrenäenfrieden 127

Rat 36
Rat der Alten 203
Rat der Fünfhundert 203
Rationalismus 130, 164
Ravensburger Gesellschaft 93
Rechtfertigungslehre 78
Reconquista 106
Reformation 60, 69, 75, 80, 82 f., 121, 124, 130
Reichsstadt 34, 118
Reichsstände 127, 155
Remonstrationsrecht 147

Repräsentativsystem 166
Restitutionsedikt 125
Réunionskammern 155
Römisches Reich 6

Säkularisation 84, 121
Säkularisierung 69
Sansculotten 186, 196, 198 ff., 203, 209
Schisma 23, 25 f.
Schmalkaldischer Bund 84
Schwäbischer Bund 98
Septembrisaden 196
Sicherheitsausschuss 199
Siebenjähriger Krieg 175
Simonie 22
Sonnenkönig 146
Souveränität 140, 142
Spanischer Erbfolgekrieg 155
Staatsräson 139
Staatsrat (Conseil du Roi) 147 f.
Stadt 6, 9, 34 ff., 40 f., 128
Stadtrecht 35
Stände 12, 19, 124, 129, 140, 175, 182
Ständegesellschaft 190
Ständeversammlung (Etats Généraux) 182
Stehendes Heer 127, 139
Suspensives Veto 192

Taille 150
Territorialherrschaft 97, 118
Territorialstaat 12 f., 26, 125, 140
Territorium 119, 121
Theokratie 58, 80
Thesen 78
Toleranz 168
Trienter Reformkonzil 120

Uffizien 58
Ultras 203
Unam Sanctam 27

Union 124 f.
Universalmensch (Uome universale) 51, 61
Universalreich 79, 118
Urbanisierungswelle 33

Valois 123
Vasall 11
Vereinigte Ostindische Kompagnie (VOC) 109
(Verfassunggebende) Nationalversammlung 183, 185 f.
Verlagswesen 93
Verleger 93, 96, 156
Vetorecht 194
Virginia Bill of Rights 191
Völkerwanderung 33
Volksheer 204
Volkssouveränität 123

Wallfahrtswesen 75
Weltbild,
– geozentrisches 70
– heliozentrisches 70
Weltwirtschaft 91
Westfälischer Friede 126 f., 136 f.
Widerlegung (Confutatio) 84
Wiedertäufer 82
Wittelsbacher 121
Wohlfahrtsausschuss 198 f., 202
Wormser Edikt 79
Wüstungen 9

Zensuswahlrecht 194, 203
Zentralgewalt 124
Zentralstaat 140
Zunft 38 ff., 129, 152
Zunftzwang 38
Zweiter Stand 183
Zweiter Weltkrieg 126
Zwölf Artikel der Bauern 98, 101